# LOVE IS SERVED

# LOVE IS SERVED

116 Rezepte aus dem Süden Kaliforniens


**CAFÉ GRATITUDE**

mit **SEIZAN DREUX ELLIS**

und **RACHEL HOLTZMAN**

**FOTOGRAFIEN: LISA ROMEREIN**



SIEVEKING VERLAG

Erstmals auf Englisch veröffentlicht 2020 von Avery –
ein Imprint von Penguin Random House LLC
www.penguinrandomhouse.com
Originaltitel: *Love is Served, Inspired Plant-Based Recipes from Southern California. Café Gratitude with Seizan Dreux Ellis*


www.sieveking-verlag.de

Übersetzung: Dr. Gabriele Kalmbach, Köln
Lektorat: Julia Gilcher, Mainz
Typografie und Satz: Sieveking Verlag, München

ISBN 978-3-947641-12-3

Printed in Latvia

All unseren bisherigen und
zukünftigen Gästen gewidmet,
in ewiger Dankbarkeit

# EINFÜHRUNG

Angefangen haben wir im Café Gratitude mit einem ganz einfachen Ziel: Wir wollten ein Treffpunkt sein - ein Ort, an dem Menschen sich sofort willkommen fühlen, weitere Blickwinkel auf das Leben entdecken und mit einer ähnlich gesinnten Community zusammenkommen können. Das Ziel bestand noch nicht darin, eines Tages sechs Lokale in Kalifornien zu haben, mit fast täglich zu sichtenden Prominenten und einer treuen Kundschaft, die unsere Restaurants als Erweiterung ihrer eigenen Küche und ihres Zuhauses versteht. Doch in den vergangenen sieben Jahren ist unserem Unternehmen wunderbarerweise genau das passiert. Einerseits verdankt sich ein Großteil dieses Erfolgs unserem Küchenchef Seizan Dreux Ellis und seinen kreativen, fortschrittlichen Gerichten auf Pflanzenbasis, deren Zutaten so nachhaltig für unsere Erde wie gesund für unsere Körper sind. Andererseits führen wir die große Zustimmung auch auf die einfachen und höchst verlässlichen Prinzipien zurück, die uns leiten: Liebe und Dankbarkeit. Sie durchdringen unsere gesamte Kultur, von den Menschen, die unsere Lebensmittel anbauen, über die, die sie zubereiten und servieren, bis zu jenen, die sie essen. Sie prägen unsere Entscheidungen im Unternehmen, ob wir nun nachhaltige Landwirtschaft unterstützen und dabei beständig nach Wegen suchen, kleinere Fußabdrücke auf unserem Planten zu hinterlassen, oder ob wir Speisen servieren, die Genuss und Gesundheit miteinander verbinden. Sie halfen uns bei der Entwicklung vom kleinen Rohkostcafé in San Francisco zu einer international bekannten Restaurantgruppe. Sie waren die Leitbilder, die Küchenchef Dreux begeisterten und ihn darin bestärkten, unsere Speisekarte mit Gerichten zu füllen, die Energie, Wohlgefühl und Inspirationen vermitteln; und sie machten die Millionen von Menschen, die wir seit unseren Anfängen bedienen durften, zu einer Gemeinschaft.

Wir messen Erfolg jedoch nicht nur an der Zahl besetzter Tische oder daran, dass jeder Gast sich in unseren Lokalen willkommen, wertgeschätzt und zufrieden fühlt. Wir glauben, der wahre Erfolg unserer Mission liegt darin, dass diese Menschen in die Welt hinausgehen und die erfahrene Zuneigung weitergeben - und somit zu einer besseren Welt beitragen. Nun möchten wir Liebe und Dankbarkeit in Form dieses Buches auch an Sie weitergeben, indem wir Ihnen unsere bestgehüteten Rezepte zeigen, die wir über die Jahre serviert haben. Bei unseren Gerichten geht es mindestens so sehr um die Idee dahinter wie um ihre köstliche Umsetzung, und wir laden Sie ein, die Rezepte in Ihrem Zuhause willkommen zu heißen, sie in Hülle und Fülle nachzukochen und mit anderen zu teilen.

## UNSERE GESCHICHTE

Die beiden Gründer von Café Gratitude, Matthew und Terces Engelhart, waren immer überzeugt davon, dass eine offene, solidarische und liebevolle Umgebung Menschen dazu inspirieren kann, ihr Leben zu ändern. Sie sind außerdem der Meinung, dass ein Perspektivwechsel und infolgedessen ein neuer Lebenswandel grundlegend mit dem Gefühl der Dankbarkeit zusammenhängen – und dass jeder von uns zahlreiche Gründe hat, dankbar zu sein, ganz unabhängig von den individuellen Lebensumständen. Ihrer Ansicht nach müssen wir aufhören, unsere Aufmerksamkeit dem zuzuwenden, was uns fehlt, und uns stattdessen dem widmen, was uns geschenkt wurde, um eine Basis für sinnvolles Wachstum mit menschlichem Maß zu schaffen. Obwohl sie nicht konkret daran gedacht hatten, ein Restaurant zu eröffnen, um ihre Vorstellungen zu realisieren, war es genau das, was sie dann taten. Das erste Café Gratitude eröffnete 2004 im Mission District von San Francisco. Dort boten die Betreiber Gerichte auf reiner Pflanzenbasis in Bio-Qualität und als Rohkost an – und gehörten damit zu den Ersten des Landes. Sie setzten dabei auf das Konzept des »Sacred Commerce«, also die Philosophie, dass ein funktionierendes Unternehmen auch der Ort für Empowerment sein sollte und den Mitarbeitenden – oder Botschaftern, wie sie bei uns genannt werden – das Gefühl gibt, gehört und wertgeschätzt zu werden. Dahinter steckt die Idee, dass diese Anerkennung an die Kundinnen und Kunden weitergegeben wird, die wiederum, physisch und emotional genährt, das Wohlgefühl mit hinaus in die Welt nehmen. Matthew und Terces pflanzten den Samen – in der Gewissheit, dass Liebe ansteckend ist.

Im Jahr 2011 gingen Terces und Matthew eine Partnerschaft mit Geschäftsführerin Lisa Bonbright und ihrem Ehemann Chris ein, um das Café Gratitude 2.0 nach Südkalifornien zu bringen. Zusammen mit den erwachsenen Kindern der Engelharts, Cary und Ryland, in unserem Vorstand eröffnete das Team unser erstes Restaurant in Los Angeles, im Larchmont Village. Im Lauf der folgenden sieben Jahre kamen fünf weitere Standorte hinzu: in Venice, im Arts District in Los Angeles, in Beverly Hills, in San Diego und in Newport Beach. Dabei war uns besonders wichtig, dass trotz des Wachstums unseres Unternehmens Love Serve Remember unsere zentralen Werte und unsere Mission dieselben blieben.

Küchenchef Seizan Dreux Ellis stieß 2008 zu uns und öffnete einer pflanzenbasierten Ernährung den Weg in weitere Herzen und Köpfe. Zunächst unterstützte er die Engelharts und Küchenchefin Chandra Gilbert (jetzt Küchenchefin im Schwesterrestaurant in Gracias Madre) in der San Francisco Bay Area dabei, der Vision Gestalt zu geben, bis er 2011 die Position als Küchenchef in Los Angeles übernahm. Auf der Basis des ursprünglichen Leitbilds des Café Gratitude entwickelte Chefkoch Ellis die Speisekarte weiter und nahm zusätzlich zu den beliebten Raw-Food-Gerichten aus unseren Anfangstagen (inklusive der damals bahnbrechenden Desserts – Gratitude-Klassiker, die wir aus Sorge vor einer Rebellion niemals von der Speisekarte gestrichen haben und die auch in diesem Buch enthalten sind) einige gegarte Speisen ins Programm. Er bringt ein außergewöhnliches Gespür dafür mit, den Geschmack pflanzlicher Zutaten so naturbelassen wie möglich zur Geltung zu bringen, weiß andererseits aber auch ganz genau, wie sich noch der letzte Aromahauch aus seinen Speisen herauskitzeln lässt, um Veganer, Vegetarier und Allesesser gleichermaßen zu beglücken. Doch wie scheinbar frech auch immer die Gerichte – Zimtschnecken, »Schnitzel« aus Austernpilzen, Auberginen-Parmesan, schwarze Lavaküchlein – sein mögen, die verwendeten Zutaten haben Bio-Qualität, sind gesund und gesundheitsfördernd, frei von tierischen Produkten, industriell hergestellten Sojaprodukten und in fast allen Rezepten frei von raffinierten Süßungsmitteln. Bezeichnend dafür, wie erfinderisch, sättigend und köstlich unsere Gerichte sind, ist dieser Fakt: Nur 20 Prozent unserer Gäste sind Vegetarier oder Veganer.

Während das Café Gratitude weiter wuchs, verband uns ein roter Faden immer eng mit unseren Gründungsprinzipien: das Motto und die Frage des Tages. Wer unsere Speisekarte anschaut oder durch dieses Buch blättert, dem fällt auf, dass jedes Gericht sein eigenes Motto hat, etwa: »I am thriving«, »I am open-hearted«, »I am powerful«. Diese Affirmationen waren von Tag eins an Bestandteil der Gratitude-Kultur und gehören zum erhofften Veränderungsprozess. Es ist ein ganz subtiler und zugleich wirkmächtiger Moment, wenn Sie zu Ihrem Kellner sagen: »I am serene« und er Ihnen antwortet: »You are serene.« Der Satz wird erneut wiederholt, wenn der Kellner die Bestellung an die Küche weitergibt, wenn die Küche das Essen zubereitet hat und beim Servieren nochmals dem Gast gegenüber. Eine ganze Serie einfacher Momente, die gemeinsam eine fast greifbare Energie erzeugen und auf einem unserer Leitsätze beruhen: Der Mensch bedarf der Nahrung in Form von Lebensmitteln wie in Form von Gedanken. Dasselbe gilt für die Fragen des Tages, die unsere Bedienungen mit unseren Gästen teilen, wenn diese das möchten: »Welche Sache hat dir heute Freude bereitet?«, »Was bereitet dir Sorge?«, »Wofür bist du besonders dankbar?« Unsere Gäste sind eingeladen, darüber miteinander ins Gespräch zu kommen, und die Frage bietet Anlass, sich zu öffnen und nachzudenken. Für alle, die einen solchen Raum zu Hause erschaffen möchten, haben wir unsere charakteristischen Motti sowie einige Frage des Tages in dieses Buch aufgenommen. Wir möchten Sie ermutigen, sich vor den Mahlzeiten einen Moment Zeit zu nehmen – ob allein, mit der Familie oder Freunden –, um über die Frage nachzudenken, die Überlegungen dazu zu teilen und das Motto laut auszusprechen. Aber auch wenn das nichts für Sie ist, bleibt gewiss, dass die Gerichte so anregend wie köstlich sind.

Mit diesem Buch möchten wir die Liebe, die uns in unseren Restaurants bei all unserem Tun leitet, nun auch in Ihr Zuhause bringen. Eine bewusste, pflanzenbasierte Ernährung hat unser aller Leben nachhaltig verändert und uns dazu herausgefordert, neue Wege zu finden, dieses köstliche Essen mit anderen zu teilen. Dieses Buch ist der krönende Abschluss unserer Bemühungen, die hochwertigen Gratitude-Gerichte auch in der eigenen Küche zubereiten zu können. Bei den ausgewählten Rezepten handelt es sich um die Lieblingsgerichte aus dem Café Gratitude. Es sind Gerichte, nach denen unsere Gäste geradezu lechzen und die über Jahre hinweg immerzu nachgefragt wurden. Wir haben darauf geachtet, sie so weit wie möglich für das Kochen zu Hause anzupassen, ohne sie dadurch wesentlich zu verändern. Es sind Rezepte für den ganzen Tag, für jeden Tag, unkompliziert und mit meist leicht erhältlichen Zutaten. Für besondere Gelegenheiten haben wir auch einige etwas aufwendigere Rezepte aufgenommen, aber nichts, was mit unserer Anleitung nicht machbar wäre. Wir laden Sie ausdrücklich dazu ein, mit den Rezepten zu experimentieren, sie mit anderen Saucen, Dressings oder Käsesorten zuzubereiten; machen Sie die Rezepte zu Ihren eigenen, und passen Sie sie ganz Ihren persönlichen Vorlieben und Ihrem Geschmack an. Wir fühlen uns geehrt, ein Teil dieser Reise zu sein, und wünschen ein erfüllendes, köstliches Gelingen!

Gratitude
ABUNDANCE
Familia

# LISA BONBRIGHT
## GESCHÄFTSFÜHRERIN

Zum ersten Mal betrat ich das Café Gratitude im Jahr 2007. Ich war in San Francisco, um meinen Schwiegereltern beim Umzug in eine neue Wohnung zu helfen, und war entschlossen, mich während dieser beiden Wochen ohne Kinder und ohne Mann gut um mich zu kümmern – ich nahm mir vor, jeden Tag auf den Mount Tamalpais zu wandern und gut zu essen. Ich habe immer großen Wert auf meine Gesundheit gelegt, erst recht während der Schwangerschaften mit meinen beiden Töchtern, und zu dieser Zeit interessierte ich mich für Rohkost. Ich bat eine Freundin um einen Tipp, und sie antwortete: »Du solltest dieses Lokal in San Rafael ausprobieren, das Café Gratitude.« Also kreuzte ich direkt dort auf, als sie für das Frühstück öffneten. Es fällt mir schwer zu beschreiben, was ich beim Betreten empfand. Es war, als hätte ich endlich eine Gemeinschaft gefunden, von der ich nicht einmal wusste, dass ich sie mein Leben lang gesucht hatte. Ich kann mich immer noch genau an den Geruch nach frischen Säften und Kräutern erinnern. Ich nahm Platz, und der Kellner stellte mir die Frage des Tages – ich muss zugeben, dass ich mich zuerst etwas unwohl fühlte. Ich ging kaum allein essen, und ich war unsicher, ob es eine richtige oder falsche Antwort gäbe. Aber der Kellner – oder Botschafter, wie ich später erfahren sollte, dass sie genannt werden – zeigte sich unvoreingenommen und tolerant. Zudem kannte er sich äußerst gut aus und war überzeugt von gesundem Essen. Es gab kalt gebrühten Kaffee, frisch gepresste Säfte und Kurkuma-Latte mit Mandelmilch – und das vor elf Jahren! Niemand kannte damals solche Sachen. Ich beobachtete die Gäste dabei, wie sie sich Karaffen mit basischem Wasser füllten – wovon ich zu diesem Zeitpunkt noch nie gehört hatte –, und entdeckte eine kleine Verkaufsecke mit spannend wirkenden Büchern und Dingen, die die Café-Inhaber empfahlen, wo man leicht einen Nachmittag beim Stöbern verbringen konnte. Es war einfach eine Fülle an Wohlgefühl. Aber das Wichtigste war, dass es endlich jemandem gelungen war, vegane Rohkost köstlich schmecken zu lassen.

In diesem Moment entschied ich, dass genau so meine zukünftige Lebensweise aussehen sollte, und so kam es, dass ich während der nächsten zehn Tage dort jedes Gericht aß. Dann rief ich meinen Ehemann Chris an, der Immobilienmakler ist, und bat ihn herauszufinden, wer die Eigentümer waren, weil ich mit ihnen verhandeln und sie nach Los Angeles bringen wollte. Worauf er antworte: »Entweder hast du den Verstand verloren, oder du bist einer wirklich großen Sache auf der Spur.«

Als Chris mit unseren Töchtern nach San Francisco kam, um die Großeltern in ihrer neuen Wohnung zu besuchen, nahm ich sie direkt vom Flughafen aus mit ins Café Gratitude. Ich hatte vorab angerufen, und so stand schon ein Tisch mit Smoothies, leckeren Gerichten wie Enchiladas und hausgemachter Schokolade aus Rohkakao bereit. Jeder konnte sofort sehen, worüber ich geredet hatte. Unterdessen machte ich meinen Mann verrückt mit der Fragerei, ob er die Inhaber ausfindig gemacht habe. (Wenn ich aufgeregt bin, bin ich nicht zu stoppen!) Das ging ungefähr zwei Wochen so, bis Chris mir mitteilte, er habe keine Antwort bekommen. Auf mein Drängen hin schütteten wir unser Herz in einem Brief aus und schrieben den Inhabern, wie wir über ihr Unternehmen dachten und wie wahnsinnig gern wir es nach Südkalifornien bringen würden. Am nächsten Tag erhielten wir einen Anruf, ob wir zu einem Treffen zu ihnen kommen wollten. Ich war ein nervöses Wrack – dabei werde ich sonst gar nicht nervös. Doch dann betraten wir die Küche des Gratitude, und da waren Matthew und Terces. Wir vier verstanden uns sofort so gut, als wären wir schon ein Leben lang Freunde. An diesem Nachmittag besprachen wir vier Stunden lang, wie unser Projekt aussehen könnte. Während des nächsten halben Jahres kamen sie uns in L. A. besuchen, oder wir fuhren zu ihrer biodynamisch bewirtschafteten Be Love Farm in Vacaville und verbrachten Zeit zusammen, auch mit ihren beiden Söhnen Ryland und Cary. Wir saßen um acht Uhr morgens um ein loderndes Feuer vor ihrer Jurte, tranken frisch gepressten Weizengrassaft und vertieften uns ins Gespräch. Matthew und Terces sind wirklich sehr kommunikativ und sprechen auch Themen an, die sehr persönlich sind. Zuerst ist man irritiert von dieser Art radikaler Ehrlichkeit, aber ich stellte schnell fest, wie befreiend das wirkt. Wir haben uns lange unterhalten, über Themen wie Veränderung und »Sacred Commerce«, und uns dabei sehr tiefgehend kennengelernt. Und obwohl wir in vieler Hinsicht sehr verschieden waren, waren wir uns auch sehr ähnlich.

Mein Ziel war es, die Einstellung der Menschen zum Essen und zu ihrer Gesundheit zu verändern.

Doch auch nachdem eine wirklich gute Freundschaft entstanden war, blieb unklar, welches die nächsten Schritte sein würden, um das Café Gratitude nach L. A. zu bringen. Matthew und Terces wollten eher nicht expandieren. Sie zogen es vor, sich auf das Schreiben, ihre Vorträge, Beratung und die Farm zu konzentrieren, statt die Zahl der Restaurants zu vergrößern. Stattdessen schlugen sie uns eine Partnerschaft vor, um das Café Gratitude in Südkalifornien zu etablieren. Und na ja, in unserer Familie gilt die goldene Regel: kein Investment in Restaurants! Aufgrund seiner Tätigkeit als Immobilienmakler wusste Chris einfach zu genau, dass in der Gastronomie nur sehr schwierig finanzielle Erfolge zu erzielen sind. Also sagte er ihnen: »Wir werden uns nicht in der Gastronomie engagieren, aber lasst uns Freunde bleiben.« Wir verabschiedeten uns und brachen auf.

Doch während der Rückfahrt kam ich nicht gegen ein überwältigendes Gefühl der Enttäuschung an. Mir wurde bewusst, dass ich das Ganze unbedingt wollte, selbst wenn Chris dagegen war. Ich richtete einen leidenschaftlichen Appell an meinen Mann: »Die vergangenen fünfundzwanzig Jahre habe ich die Kinder großgezogen«, erklärte ich ihm. »Ich habe mich um unseren Besitz gekümmert. Ich bin zu jeder Party, jedem Event und jeder Preisverleihung mitgegangen. Ich habe dich bei wirklich jeder Sache unterstützt, die du in Angriff nehmen wolltest.« Und fuhr dann fort: »Du schuldest mir etwas. Wir machen das.« Chris kam beinahe von der Straße ab, so überrascht war er! Ihm war klar, dass ich es ernst meinte, und er sagte: »Ich sage dir, was ich tun werde – ich schaue mir ihre Zahlen an. Werfen wir einen Blick hinter die Kulissen.« Ich vermute, dass Chris davon ausging, dass die Zahlen dem Projekt ein schnelles Ende bereiten und er mich so davon abbringen würde. Aber als wir Einblick in ihre Finanzen bekamen, waren wir beide – ernsthaft – sprachlos: Das Café Gratitude erreichte tatsächlich mehr als den doppelten durchschnittlichen Umsatz pro Quadratmeter als McDonald's! Danach konnte mich nichts mehr aufhalten. Ich befand mich auf einer Mission.

Wir liehen uns Geld von Freunden, taten eigenes dazu, fanden Räume in einem Gebäude in Larchmont, das uns gehörte, und machten uns an die Arbeit, das Gratitude 2.0 auf die Beine zu stellen. Wir wollten Atmosphäre, Konzept und Gerichte aus der Bay Area übernehmen und das Café Gratitude Larchmont als modernen veganen Diner neu erfinden. Wir wollten ein Lokal gestalten, in das man sich zum Date trifft oder zu besonderen Anlässen lädt, mit wirklich gutem gesunden Essen. Wir eröffneten am 4. März 2011, und unser Konzept schlug ein wie ein Blitz. Vor der Tür bildeten sich Schlangen, in die sich Promis zwischen alle anderen – etwa 800 bis 900 Gäste pro Tag – einreihten.

Es gelang uns, den echten, unverfälschten Spirit des originalen Café Gratitude zu bewahren und ihm einen frischen, modernen Dreh zu geben, der die Klientel in L. A. ansprach. Nicht nur die Gestaltung des Restaurants wurde anspruchsvoller, sondern auch das Essen. Mit Dreux' Hilfe waren wir in der Lage, auch gegarte Speisen anzubieten und dennoch den nachhaltigen und saisonalen Charakter der Speisekarte beizubehalten. Ich bin zwar selbst keine Vegetarierin oder Veganerin, doch ich glaube an die Kraft einer Ernährung auf Pflanzenbasis – und dass man damit keineswegs etwas verpassen muss. Chris behauptete immer, pflanzenbasierte Speisen schmeckten wie frisch gemähtes Gras: kein Aroma, kein Mundgefühl und kein appetitanregendes Aussehen. Doch die Engelharts und Dreux haben den Dreh raus, vegane Gerichte einfach köstlich schmecken zu lassen. Mein Ziel wiederum war es, die Einstellung der Menschen zum Essen und zu ihrer Gesundheit zu verändern und das Café Gratitude zu einem einladenden, gastfreundlichen Ort zu machen. Ich formuliere es gern so: Das Café Gratitude verändert mit jedem Bissen ein bisschen die Welt.

# SEIZAN DREUX ELLIS
## CHEFKOCH

Das erste Mal hörte ich 2008 vom Café Gratitude – Inbegriff der San Francisco Bay Area. Damals lebte und arbeitete ich als veganer Küchenchef in Venedig und konzentrierte mich darauf, das große Repertoire der traditionellen italienischen Küche in vegane Gerichte zu übersetzen. Eigentlich war ich nach Italien umgezogen mit der Zusage, dort experimentelle Filme machen zu können, und sollte dafür ein Drehbuch schreiben. Stattdessen ging ich jeden Tag auf den Markt und stand in der Küche. Und ich lernte einen Mann kennen, dessen Mutter – meine spätere Schwiegermutter – eine fantastische Köchin und Mentorin war. Sie kochte nicht nur dreißig Jahre lang täglich dreimal für ihre Familie (inklusive ihrer elf Kinder), sondern sie hatte auch im Italien der Nachkriegszeit kochen gelernt. Aus purer Notwendigkeit brachte sie sich bei, aus Bohnen, Getreide und frischem Gemüse Mahlzeiten zuzubereiten, weil Fleisch und Milchprodukte rar und teuer waren – ein Kochstil, der heute Cucina Povera (»Arme-Leute-Küche«) genannt wird. Sie verwendete zum Beispiel geröstete Semmelbrösel statt Parmesan und Kapern anstelle von Sardinen. Von ihr erhielt ich eine solide Ausbildung darin, leckere und sättigende vegetarische Gerichte zuzubereiten und, als Wichtigstes, es mit Liebe zu tun.

Nach einem Jahr in Italien gab es noch immer kein Drehbuch, aber ich hatte mich inzwischen mit meiner Kochleidenschaft arrangiert. Im Alter von vierzig Jahren entschied ich mich, Koch zu werden. Ich begann ganz unten, hackte Zwiebeln in Hotelküchen und arbeitete mich hoch in Restaurants mit Michelin-Sternen. Parallel setzte ich meine Ausbildung bei meiner Schwiegermutter fort und eröffnete schließlich ein kleines vegetarisches Lokal (im Grunde einen Bio-Feinkostimbiss, nur ohne Fleisch) in einem Arbeiterviertel von Venedig.

In den USA begann »Raw Food« gerade zum Trend zu werden, und ich hatte Neueröffnungen von Restaurants wie Roxanne's in San Francisco oder Pure Food and Wine in New York aufmerksam beobachtet. Irgendwann im Jahr 2008 hörte ich einen Rohkost-Podcast mit einem Interview mit Matthew und Terces Engelhart. Ich stand um fünf Uhr morgens in der Küche meines Lokals, schälte Kartoffeln und hörte ihnen zu, wie sie von der Raw-Food-Community in der Bay Area erzählten, und weinte. Sie sprachen über die Kraft der Lebensmittel zu heilen, und zwar nicht nur Menschen, sondern auch die Erde – ein Gedanke, mit dem ich mich schon beschäftigte, seit ich mit neunzehn aus ethischen Gründen zum Vegetarier geworden war. Mir wurde auch langsam bewusst, wie wenig nachhaltig mein Unternehmen in Italien war – ich machte alles allein, von der Essensvorbereitung bis zur Buchhaltung – und dass ich gern ein Teil dessen wäre, was sie dort drüben aufbauten.

Nach neun Jahren Italien wieder zu verlassen war das Schwerste, was ich jemals getan habe, aber mein Herz sagte mir, es sei die richtige Entscheidung. Also packte ich in Venedig meine Sachen und zog zurück nach San Francisco. Dort angekommen, hörte ich von Freunden, dass eine frühere Kollegin von mir aus dem Greens Restaurant (einem vegetarischen Restaurant, in dem ich zuvor gearbeitet hatte) im Café Gratitude verantwortlich für die Küche war. (Es stellte sich heraus, dass das die bereits erwähnte Chandra Gilbert war.) Sie konnte mir nur einen Teilzeitjob anbieten,

Mein Ansatz war immer: »Womit kann ich dienen?« Daran zeigt sich mein Weg als Zen-Buddhist auch bei meiner Arbeit.

aber sie sagte: »Wenn du hier arbeiten willst, nimm den Job und warte ab, was passiert.« Zu dieser Zeit gab es im Café Gratitude vor allem Rohkost, sodass in den Restaurants nicht wirklich gekocht wurde, sondern eher zusammengestellt. Alles wurde in einer zentralen Küche vorbereitet – es wurde gehackt, püriert, gedörrt –, die sechs Restaurants in der Bay Area versorgte. Wir beschäftigten einen Mitarbeiter acht Stunden lang jeden Tag allein dafür, Kokosnüsse zu knacken und das Fruchtfleisch für unsere Kokosmilch auszulösen. Ich selbst begann also als Vorbereitungskoch in der zentralen Küche, wurde dann Manager dieser Küche und schließlich Küchenchef für alle sechs Café-Gratitude-Restaurants in Südkalifornien.

Als wir das erste Restaurant in Los Angeles eröffneten, stellte sich schnell heraus, dass die Gäste an Rohkost wie an gegarten Speisen interessiert waren. Der Raw-Food-Trend hatte etwas nachgelassen, doch die Nachfrage nach köstlichen veganen Gerichten wuchs. Während manche Köche dem Prinzip »Dies ist meine Vision, und das müsst ihr so hinnehmen« folgen, war mein Ansatz immer: »Womit kann ich dienen?«. Unter anderem daran zeigt sich mein Weg als Zen-Buddhist auch in meiner Arbeit. Als es also daranging, die Speisekarte im Café Gratitude neu zu konzipieren, fragte ich mich als Erstes, womit ich der Gemeinschaft dienen könnte. Wir verwenden unsere Zutaten so naturbelassen wie möglich – also ganze Pflanzen in möglichst wenig verarbeiteter Form – und legen Wert auf Saisonalität. Und natürlich griff ich die Lektionen auf, die ich in Italien gelernt hatte, also einfache Zutaten in bester Qualität, einfach zubereitet. Ich entwickelte neue Techniken und Strategien, um die Küchenarbeit zu erleichtern, und beschränkte die Verarbeitung der Zutaten auf das absolute Minimum. Meine größte Herausforderung als veganer Koch war und ist der Geschmack der Gerichte, ohne dass die Rezepte zu kompliziert werden. Als Veganer missfällt mir in manchen Restaurants, dass das Essen so kompliziert ist! Ich wollte die einfache Küche, wie ich sie in Italien lieben gelernt hatte, und den Wunsch nach modernen und frischen Gerichten miteinander verbinden. Ich habe gelernt, dass es darum geht, den Mittelweg zu finden – eine weitere Lehre des Zen-Buddhismus. Über die Jahre habe ich einige Techniken entwickelt, die sich auf viele Gerichte übertragen lassen. (Die Pilz-Carnitas [siehe Seite 175] beispielsweise ersetzen Fleisch in einem Taco, in einer Bibimbap-Bowl oder einem Pulled-Pork-Sandwich.) Dieses Vorgehen findet sich auch in diesem Buch wieder: Viele Rezepte bestehen aus einzelnen Bestandteilen, die nach Belieben kombiniert werden können. Schon nach kurzer Zeit werden Sie erkennen, wie – aus mariniertem Tempeh oder einer Pilzmischung oder einem Dressing kann kurzerhand ein Salat, eine Bowl oder ein Snack zubereitet werden. So arbeiten wir auch in der Restaurantküche, und so machen Sie das Beste aus Ihrer Zeit und Ihren Zutaten zu Hause.

SEASONAL MENU IDEAS
CULTURED CHEESE PLATE
W/ SMOKED BEET 'HAM'

COCONUT
ALMOND

# AUS DEM VORRATSSCHRANK DES CAFÉ GRATITUDE – GRUNDREZEPTE

Wer von Grund auf kochen will, sollte zuallererst Wert auf qualitativ hochwertiges Obst, Gemüse und andere Pflanzen legen. Daher empfehle ich nachdrücklich, Lebensmittel von einem lokalen Bauern zu beziehen, der seine Erzeugnisse mit Sorgfalt anbaut – in der Küche bringt das den entscheidenden Unterschied. Bei hervorragenden Zutaten muss man gar nicht mehr so viel tun, damit sie köstlich schmecken. Dennoch empfehle ich, einen kleinen Vorrat anzulegen – beispielsweise an Würzpasten, Milchalternativen, Mehlsorten und weiteren Produkten auf Pflanzenbasis –, die das Repertoire (zusätzlich zu den Saucen, Gewürzen, Käsesorten und den fermentierten Lebensmitteln, die in den beiden letzten Kapiteln vorgestellt werden) erfreulich erweitern. Dieses Kapitel enthält die »Arbeitspferde« aus der Küche des Café Gratitude, und aus guten Gründen tauchen sie in vielen Rezepten dieses Buches wieder auf.

# TOMATENPASTE MIT WUMMS

Diese aromatische Würzpaste ist ein Hit in unserer Küche, denn sie verleiht jedem Gericht schnell und unkompliziert eine großartige salzige, rauchige und zugleich leicht süßliche Note.

**ERGIBT CA. 1 EINMACHGLAS (À 230 ML)**

30 g getrocknete Tomaten

60 ml Kokosöl, erwärmt und flüssig

2 EL eingelegte Kapern, abgetropft

1 EL Ahornsirup

½ TL Rauchsalz

**1.** In einer mittelgroßen Schüssel die getrockneten Tomaten mit heißem Wasser bedecken und 15 Minuten einweichen. Anschließend abgießen und das Einweichwasser auffangen.

**2.** In einem Standmixer die eingeweichten Tomaten, das Kokosöl, die Kapern, den Ahornsirup und das Salz zu einer glatten Paste pürieren. 1–2 Teelöffel des Einweichwassers hinzufügen, falls für die gewünschte Konsistenz erforderlich. In ein verschließbares Behältnis füllen und bis zu 2 Wochen im Kühlschrank aufbewahren.

**FRAGE** ***des Tages*** / Wofür bist du dankbar?

# GOMASIO

Gomasio, ein traditionelles japanisches Gewürz aus Sesamsamen, ersetzt Salz durch von Natur aus salziges Meeresgemüse. Wir verwenden es für eine ganze Reihe von Gerichten, weil es zu fast allem köstlich schmeckt – man kann Suppen, Salate und Röstgemüse damit bestreuen. Das Rezept stammt von meinem höchst geschätzten Algenlieferanten, Andrew Daunis von Pacific Wildcraft, der uns seit vielen Jahren mit nachhaltig geerntetem Mendocino-Meeresgemüse versorgt. Die verwendeten Braunalgen *(Nereocystis luetkeana)* sind sehr salzig und daher ein hervorragender Ersatz für Salz. Ein weiterer Vorteil dieser hellen, delikaten Alge ist, dass sie leichter zu Pulver gemahlen werden kann als andere Algen. Dennoch können auch andere Sorten verwendet werden, um Gomasio herzustellen; es hat dann nur eine andere Konsistenz und schmeckt anders. Wichtig ist, dass die Algen vor dem Mahlen gut getrocknet sind.

**ERGIBT 5-6 EINMACHGLÄSER (À 230 ML)**

**85 g getrocknete Braunalgenwedel oder andere Algen nach Belieben (Wakame oder Hijiki passen auch gut)**

**140 g schwarze Bio-Sesamsamen**

**60 g Kürbiskerne**

1. Die Algen in einem High-Speed-Standmixer auf mittlerer Stufe zermahlen, dabei mit einem Teigspatel oder Stößel die Algen von den Seiten des Mixers herunterschieben, bis sie komplett zerkleinert sind. Den Sesam und die Kürbiskerne hinzufügen. Die Mischung 3 oder 4-mal mixen, bis die gewünschte Konsistenz erreicht ist. Die Mischung sollte lose und trocken sein. Wenn die Samen zu lange zerkleinert werden, ähnelt die Masse eher einer Tahini-Paste.

2. Das Gomasio hält sich in einem fest verschließbaren Behältnis bei Raumtemperatur bis zu 1 Monat.

# KICHERERBSEN-RÜHREI

Als wir die Frühstückskarte für das Café Gratitude zusammenstellten, fiel mir plötzlich auf, dass kein Eiergericht dabei war. Eier zum Frühstück sind ja auch nicht gerade ein fester Bestandteil der veganen Küche, und weil wir Zutaten immer möglichst naturbelassen verwenden, wollte ich nicht einfach einen industriell verarbeiteten Ei-Ersatz für ein Fake-Rührei nehmen. Dann erinnerte ich mich an meine Zeit in Italien, wo es Socca gibt, ein proteinreiches Kichererbsenmehl, das sich wie Ei verhält und ähnlich aussieht, wenn es mit Wasser aufgeschlagen wird. Der Legende nach soll während eines Kriegs zwischen Ligurern und Franzosen im Mittelalter ein mit Kichererbsenmehl beladenes Schiff angegriffen und auf felsige Klippen gelaufen sein. Die Mehlfässer waren von Salzwasser getränkt, aber die gestrandeten Matrosen hatten nichts anderes zu essen. Sie verteilten die Mehlmasse auf den warmen Felsen, um sie zu trocknen, und fanden heraus, dass sie so zu etwas Eiartigem wurde, das salzig und lecker schmeckte. Bis heute verwenden die Italiener Kichererbsenmehl in verschiedenen Varianten, darunter auch für eine Art Quiche, die Farinata heißt. Darauf griff ich zurück, als ich über ein Rezept für eine Quiche auf unserer Speisekarte nachdachte, und ebenso bei den Eiern Benedict und beim Frühstücksburrito. Man kann daraus auch schlicht Rührei zubereiten und als Antipasto servieren oder es in einem Hacksalat wie hart gekochtes Ei verwenden.

### ERGIBT CA. 1 EINMACHGLAS (À 230 ML)

**90 g Kichererbsenmehl**

**1 EL Nährhefe**

**½ TL Kala-Namak-Salz oder Apfelholz-Rauchsalz**

**¼ TL gemahlene Kurkuma**

**¼ TL Paprikapulver**

**¼ TL frisch gemahlener schwarzer Pfeffer**

**1 EL Tamari-Sauce**

**4 EL natives Olivenöl extra**

**1.** In einer mittelgroßen Schüssel Kichererbsenmehl, Nährhefe, Salz, Kurkuma, Paprikapulver, schwarzen Pfeffer, Tamari und 360 Milliliter Wasser vermischen.

**2.** In einer großen Pfanne bei mittlerer Temperatur 2 Esslöffel des Öls erhitzen. Die Hälfte des Kichererbsenteigs hineingeben und vorsichtig verstreichen, sodass er die ganze Pfanne in einer gleichmäßig dünnen Schicht ausfüllt. Den Teig auf einer Seite knapp 1 Minute backen, dann mit einem Pfannenwender zerteilen und vorsichtig ein wenig hin- und herwenden, sodass alles gleichmäßig gart, nicht mehr. Nicht zu viel rühren, sonst wird der Teig zur Paste. Das Kichererbsen-Rührei auf einen Teller geben. Die restlichen 2 Esslöffel Olivenöl erhitzen und mit der zweiten Hälfte Teig wie beschrieben verfahren.

# TEMPEH-CHORIZO

In diesem Rezept wird fleischliches Protein einfach durch Tempeh ersetzt, ansonsten aber mit der traditionellen Chorizo-Würzmischung abgeschmeckt. Ihre wunderbar authentischen Aromen lassen dieses Gericht glänzen. Wie bei »echter« Chorizo brauchen die Gewürze Zeit, um den Tempeh zu aromatisieren, deswegen bereitet man diesen Teil des Rezepts am besten ein oder zwei Tage im Voraus zu. (Wem diese Zeit fehlt, der kann mittlerweile auf eine ganze Reihe fertiger Tempeh- oder Soja-Chorizo-Produkte zurückgreifen, die durchaus schmecken.) Der Tempeh kann zu Pattys geformt oder zerbröckelt und angebraten werden.

## FÜR 4-6 PORTIONEN

1 EL Paprikapulver

1 EL Ancho- oder Chipotle-Chilipulver

1 TL Kreuzkümmelsamen

½ TL getrockneter Oregano

½ TL getrockneter Thymian

½ TL ganze schwarze Pfefferkörner

½ TL Chilipulver

¼ TL Koriandersamen

¼ TL gemahlener Zimt

1 getrocknetes Lorbeerblatt

1 Prise gemahlene Nelken

2 TL Himalayasalz, plus mehr zum Blanchieren

450 g Soja-Tempeh

60 ml Apfelessig

3 EL natives Olivenöl extra

1 EL gehackter Knoblauch

1. In einer Gewürz- oder Kaffeemühle Paprikapulver, Ancho-Chilipulver, Kreuzkümmel, Oregano, Thymian, Pfefferkörner, Chilipulver, Koriander, Zimt, Lorbeerblatt und Nelken zu feinem Pulver mahlen. Beiseitestellen.

2. In einem mittelgroßen Topf Wasser zum Kochen bringen und großzügig salzen. Den Tempeh darin 3 Minuten blanchieren. Zum Abkühlen beiseitestellen.

3. Mit den Händen den abgekühlten Tempeh in eine große Schüssel bröckeln und den Apfelessig, 1 Esslöffel Olivenöl, den Knoblauch und 2 Teelöffel Meersalz hinzufügen. Den Tempeh etwa 2 Minuten mit den anderen Zutaten verkneten, bis sie gründlich vermengt sind und der Tempeh bröselig ist. Die Gewürzmischung hinzufügen und den Tempeh weitere 2 Minuten kneten, sodass er auch die Gewürze aufnimmt. Die Tempeh-Chorizo abdecken und mindestens 8 Stunden zum Marinieren in den Kühlschrank stellen, noch besser über Nacht, damit sich die Aromen vermischen und der Tempeh weicher wird.

4. In einer großen Sautierpfanne die restlichen 2 Esslöffel Olivenöl bei mittlerer Temperatur erhitzen. Die Tempeh-Chorizo hineingeben und 5-7 Minuten braten, dabei wenden und weiter zerbröseln, bis sie goldbraun ist.

# MANDELMILCH UND MANDELMUS

Diese Nussmilch ist einfach herzustellen und ergänzt den Vorrat selbst gemachter Basisprodukte ideal. Sie hat mehr Geschmack und eine cremigere Konsistenz als jedes gekaufte Produkt, einmal ganz abgesehen von den Konservierungsmitteln, die dort zum Einsatz kommen. Ein weiterer Vorteil ist das übrig bleibende Mandelmus, das genau wie gekauftes Bio-Mandelmehl verwendet werden kann. Aufgrund unserer hauseigenen Mandelmilchproduktion haben wir immer sehr viel davon, und wir verwenden es gern in vielerlei Weise zum Backen, vor allem für unsere rohen Schichtkuchen. Das Mus kann bis zur Verwendung im Tiefkühlgerät aufbewahrt werden.

**ERGIBT CA. 1,5 L MANDELMILCH UND 1 EINMACHGLAS (À 230 ML) MANDELMUS**

**300 g rohe Mandeln, über Nacht in viel Wasser eingeweicht**

**2 Medjool-Datteln, entkernt (siehe Tipp)**

**¼ TL Himalayasalz**

**1.** Die Mandeln abgießen und abspülen (ebenso mit den Datteln verfahren, falls erforderlich).

**2.** In einem Standmixer die Mandeln, die Datteln und das Salz zusammen mit 1,5 Liter Wasser 2–3 Minuten pürieren, bis die Mandeln sehr fein gemahlen sind.

**3.** Die Milch durch einen Nussmilchbeutel oder ein Käseleinen in eine große Schüssel abseihen. Gründlich die Flüssigkeit aus dem Mandelmus drücken. Die Milch ist im Kühlschrank in einem verschlossenen Behältnis bis zu 3 Tage haltbar. Das Mus kann bis zur Verwendung eingefroren werden.

**TIPP** Manche Datteln sind recht trocken. Falls dies bei den verwendeten Datteln der Fall ist, sollten sie möglichst zusammen mit den Mandeln eingeweicht werden.

# KOKOSMILCH

Gekaufte Kokosmilch kann durchaus für jedes unserer Rezepte verwendet werden, für das sie benötigt wird. Aber wenn aus dem Gericht etwas ganz Besonderes werden soll, lohnt es sich, sie nach dieser bewährten Café-Gratitude-Methode herzustellen. Wir verwenden vorzugsweise frische, junge Thai-Kokosnüsse sowohl für das Kokoswasser als auch für das Fruchtfleisch, doch im Handel sind auch Kokoswasser in Flaschen oder Kartons und tiefgekühltes Kokosfruchtfleisch erhältlich – auch damit wird die hausgemachte Kokosmilch köstlich.

Werden frische Kokosnüsse verwendet, benötigt man etwa 2 junge Thai-Kokosnüsse. In manchen Lebensmittelgeschäften kann man sie mit bereits abgeschnittener Kappe kaufen, sodass man das Wasser mit einem Strohhalm gleich vor Ort trinken kann. So vorbereitete Exemplare sind besonders praktisch, denn Fruchtfleisch und Wasser lassen sich leicht auslösen. Ansonsten ist die einfachste Art, eine junge Kokosnuss zu öffnen, mit einem großen Küchenmesser oder einem Hackebeilchen oben einen viereckigen Deckel herauszuschneiden und abzunehmen. Dann das Wasser durch ein feines Sieb in eine Schüssel oder einen Messbecher gießen, um Schalenstücke herauszufiltern, die eventuell beim Knacken der Kokosnuss abgebrochen sind. Das Wasser beiseitestellen und mit einem großen Löffel das Fruchtfleisch auslösen. Von Kokosnuss zu Kokosnuss ist das Fruchtfleisch etwas unterschiedlich. Es kann von weich, geleeartig und hellrosafarben bis zu dickfleischig, reif und strahlend weiß sein. Alle Konsistenzen eignen sich für dieses Rezept, doch reiferes Fruchtfleisch muss länger im Mixer zerkleinert werden. Falls beim Auslösen des Fruchtfleischs noch Stücke der inneren Haut daran haften, diese mit einem Gemüsemesser vom Fleisch abschneiden.

### ERGIBT CA. 1,5 L

**1 l Kokoswasser (von 2 jungen Thai-Kokosnüssen oder gekauft)**

**25 g getrocknete Kokosflocken oder Kokoschips**

**40 g Kokosfruchtfleisch**

**¼ TL Himalayasalz**

**1.** In einem Standmixer 750 Milliliter Kokoswasser und die Kokosflocken glatt pürieren.

**2.** Die Kokosmischung durch einen Nussmilchbeutel oder ein Käseleinen in eine mittelgroße Schüssel gießen, dabei so viel Flüssigkeit wie möglich ausdrücken. Die entstandene Kokosmilch beiseitestellen und die Kokoscreme zubereiten. Den Mixer anschließend gründlich ausspülen.

**3.** Im Standmixer das restliche Kokoswasser, das Kokosfruchtfleisch und das Salz auf hoher Stufe zu einer sämigen, glatten Creme pürieren. Die Creme mit der Kokosmilch vermischen.
In einem verschlossenen Behältnis im Kühlschrank ist die Kokosmilch bis zu 5 Tage haltbar.

# KOKOSJOGHURT

Dieses schnelle und sehr einfache Rezept erfordert weder viel Zeit noch besonderes Equipment zur Zubereitung, doch der Joghurt sollte am Vortag angesetzt werden, da er Zeit zum Fermentieren braucht. Der Kokoskefir als Starterkultur sorgt für dieselbe probiotische Anreicherung wie ein traditioneller Joghurt. Die Fermentation ist ein natürlicher Prozess und lässt den Joghurt säuerlicher werden, je länger er andauert. Dieser Joghurt eignet sich auch wunderbar für Saucen und Dressings.

Das frische Fruchtfleisch, das für dieses Rezept benötigt wird, liefern Thai-Kokosnüsse, die in einigen Lebensmittel- und vor allem Asiamärkten zu finden sind. Ganze Kokosnüsse bieten den zusätzlichen Vorteil des Kokoswassers, doch die Kokosnüsse müssen auch geknackt und das Fruchtfleisch ausgelöst werden (siehe Seite 32). Ich empfehle, alternativ nach tiefgekühltem jungen Kokosfruchtfleisch aus Thailand oder Vietnam Ausschau zu halten, das bei diversen Anbietern online bestellt werden kann.

**ERGIBT CA. 2 EINMACHGLÄSER (À 230 ML)**

**450 g junges Kokosfruchtfleisch, frisch oder tiefgekühlt und aufgetaut**

**250 g Kokoskefir**

**60 ml frisch gepresster Zitronensaft**

**60 ml Agavendicksaft, Kokosblütensirup oder Ahornsirup**

**1 EL Kokosöl**

1. In einem Standmixer Kokosfruchtfleisch, Kefir, Zitronensaft, Süßungsmittel und Kokosöl etwa 1 Minute zu einem glatten, cremigen Joghurt pürieren. Die Konsistenz des Joghurts kann durch die Zugabe von Wasser in kleinen Spritzern beeinflusst werden; er sollte cremig, nicht körnig sein. Je nach Konsistenz des Kokosfruchtfleischs benötigt man nur entweder sehr wenig oder etwas mehr Wasser.

2. Den Kokosjoghurt in einem luftdicht verschließbaren Behältnis bis zum Verbrauch im Kühlschrank aufbewahren, er hält sich bis zu 1 Woche. Die Fermentation setzt sich auch im Kühlschrank fort.

# GLUTENFREIE ALLZWECK-MEHLMISCHUNG

Nicht alle glutenfreien Mehlsorten setzen sich gleichermaßen zusammen, und als wir begannen, unsere Backrezepte zu entwickeln, stellten wir schnell fest, dass einige davon nicht mit gekauften Mehlsorten funktionierten. Deshalb haben wir unsere eigene Mehlmischung kreiert, die in allen unseren Restaurants verwendet wird. Sie hat sich in unserem glutenfreien Gebäck als sehr verlässlich erwiesen, genau wie in allen anderen glutenfreien Gerichten, für die Mehl benötigt wird.

**ERGIBT CA. 1 KG MEHLMISCHUNG**

**400 g braunes Reismehl**

**400 g weißes Reismehl**

**120 g Tapiokamehl (auch als Tapiokastärke im Handel)**

**2 EL Backsoda**

**1 EL Backpulver**

**2 ¼ TL Guarkernmehl**

Braunes und weißes Reismehl, Tapiokamehl, Backsoda, Backpulver und Guarkernmehl in eine große Schüssel sieben und mischen. In einem luftdicht verschließbaren Behältnis ist die Mehlmischung bis zu 1 Monat haltbar. Wer sie länger aufbewahren möchte, kann sie im Tiefkühlgerät lagern.

**FRAGE *des Tages***

Was magst du an deinem Körper?

# DATTELPASTE

Dattelpaste ist ein natürliches Süßungsmittel auf Pflanzenbasis, das sich hervorragend als Alternative zu Honig und Ahornsirup eignet. Sie wird nur aus Datteln und Wasser hergestellt (bei besonders saftigen Früchten sogar nur aus Datteln), kann für alles verwendet werden, was einen Hauch Süße benötigt, und hält sich monatelang im Tiefkühlgerät. Dattelpaste gibt es auch im Handel, doch sie ist teilweise schwierig zu finden und kann mit Reismehl überzogen sein, weshalb wir sehr empfehlen, sie selbst herzustellen.

**ERGIBT CA. 1 EINMACHGLAS (À 230 ML)**

**20 Medjool-Datteln, entkernt**

1. Die Datteln in die Küchenmaschine geben. Wenn die Datteln eher trocken sind, noch 2 Esslöffel warmes Wasser hinzufügen. Wenn die Datteln recht saftig sind, zunächst kein Wasser zugeben.

2. Die Datteln zu einer glatten Paste pürieren. Falls erforderlich, bis zu 60 Milliliter Wasser hinzufügen, aber jeweils nur esslöffelweise, damit die Paste nicht unnötig flüssig wird. In einem luftdicht verschließbaren Behältnis ist sie im Kühlschrank bis zu 2 Wochen oder im Tiefkühlgerät bis zu 3 Monate haltbar.

# FRÜHSTÜCK & GEBÄCK

# I AM CONTENT

## Kichererbsen-Quiche mit rauchiger Mandel-Romesco-Sauce und Cashew-Ricotta

Diese Quiche-Version erhält durch die Romesco-Sauce mit Röstpaprika eine spanische Note, kann aber auch gut abgewandelt werden – als italienische Variante mit Tomatenpesto (Seite 303); im mexikanischen Stil mit Mais und Koriander-Kürbiskern-Pesto (Seite 301) oder Pico de Gallo (Seite 169). Unzählige Variationen sind möglich. Der Cashew-Mozzarella (Seite 312) ist eine feine Ergänzung zur Quiche, wenn die Zeit knapp ist. Auch die Gremolata kann flexibel gehandhabt und einfach durch eine großzügige Portion frischer gehackter Petersilie ersetzt werden. Wichtig zu beachten: Der Kichererbsenteig muss 6 Stunden oder über Nacht ruhen; er kann am Vorabend angerührt und die Quiche am nächsten Morgen zubereitet werden.

### FÜR 4-6 PORTIONEN

180 g Kichererbsenmehl

3 EL natives Olivenöl extra

1 ½ TL Himalayasalz

40 g gewürfelte rote Zwiebel

90 g grob gehackter Babyspinat

100 g von den Samen befreite und gewürfelte Roma-Tomaten

16 entkernte und grob gehackte Kalamata-Oliven

3 EL rauchige Mandel-Romesco-Sauce (Seite 292)

60 g Cashew-Ricotta (Seite 311)

2 EL Gremolata (Seite 293), plus mehr zum Bestreuen der Quiche

**1.** Zunächst in einer mittelgroßen Schüssel das Kichererbsenmehl mit 710 Milliliter Wasser verrühren. Mit einem sauberen Geschirrtuch abdecken und mindestens 6 Stunden, besser über Nacht in den Kühlschrank stellen. Dann den Schaum, der sich an der Oberfläche gebildet hat, abschöpfen und 1 Esslöffel des Olivenöls sowie das Salz unterrühren.

**2.** Den Backofen auf 175 °C vorheizen.

**3.** In einer gusseisernen Pfanne (mit 20 Zentimeter Durchmesser) die restlichen 2 Esslöffel Öl bei mittlerer Temperatur erhitzen. Die Zwiebel darin 3 Minuten braten, bis sie weich und leicht gebräunt ist. Die Hälfte des Kichererbsenteigs und den Spinat hinzufügen und 2–3 Minuten garen, ohne umzurühren, bis der Spinat etwas zusammenfällt. Dann die Tomaten und die Oliven gleichmäßig auf der Oberfläche der Quiche verteilen. Den restlichen Kichererbsenteig zugeben und das Ganze mit 1–2 Esslöffel Gremolata bestreuen.

*Fortsetzung auf Seite 40*

**4.** Die Quiche weitere 5 Minuten garen, bis der Teig am Rand zu stocken beginnt. Die Pfanne in den Ofen stellen und die Quiche etwa 40–45 Minuten backen, bis sie goldbraun und in der Mitte beim Berühren fest ist. Die Quiche vor dem Servieren 5–10 Minuten ruhen lassen, da sie beim Abkühlen noch etwas fester wird. In der gusseisernen Pfanne bleibt sie schön warm.

**5.** Die Quiche mit Romesco-Sauce beträufeln und mit dem Cashew-Ricotta und etwas Gremolata bestreuen. Das Gericht schmeckt köstlich bei Raumtemperatur, kann aber auch im Ofen aufgewärmt und für Sandwiches oder als Topping für Salate verwendet werden.

**FRAGE** ***des Tages***

## Was liebst du an deiner Familie?

# I AM FESTIVE
## Chilaquiles mit Black Mole Abuelita und Tempeh-Chorizo

Wir beschäftigen zahlreiche mexikanische Köche, und in Südkalifornien lieben wir die mexikanische Küche, also war dieses Rezept eine naheliegende Ergänzung unseres Frühstücksangebots, als wir mehr Abwechslung hineinbringen wollten. Ich musste das Rad auch nicht neu erfinden – alles, was ich zu tun brauchte, war, zu unseren talentierten Köchen zu gehen und vorzuschlagen: »Lasst uns Chilaquiles machen.« Sie konnten einen authentischen kulturellen Bezug zu dem Gericht herzustellen, der mir fehlt (was ich selbst gar nicht glaube!). Bei solchen Gelegenheiten ist meine Rolle die eines Mentors, und ich gebe dem Rezept den speziellen Gratitude-Touch, mit Tempeh-Chorizo, gerösteter Tomatillo-Sauce und Black Mole Abuelita plus einem Spritzer Cashew-Sahne. Der Zeitaufwand kann durch fertig gekaufte Bestandteile dieses Rezepts verkürzt werden, aber wenn Zeit kein Problem ist, lohnt sich die Mühe. Wie hier beschrieben, bereiten wir die Chilaquiles in unseren Cafés zu, aber es gibt so viele Varianten wie unterschiedliche Zutaten. Einfach ausprobieren und den eigenen Vorlieben anpassen!

### FÜR 4-6 PORTIONEN

**Für die Tortilla-Chips:**

**Reiskeimöl oder ein neutrales Pflanzenöl nach Belieben zum Frittieren**

**10 Maistortillas (mit 15 cm Durchmesser)**

**½ TL Himalayasalz oder Apfelholz-Rauchsalz**

**Zum Belegen:**

**2 EL natives Olivenöl extra**

**1 kleine, fein gehackte Knoblauchzehe**

**500 g von den Stielen befreiter und gehackter Palmkohl**

**⅛ TL Himalayasalz**

1. Für die Tortilla-Chips in einen Topf mit schwerem Boden das Reiskeimöl etwa 5 Zentimeter hoch einfüllen. Das Öl bei mittlerer Temperatur auf 190 °C erhitzen. Ohne Thermometer lässt sich die Öltemperatur testen, indem ein kleines Stück Maistortilla hineingegeben wird. Wenn es schwimmt und von schäumenden Ölbläschen bedeckt ist, ist die Temperatur richtig.

2. Die Tortillas in je 8 Stücke schneiden. Ein Backblech oder Tablett mit Küchenpapier auslegen und neben der Herdplatte platzieren. Die Tortillastücke portionsweise 2–3 Minuten frittieren, dabei mit einer Gabel oder einem Schaumlöffel häufig wenden, bis sie gleichmäßig goldbraun sind. Mithilfe eines Schaumlöffels die Chips auf das Küchenpapier geben und mit etwas Salz bestreuen. Zwischen den Portionen auf das Öl achten, es sollte die erforderliche Temperatur wieder erreicht haben, bevor die nächsten Tortillastücke frittiert werden.

*Fortsetzung auf Seite 42*

**1 Rezeptmenge geröstete Tomatillo-Sauce (Seite 295)**

**Tempeh-Chorizo (Seite 29)**

**Black Mole Abuelita (Seite 285)**

**Cashew-Sahne (Seite 311)**

**40 g gewürfelte rote Zwiebel**

**1 kleine Handvoll gehackte Korianderblättchen**

3. Den Backofen auf 65 °C vorheizen, eine große ofenfeste Servierplatte hineinstellen und dort warm halten.

4. In einem großen Topf das Olivenöl bei mittlerer Temperatur erhitzen. Den Knoblauch hinzufügen und 1 Minute sanft erwärmen. Den Palmkohl und das Salz zugeben und 2–3 Minuten garen, dabei sanft umrühren, bis er etwas zusammenfällt. Den Palmkohl in eine Schüssel umfüllen und beiseitestellen.

5. Den leeren Topf bei mittlerer Temperatur erhitzen und die Tomatillo-Sauce hineingeben. Wenn die Sauce zu köcheln beginnt, die Tortillachips hinzufügen und in der Sauce 1 Minute ziehen lassen, dann auf die vorgewärmte Servierplatte geben. Darauf eine Schicht Tempeh-Chorizo und den gedünsteten Palmkohl verteilen.

6. Das Gericht zum Schluss großzügig mit Black Mole Abuelita und Cashew-Sahne beträufeln (oder dazureichen) und mit den Zwiebelwürfeln und dem Koriander garnieren.

**TIPP** Wenn die Zeit knapp ist, können die Chips fertig gekauft werden. Ungesalzene Tortilla-Chips eignen sich am besten, es werden ca. 250 Gramm benötigt. Aber sie sind auch ganz leicht selbst gemacht – und so lecker, wenn sie frisch und warm sind! Im Café Gratitude verwenden wir immer Bio-Maistortillas, um sicherzugehen, dass sie keinen gentechnisch veränderten Mais enthalten. Zum Frittieren bevorzugen wir Reiskeimöl, das aufgrund seines Vitamin-E-Gehalts, des ausgeglichenen Fettsäurenanteils sowie der antioxidativen und cholesterinsenkenden Wirkung zu den gesünderen Ölen gezählt wird.

# I AM NURTURED

## Frühstücksburrito mit Kichererbsen-Rührei, schwarzen Bohnen, Röstkartoffeln und Mole Coloradito

Dieses Frühstück auf mexikanische Art wird komplett in einen Burrito gepackt. Jeder Bestandteil macht schon allein etwas her und lohnt den Aufwand. Auch wenn es so wirkt, als müssten hier eine Menge Komponenten für einen Frühstücksburrito zubereitet werden, können alle genauso gut Reste von Mahlzeiten der letzten Woche sein. Die Bohnen passen wunderbar in Getreide-Bowls, das Kichererbsen-Rührei macht sich gut unter Röstgemüse oder in einer Gratitude Bibimbap Bowl (Seite 190), und die Mole-Sauce ist mehr oder weniger das ideale Würzmittel für alles, was einen Hauch Chilischärfe verträgt. So, wie das Rezept hier steht, bereiten wir es in unseren Cafés zu. Doch es lässt sich abwandeln, beispielsweise mit Dosenbohnen statt getrockneter Bohnen (siehe Tipp) oder ohne die Tomatenpaste mit Wumms – es ist offen für Interpretation und Improvisation und natürlich für Unmengen an scharfer Sauce.

Das Gericht wird ganz besonders kreativ inszeniert, wenn der Burrito mit farbigen Saucen angerichtet wird, die das Rot, Weiß und Grün der mexikanischen Flagge aufnehmen: Die geröstete Tomatillo-Sauce (Seite 295), Salsa Verde (Seite 297) und Cashew-Sahne (Seite 311) bieten sich hierfür ideal an.

**ERGIBT 4 GROßE BURRITOS**

Für die schwarzen Bohnen:

- 60 ml natives Olivenöl extra
- 150 g gehackte Zwiebel
- 1 kleine, von den Samen befreite und fein gehackte Jalapeño-Chili
- 1 gehackte Knoblauchzehe
- 2 EL Tomatenpaste mit Wumms (Seite 26)
- 125 g getrocknete schwarze Bohnen, über Nacht eingeweicht, abgegossen und abgespült (siehe Tipps)

**1.** Für die schwarzen Bohnen in einem großen Topf mit schwerem Boden das Olivenöl bei mittlerer Temperatur erhitzen und Zwiebel, Chili und Knoblauch darin 5 Minuten anschwitzen, bis die Zwiebel weich ist. Die Tomatenpaste hinzufügen und 2 Minuten garen.

**2.** Bohnen, Kreuzkümmel und Lorbeerblatt hinzufügen und unterrühren, dabei die Bohnen 1 Minute warm werden lassen. Dann 2 Liter Wasser hinzufügen und mit den Bohnen zum Kochen bringen. Die Temperatur auf niedrige Stufe herunterstellen und den Deckel halb auflegen, die Bohnen 1 Stunde und 20 Minuten leise köcheln lassen. Salzen und weitere 10 Minuten köcheln lassen. Abschmecken und Garprobe machen; falls erforderlich, mehr Salz hinzufügen oder wenige Minuten länger garen. Beiseitestellen.

*Fortsetzung auf Seite 46*

½ TL gemahlener Kreuzkümmel

1 getrocknetes Lorbeer- oder Avocadoblatt (siehe Tipps)

2 TL Himalayasalz, plus mehr zum Abschmecken

Für die Röstkartoffeln:

900 g kleine Kartoffeln (vorzugsweise eine alte Sorte wie Bamberger Hörnchen oder La Ratte), in 2,5 cm große Stücke geschnitten oder kleine Exemplare im Ganzen

2 EL plus ¼ TL Himalayasalz

½ TL Backsoda

2 EL natives Olivenöl extra

1 TL gehackter frischer Rosmarin (nach Belieben)

Für die Burritos:

4 große Vollkornweizentortillas (mit 25–33 cm Durchmesser)

30 g grob gehackter Babyspinat

40 g grob gehackter Römersalat

Kichererbsen-Rührei (Seite 28)

2 Avocados, Fruchtfleisch gewürfelt

8 EL gehackte Escabeche (Seite 319)

8 EL Mole Coloradito (Seite 287)

**3.** Für die Röstkartoffeln den Backofen auf 200 °C vorheizen.

**4.** In einem großen Topf 2 Liter Wasser bei hoher Temperatur zum Kochen bringen. Dann die Kartoffeln, 2 Esslöffel Salz und das Backsoda hineingeben.

**5.** Das Wasser erneut zum Kochen bringen, dann die Temperatur auf mittlere Stufe herunterstellen, sodass das Wasser weiter köchelt. Die Kartoffeln etwa 10 Minuten kochen, bis sie fast, aber nicht ganz gar sind (wenn man mit einem Messer hineinsticht, sollte noch etwas Widerstand zu spüren sein). Die Kartoffeln abgießen, dabei das Sieb schwenken, um sie gut abtropfen zu lassen.

**6.** In einer großen Schüssel die Kartoffeln und das Olivenöl vermischen. Mit dem restlichen ¼ Teelöffel Salz und, falls verwendet, dem Rosmarin bestreuen und gründlich vermischen.

**7.** Die Kartoffeln gleichmäßig auf einem Backblech verteilen und im Ofen 40 Minuten rösten, bis sie goldbraun und knusprig sind. Zwischendurch mehrmals wenden, damit sie gleichmäßig rösten.

**8.** Für die Burritos in einer großen Pfanne jede Tortilla bei mittlerer Temperatur 1 Minute auf jeder Seite rösten. (Lustiger – für Mutige mit Gasherd – ist es, die Tortillas 30 Sekunden direkt über der offenen Flamme zu rösten und dabei zu wenden, bis die Tortillas weicher geworden sind.) Die gerösteten Tortillas mit einem Geschirrtuch abdecken, um sie warm zu halten.

**9.** In der Mitte jeder Tortilla jeweils ein Viertel des Spinats, des Römersalats, der Röstkartoffeln, des Kichererbsen-Rühreis, der schwarzen Bohnen sowie gewürfelte Avocado und 2 Esslöffel gehackte Escabeche platzieren. Die Füllung mit 2 Esslöffeln Mole Coloradito beträufeln.

**10.** Die untere Tortillahälfte nach oben über die Füllung klappen. Beide Enden einschlagen und die Tortilla fest zu einem klassischen Burrito aufrollen. Den Burrito in die warme Pfanne legen, mit der Verschlussseite nach unten, und 1–2 Minuten erwärmen, um ihn zu verschließen. So servieren oder mit Tomatillo-Sauce, Salsa Verde und Cashew-Sahne anrichten.

**TIPPS** Falls für dieses Rezept (ungesalzene) Dosenbohnen verwendet werden, diese abgießen und gründlich abspülen. Die restliche Garzeit halbiert sich.

Falls erhältlich, sind Avocadoblätter ein wunderbares Würzmittel für die Bohnen, ansonsten tut es auch ein Lorbeerblatt.

# I AM TRUSTING

## Barbecue-Tempeh-Bauernfrühstück mit saisonalem Gemüse, Shiitake-Pilzen, Spinat und Avocado

Ich habe schon früh entschieden, dass wir im Gratitude nicht mit Fleischersatzprodukten arbeiten würden, doch Tempeh wollte ich gern verwenden, weil dieses fermentierte Sojaprodukt wichtige gesundheitsfördernde Eigenschaften besitzt. Es ist zudem sehr wandlungsfähig und kann unterschiedliche Aromen und Texturen annehmen (siehe Tempeh-Chorizo auf Seite 29 und Tempeh-Bacon auf Seite 56). Für die Frühstückskarte wollte ich ein buntes Bauernfrühstück entwickeln – denn wer mag kein deftiges Pfannengericht mit saisonalem Gemüse? – und Tempeh dabei als Proteinlieferanten integrieren. Er wurde mit einer pikanten Jerk-Marinade und gerösteten Gewürzen für eine rauchige Note versehen, und weil ich zudem ein großer Fan von Barbecue-Sauce bin, kam die auch noch dazu, ebenso wie gedünstetes Gemüse. Dann stapelte ich das Ganze auf unser wunderbares glutenfreies Sauerteigbaguette, das alle Säfte aufnimmt. Das Ergebnis ist ein Grundnahrungsmittel für jeden Morgen der Woche.

### FÜR 4 PORTIONEN

**Für den schwarzen Jerk-Tempeh:**

1 Prise Himalayasalz

450 g Tempeh

80 g grob gehackte weiße Zwiebel

1 kleine Frühlingszwiebel (weißer und grüner Teil)

1 kleine Knoblauchzehe

1 Stück frischer Ingwer (à 2,5 cm)

1 kleine, von den Samen befreite Jalapeño-Chili

2 TL Kokosblütenzucker

2 TL getrockneter Thymian

2 TL frisch gemahlener schwarzer Pfeffer

1. Für den Jerk-Tempeh in einem mittelgroßen Topf 1 Liter Wasser und das Salz bei mittlerer Temperatur zum Kochen bringen. Den Tempeh darin 3 Minuten blanchieren und danach auf Küchenpapier abtropfen lassen.

2. Während der Tempeh abkühlt, die Jerk-Marinade zubereiten. In einem Standmixer Zwiebel, Frühlingszwiebel, Knoblauch, Ingwer, Chili, Kokosblütenzucker, Thymian, schwarzen Pfeffer, Piment, Muskat, Cayennepfeffer, Limettensaft, Apfelessig, Tamari, Olivenöl und 240 Milliliter Wasser glatt pürieren.

3. Den abgekühlten Tempeh mehrmals mit einer Gabel einstechen, damit er die Marinade gut aufnimmt. Den Tempeh in eine flache Form legen und die Jerk-Marinade darübergießen. Anschließend für mindestens 4 Stunden zugedeckt in den Kühlschrank stellen, besser 8–12 Stunden.

*Fortsetzung auf Seite 50*

½ TL gemahlener Piment

⅛ TL gemahlener Muskat

⅛ TL Cayennepfeffer

2 EL frisch gepresster Limettensaft

2 TL Apfelessig

2 EL Tamari-Sauce

2 EL natives Olivenöl extra, plus mehr zum Braten

Für die Würzmischung:

120 g Paprikapulver

2 EL Rauchmeersalz

2 EL Cayennepfeffer

2 EL Chipotle-Pulver

2 EL getrockneter Thymian

2 EL getrockneter Oregano

2 EL frisch gemahlener schwarzer Pfeffer

Für das gedünstete Gemüse:

2 EL natives Olivenöl extra

1 zerdrückte und gehackte Knoblauchzehe

800 g gehacktes gemischtes Gemüse (siehe Tipps)

140 g in Scheiben geschnittene Shiitake-Pilze oder ein rund ums Jahr erhältliches Gemüse

Himalayasalz zum Abschmecken

60 ml Weißwein (nach Belieben)

4. In einer großen Pfanne mit schwerem Boden oder einer gusseisernen Pfanne etwas Öl bei niedriger Temperatur erhitzen.

5. Für die Gewürzmischung in einer kleinen Schüssel Paprikapulver, Rauchmeersalz, Cayennepfeffer und Chipotle-Pulver vermischen. Thymian, Oregano und schwarzen Pfeffer unterrühren.

6. Den Tempeh aus der Marinade nehmen und abtropfen lassen. Dann in der Gewürzmischung wenden, sodass er auf allen Seiten damit überzogen ist. Den Tempeh in die warme Pfanne geben und darin 5–7 Minuten rösten, bis die Gewürze schwarz verkohlt sind. Den Tempeh wenden und auf der anderen Seite schwarz werden lassen. Beiseitestellen.

7. Für das gedünstete Gemüse in einer großen Pfanne mit schwerem Boden oder einem Wok das Olivenöl bei mittlerer Temperatur erhitzen und den Knoblauch darin eine 1 Minute anschwitzen.

8. Nach und nach das Gemüse hinzufügen, dabei mit den Sorten mit der längsten Garzeit beginnen (wie Winterkürbis und Wurzelgemüse). Das Gemüse in Knoblauch und Olivenöl wenden, dann nach und nach weiteres Gemüse je nach Größe und Garzeit hinzufügen und alles dünsten, bis es weich ist.

9. Die Pilze und das Salz zum Abschmecken zur Mischung geben. Die Temperatur hochstellen und das Gemüse 2 Minuten pfannenrühren. Den Weißwein, falls verwendet, zugießen und 1 Minute pfannenrühren, bis der Alkohol verdampft ist. Den Herd ausstellen.

10. Den schwarzen Tempeh in das warme Gemüse bröckeln, umrühren und in der Restwärme des Herds erwärmen. Den Spinat hinzufügen und pfannenrühren, bis er zusammenfällt. Den Herd auf niedriger Stufe erneut anstellen, falls erforderlich.

**Zum Anrichten:**

120 g Babyspinat

4 EL Barbecue-Sauce, selbst gemacht (Seite 307) oder gekauft, plus mehr, wenn gewünscht

2 Avocados, Fruchtfleisch in Spalten geschnitten

2 EL gehackte frische Kräuter wie Basilikum, Koriander, Schnittlauch oder Frühlingszwiebel zum Garnieren

gerösteter Sauerteigtoast (nach Belieben)

11. Die Barbecue-Sauce unter das Gemüse und den Tempeh rühren. Abschmecken, bevor noch mehr hinzugefügt wird. Die genaue Menge an Barbecue-Sauce hängt von den Gemüsesorten ab und davon, wie viel Sauce das Gericht bekommen soll. Ich mag das Gemüse so, dass es nur leicht mit der Barbecue-Sauce überzogen ist und diese nicht allzu dominant ist.

12. Das Bauernfrühstück auf 4 Schalen oder Teller verteilen und mit der Avocado und den frischen Kräutern garnieren. Nach Belieben Brot dazu servieren.

**TIPPS** Das ganze Jahr über erhältliches Gemüse, das sich gut für dieses Rezept eignet, sind Blumenkohl, Brokkoli, Zucchini, Karotten und Paprika. Im Frühling und Sommer kommen saisonale Gemüsesorten wie Spargel, Artischocken, grüne Bohnen oder Mais hinzu, im Winter Topinambur, Radicchio und Butternut-Kürbis.

Wenn das Gericht weniger stark gewürzt sein soll, können die Jerk-Marinade und/oder die Gewürzmischung weggelassen werden.

# I AM HOSPITABLE

## Panierte Austernpilze und glutenfreie Haferflockenwaffeln mit süßer Cashew-Butter

Ich wollte schon länger eine Zutat ausfindig machen, die Hähnchenfleisch ersetzen kann. Dann schaute ich mir eines Tages die Austernpilze an, die wir fast immer einkaufen, weil wir damit unser Signaturgericht Pilz-Carnitas (Seite 175) zubereiten, und stellte dabei fest, dass sich ähnlich gute Schnitzel daraus machen lassen wie aus Hähnchen. Ich ging die Sache ganz unkompliziert an und machte eine Panade aus glutenfreiem Mehl, Paprikapulver und Salz sowie einer aus Mandelmilch und Apfelessig hergestellten »Buttermilch«, und das Ergebnis war: Jede einzelne Person, inklusive aller unserer Köche, fand die Pilze klasse – besonders zusammen mit unseren perfekten (wenn ich das mal so sagen darf) Haferflockenwaffeln, die allen Gerichten eine herzerwärmende Note geben.

Die süße Cashew-Butter ist eine köstliche Nascherei, die allerdings schon am Vortag zubereitet werden muss. Sie gibt den Waffeln eine ausgeprägte, aber feine Ahornnote und hat eine wunderbare Konsistenz, die etwas leichter ist als bei handelsüblicher veganer Butter oder Margarine.

### FÜR 4 PORTIONEN

**Für die süße Cashew-Butter:**

**50 g rohe Cashewkerne**

**2 EL Ahornsirup**

**1 Prise Himalayasalz**

**60 ml Kokosöl**

**Für die Waffeln:**

**1 l Mandelmilch, selbst gemacht (Seite 30) oder gekauft**

**1 EL Apfelessig**

**400 g glutenfreie Allzweck-Mehlmischung (Seite 34)**

**90 g kernige Haferflocken (nach Belieben glutenfrei)**

**1.** Für die süße Cashew-Butter in einem Standmixer Cashews, Ahornsirup und Salz mit 120 Milliliter Wasser vollkommen glatt und homogen pürieren. Die Pürierzeit kann variieren; ein High-Speed-Mixer kann sie erheblich verkürzen. Es macht nichts, wenn sich die Mischung beim Pürieren leicht erwärmt. Wenn sie glatt und cremig ist, das Kokosöl hinzufügen und die Mischung erneut gründlich mixen. Die Butter in ein verschließbares Behältnis umfüllen und über Nacht im Kühlschrank ruhen lassen.

**2.** Für die Waffeln in einer mittelgroßen Schüssel Mandelmilch mit Apfelessig verrühren und 10 Minuten beiseitestellen, damit sie gerinnt. Diese Mandel-Buttermilch für den Teig gibt den Waffeln einen angenehm säuerlichen Geschmack, und der Essig in Verbindung mit dem Backpulver fungiert als Ei-Ersatz und macht den Teig leichter.

*Fortsetzung auf Seite 54*

1 1/2 TL Backpulver

1 TL Orangenabrieb

1/2 TL gemahlener Zimt

1/8 TL Himalayasalz

120 ml Kokosöl, erwärmt und flüssig

Für die panierten Pilze:

350 ml Mandelmilch, selbst gemacht (Seite 30) oder gekauft

180 ml Apfelessig

320 g glutenfreie Allzweck-Mehlmischung (Seite 34) oder ein anderes Allzweck-Mehl

2 EL Maisstärke

2 EL Nährhefe

3/4 TL Himalayasalz

3/4 TL Cayennepfeffer

3/4 TL Zwiebelpulver

3/4 TL Knoblauchpulver

3/4 TL Paprikapulver

1/2 TL frisch gemahlener schwarzer Pfeffer

4 große »Büschel« Austernpilze (etwa 85 bis 115 g pro Büschel; siehe Tipp)

Reiskeimöl oder ein neutrales Pflanzenöl nach Belieben zum Braten

Apfelholz-Rauchsalz

Zum Servieren:

Ahornsirup, erwärmt

Orangenspalten zum Garnieren (nach Belieben)

3. In einer mittelgroßen Schüssel Mehl, Haferflocken, Backpulver, Orangenabrieb, Zimt, Salz und Kokosöl vermischen. Die Mandel-Buttermilch hinzufügen und gründlich unterrühren.

4. Die Waffeln den Herstellerangaben entsprechend im Waffeleisen backen. Die Waffeln können im Backofen bei 65–90 °C warm gehalten werden, während die nächsten gebacken werden. Sie können auch im Voraus zubereitet und kurz vor dem Servieren im Toaster erwärmt werden.

5. Für die panierten Pilze in einer kleinen Schüssel die Mandelmilch und den Apfelessig verrühren und 10 Minuten beiseitestellen, damit die Milch gerinnt.

6. In einer mittelgroßen Schüssel Mehl, Maisstärke, Nährhefe, Salz, Cayennepfeffer, Zwiebel-, Knoblauch- und Paprikapulver und schwarzen Pfeffer vermischen.

7. Die Austernpilzbüschel panieren, indem sie zuerst mit einer Hand in die Mandel-Buttermilch getaucht werden. Überschüssige Milch abtropfen lassen, dann die Pilze mit der anderen Hand in der Mehlmischung wenden, sodass sie gut damit überzogen sind. Überschüssiges Mehl abschütteln und das Prozedere wiederholen, indem die Pilze ein zweites Mahl in die Milch getaucht und im Mehl gewendet werden. (Das doppelte Panieren sorgt für eine besonders knusprige Kruste.) Die panierten Pilze auf ein Backblech oder eine Platte legen.

8. Ein Backblech oder eine Platte mit Küchenpapier auslegen und neben der Herdplatte platzieren. In einem tiefen gusseisernen Bräter oder einem Topf mit schwerem Boden das Öl etwa 5 Zentimeter hoch angießen und bei mittlerer Temperatur erhitzen. Mit einem Thermometer testen, ob die Temperatur 175–190 °C erreicht hat. Ohne Thermometer lässt sich die Öltemperatur testen, indem ein kleines Stück Brotkruste hineingegeben wird. Wenn sie schwimmt und von schäumenden Ölbläschen bedeckt ist, ist die Temperatur richtig. Wenn gleich mehrere Portionen zubereitet werden sollen – was ich nur empfehlen kann, weil sie so gut sind –, unbedingt zwischen den Portionen auf die richtige Öltemperatur achten.

**9.** Die Austernpilzbüschel im heißen Öl 3–5 Minuten frittieren, bis sie von dunklem Goldbraun sind. Nur nicht nervös werden, im Zweifel geht man mit einer etwas längeren Garzeit auf Nummer sicher. Die frittierten Pilze auf das mit Küchenpapier ausgelegte Backblech oder die Platte heben und mit dem Rauchsalz bestreuen.

**10.** Falls erforderlich, zum Servieren die Waffeln im Backofen oder im Toaster erwärmen. Am besten auch den Ahornsirup kurz erwärmen. Die warmen Waffeln mit den frittierten Pilzen anrichten und einen Klecks Cashew-Butter und eine Orangenspalte danebensetzen.

**TIPP** In der Zutatenliste führe ich ein »Büschel« Austernpilze auf. Diese Pilze wachsen meist in Büschelform oder »Kolonien«, und für dieses Rezept eignen sie sich in dieser Form am besten. Wenn sie in 2 oder 3 kleinere Büschel auseinanderbrechen, ist das auch okay. Ich mag allerdings besonders den optischen Eindruck eines großen Büschels panierter Pilze auf den Waffeln.

# I AM CELEBRATING

## Gratitude-Spinat und Spargel Benedict mit Kichererbsen-Rührei, Tempeh-Speck und Macadamia-Cashew-Hollandaise

Dieses Gericht ist der absolute Star beim Gratitude-Brunch, der immer Eindruck schindet und das Publikum aus den Socken haut. Tatsächlich handelt es sich um eine unkomplizierte Kombination verschiedener Zutaten: salzig-rauchiger Tempeh-Speck, gedünstetes saisonales Gemüse und unsere unverkennbare Kichererbsen-Frittata, dazu gibt es eine Sauce hollandaise aus dem Mixer und gekaufte Toastbrötchen, Bagels, glutenfreien Toast oder auch Kopfsalatblätter. Das ultimative Rezept für Besuch von Freunden am Sonntagmorgen!

Das Gericht erfordert etwas Planung, aber der Aufwand lohnt sich. Die Hollandaise und das Rührei können bis zu 3 Tage im Voraus zubereitet werden. (Man kann das Rührei sofort essen, aber eigentlich schmeckt es aufgewärmt noch besser.) Der Tempeh-Speck ist ganz einfach gemacht und hat genau die Ahorn-Räuchernote, die wir mit Speck verbinden. Um Zeit zu sparen, kann man auch auf vegane Speckprodukte aus dem Laden zurückgreifen. Ob nun alle Bestandteile von Grund auf selbst gemacht sind wie bei uns oder durch hochwertige gekaufte ergänzt werden – das Ergebnis wird auf jeden Fall köstlich sein.

### FÜR 4 PORTIONEN

Für den Tempeh-Speck:

**1 Prise Himalayasalz**

**1 Stück Soja-Tempeh (à 225 g)**

**170 g Ahornsirup**

**4 EL Barbecue-Sauce, selbst gemacht (Seite 307) oder gekauft**

**1 EL Paprikapulver**

**1 TL Flüssigrauch**

**1.** Für den Tempeh-Speck eine Platte mit Küchenpapier auslegen. In einem mittelgroßen Topf 1 Liter Wasser und das Salz bei mittlerer Temperatur zum Kochen bringen. Den Tempeh darin 3 Minuten blanchieren (das mildert seinen Geschmack), dann auf dem Küchenpapier auskühlen lassen.

**2.** Während der Tempeh abkühlt, die Marinade zubereiten. In einer mittelgroßen Schüssel Ahornsirup, Barbecue-Sauce, Paprika und Flüssigrauch vermischen.

**3.** Den Tempeh an der kurzen Seite in 0,5 Zentimeter dünne Streifen schneiden. Die Tempeh-Streifen nebeneinander in eine flache Form legen und mit der Marinade bedecken. Den Tempeh im Kühlschrank 8–12 Stunden marinieren.

*Fortsetzung auf Seite 58*

Für die Macadamia-Cashew-Hollandaise:

- 165 g rohe Macadamiakerne, 4 bis 6 Stunden eingeweicht
- 50 grohe Cashewkerne, 4–6 Stunden eingeweicht
- 480 ml Mandelmilch, selbst gemacht (Seite 30) oder gekauft
- 60 ml natives Olivenöl extra
- 2 EL Kokosöl, erwärmt und flüssig
- 2 EL frischer Zitronensaft
- 2 TL Apfelessig
- 2 EL Nährhefe
- 1 TL Himalayasalz
- 1 TL Gremolata (Seite 293) oder gehackte frische Petersilie
- ½ TL Dijon-Senf
- ⅛ TL gemahlene Kurkuma

Zum Servieren:

- Kichererbsen-Rührei (Seite 28)
- 16 Stangen Spargel
- ½ TL Himalayasalz, plus mehr zum Abschmecken
- 1 EL plus 1 TL natives Olivenöl extra
- 240 g Babyspinat
- 2 vegane Toastbrötchen, halbiert (oder 4 Scheiben Brot nach Wahl), oder Kopfsalatblätter
- 8 EL Barbecue-Sauce, selbst gemacht (Seite 307) oder gekauft, plus mehr nach Belieben
- Gremolata (Seite 293) oder gehackte frische Petersilie
- frisch gemahlener schwarzer Pfeffer
- Röstkartoffeln (Seite 46) oder ein einfacher grüner Salat

**4.** Den Backofen auf 200 °C vorheizen.

**5.** Ein Backblech mit Backpapier auslegen und die marinierten Tempeh-Streifen darauf verteilen, mit ausreichend Abstand zum Trocknen. Übrig gebliebene Marinade auffangen, sie kann für mindestens 2 weitere Portionen Tempeh verwendet werden. (Außerdem ist sie eine hervorragende Marinade für Gemüse.)

**6.** Den Tempeh 5–6 Minuten backen, bis er halbwegs trocken wirkt. Die Streifen wenden und weitere 3–4 Minuten backen, dabei darauf achten, dass sie nicht zu trocken werden. Sie sollten etwas zäh sein, mit intensivem Geschmack, aber nicht trocken oder bröselig. Sie trocknen beim Abkühlen zudem noch nach. Der Speck ist im Kühlschrank bis zu 1 Woche haltbar.

**7.** Für die Macadamia-Cashew-Hollandaise die Nüsse abgießen, abspülen und in einen Standmixer geben. Mandelmilch, Olivenöl, Kokosöl, Zitronensaft, Apfelessig, Nährhefe, Salz, Gremolata oder Petersilie, Dijon-Senf und Kurkuma sowie 80 Milliliter Wasser hinzufügen und pürieren, bis die Sauce glatt und samtig ist. Das kann etwas dauern, nur Geduld! Die Sauce sollte die Konsistenz dickflüssiger Sahne haben. Keine Sorge, wenn sie etwas dünner als traditionelle Hollandaise ist, sie dickt noch etwas an, wenn sie für das Servieren erwärmt wird. Bis zur Verwendung beiseitestellen oder bis zu 3 Tage im Kühlschrank aufbewahren.

**8.** Für die Spargel Benedict den Backofen auf der niedrigsten Stufe anstellen und ein Backblech hineinschieben. Die Speckstreifen und das Kichererbsen-Rührei auf dem Backblech warm halten.

**9.** Die holzigen Enden der Spargel entfernen und entsorgen. In einem mittelgroßen Topf 750 Milliliter Wasser und das Salz bei mittlerer Temperatur zum Kochen bringen. Neben dem Herd eine mittelgroße Schüssel mit Eiswasser bereitstellen. Die Spargelstangen 3 Minuten im kochenden Wasser blanchieren, dann einige Minuten im Eiswasser abschrecken, bis sie vollkommen abgekühlt sind. Abgießen und mit Küchenpapier oder einem sauberen Geschirrtuch trocken tupfen und beiseitestellen.

**10.** In einer großen Pfanne 2 Teelöffel Öl bei mittlerer Temperatur erhitzen. Die Spargelstangen darin 5–7 Minuten mit etwas Salz braten, sodass sie weich werden, aber noch etwas Biss haben. (Wer eine Grillpfanne besitzt, kann die Spargel darin braten und so mit hübschen Röststreifen versehen.) Die Spargel im Ofen warm halten.

**11.** In derselben Pfanne die restlichen 2 Teelöffel Olivenöl bei mittlerer Temperatur erhitzen und den Babyspinat mit etwas Salz darin 1–2 Minuten zusammenfallen lassen. Den Spinat anschließend im Ofen warm halten.

**12.** Die Toastbrötchenhälften oder Brotscheiben toasten.

**13.** In einem kleinen Topf die Sauce hollandaise bei niedriger Temperatur sanft erwärmen, dabei häufig umrühren. Wenn die Hollandaise im Voraus zubereitet wurde, etwa 10 Minuten erwärmen, wenn sie frisch gemacht ist, reichen 5 Minuten. Sie sollte erst kurz vor dem Servieren erwärmt werden, weil sie noch andickt und sonst zu sämig werden kann. Beim Umrühren auf die Konsistenz achten, die Hollandaise sollte samtig, aber nicht zu schwer oder dick sein.

**14.** Das Backblech aus dem Ofen nehmen. Die gerösteten Toastbrötchenhälften als Unterlage verwenden und darauf jeweils in folgender Reihenfolge von unten nach oben schichten: 2 Esslöffel Barbecue-Sauce, 2 Tempeh-Speckstreifen, 2 Esslöffel Spinat, ein Viertel des Kichererbsen-Rühreis, weitere 2 Esslöffel Spinat und 4 Spargelspitzen. Die angegebenen Mengen dienen nur als Richtlinie. Wie viel genau auf die Toastbrötchen passt, lässt sich beim Schichten gut beurteilen.

**15.** Jedes belegte Toastbrötchen mit einer großzügigen Portion der warmen Hollandaise beträufeln und mit etwas Gremolata oder Petersilie und schwarzem Pfeffer bestreuen. Mit Röstkartoffeln oder zu einem grünen Salat servieren.

**TIPP** Diese Version mit Spargel kann saisonal mit anderem Gemüse abgewandelt werden, beispielsweise mit gedünsteten Pilzen oder geröstetem Butternut-Kürbis. Die einzelnen Bestandteile im Backofen auf niedrigster Stufe bis zum Servieren warm zu halten ist ein Trick, auf den ich immer zurückgreife, wenn mir nicht der Luxus einer ganzen Kochbrigade zur Verfügung steht.

# I AM POWERFUL
## Knuspriges Quinoa-Cashew-Granola

Ich tüftelte gerade an einem Superfood-Granola, als mir Tucker Garrison, Mitbegründer von Imlak'esh Organics, ein paar Macambo-Bohnen zum Probieren brachte. Tucker lebt in der Region Santa Barbara und hat sich darauf spezialisiert, nachhaltig angebaute Superfoods von kleinen Bio-Bauern aus der ganzen Welt aufzutreiben. Die wild wachsende Macambo wird von einem Frauenkollektiv im Amazonasgebiet von Peru gesammelt, und sie schmeckt angenehm buttrig und knackig. Es war also nicht schwer, uns von ihr zu überzeugen! Macambo gehört zur selben Pflanzenfamilie wie Kakaobohnen und wird seit Jahrhunderten von Heilern am Amazonas zur Behandlung von Kopferkrankungen eingesetzt. Sie ist sehr reich an Protein, Ballaststoffen und Omega-Fettsäuren. Diese erstaunliche Bohne ist online direkt bei Imlak'esh erhältlich, doch wenn sie nicht zu bekommen ist, können mehr Cashews verwendet werden.

Ich bin sehr stolz auf dieses Rezept, denn das Granola ist so gut, dass es fast als eine Süßigkeit durchgeht – dabei besteht es ausschließlich aus Superfoods wie Kapstachelbeeren, gepuffter Quinoa, Kakao und Maca-Wurzel sowie Kokosblütensirup, einem der am wenigsten glykämischen Süßungsmittel. In den Cafés bieten wir unser »I am powerful« auch im Vorratsglas zum Mitnehmen an. Unsere Gäste lieben dieses Angebot, weil es so hübsch und praktisch ist, und zu Hause kann es ganz einfach selbst zusammengestellt werden – das Granola mit Obstsalat und Kokosjoghurt (Seite 33) in ein Glas schichten, und schon steht ein köstliches Frühstück (oder ein Snack für jede andere Zeit) im Kühlschrank.

### ERGIBT CA. 8 EINMACHGLÄSER (À 230 ML)

300 g rohe Cashewkerne, ganz oder in Stücken

150 g Macambo-Bohnen

60 g rohe Macadamiakerne

60 g getrocknete Kapstachelbeeren (Physalis)

200 g gepuffte Quinoa (manchmal Quinoa-Puffreis oder Quinoa-Puffs genannt)

240 ml Kokosblütensirup

1. Den Backofen auf 120 °C vorheizen.

2. Cashews, Macambo-Bohnen, Macadamias und Kapstachelbeeren so hacken, dass die Stücke nicht größer als 0,5 Zentimeter sind.

3. Die Mischung in eine große Schüssel geben und Quinoa, Kokosblütensirup, Kakaonibs, Orangenabrieb, Maca-Pulver, Salz, Zimt und Vanille hinzufügen. Mit einem Teigspatel oder einem Holzlöffel sorgfältig vermischen. Die Mischung ist klebrig und köstlich.

*Fortsetzung auf Seite 62*

- 60 g rohe Kakaonibs
- Abrieb von 2 mittelgroßen Orangen
- 2 TL Maca-Pulver
- 2 TL Himalayasalz
- ½ TL gemahlener Zimt
- ¼ TL Vanilleextrakt

4. Die Granola-Mischung gleichmäßig auf 2 große Backbleche verteilen und im Ofen insgesamt 40–60 Minuten backen. Nach 20 Minuten wenden und in große Stücke zerbrechen. Das Granola ist fertig, wenn es dunkelgoldbraun und leicht getrocknet ist.

5. Die Backbleche auf einem Gitter abkühlen lassen; größere Granola-Stücke zerbrechen, bevor es beim Abkühlen zu hart wird. Wenn es vollständig abgekühlt ist, das Granola in ein großes oder mehrere kleine luftdicht verschließbare Behältnisse füllen. Darin ist es bis zu 6 Wochen haltbar.

**FRAGE *des Tages***

Was hat dein Leben entscheidend verändert?

# I AM THRILLED

## French Toast mit Cashew-Crème-fraîche, gemischten Beeren und Erdbeer-Himbeer-Reduktion

Bei einem klassischen Brunch kann man auf einen großartigen French Toast kaum verzichten. Viele Menschen denken, dass man Eier für diese »Armen Ritter« benötigt, aber ich habe gelernt, dass man tatsächlich so gut wie jede Flüssigkeit dafür verwenden kann. Ich habe eine Bananen-Chia-Milch erfunden, die ihre zarte Süße durch Ahornsirup erhält und deren gehaltvolle Konsistenz den Toast schön üppig macht. Und weil ich süßes Frühstück liebe, habe ich den French Toast mit einer Erdbeer-Himbeer-Reduktion und Cashew-Crème-fraîche kombiniert, was ihn – meiner Meinung nach – zum perfekten Gericht macht.

Wir beziehen unser Brot von einem lokalen Bäcker, der fast ausschließlich alte kalifornische Weizensorten verwendet, und die wunderbare Qualität und der säuerliche Geschmack dieses Brots machen den French Toast so besonders. Ich bin ein großer Fan von Sauerteigbroten, denn ich halte sie für leichter verdaulich, und sie schmecken besser. Doch ein Hefebrot oder eine vegane Brioche sind für dieses Rezept ebenso geeignet. Mir schmeckt es ebenfalls mit Baguette, auch in der glutenfreien Version. Wird der French Toast für Kinder gemacht, empfehle ich, das Brot zum leichteren Eintunken in fingerbreite Streifen zu schneiden.

### FÜR 4 PORTIONEN

**Für die Bananen-Chia-Milch:**

**240 ml Kokosmilch, selbst gemacht (Seite 32) oder gekauft**

**90 g Kokosblütenzucker**

**150 g zerdrückte reife Banane**

**1 EL Chiasamen**

**1 TL Ahornsirup**

**1/2 TL Vanilleextrakt**

1. Für die Bananen-Chia-Milch in einem Standmixer Kokosmilch, Kokosblütenzucker, Banane, Chiasamen, Ahornsirup und Vanilleextrakt cremig pürieren. In eine Schale geben und beiseitestellen.

2. Für die Erdbeer-Himbeer-Reduktion die Erdbeeren unter kaltem Wasser waschen und in eine Küchenmaschine geben. (Sie müssen nicht vom Stielansatz befreit werden, da das Fruchtfleisch später durch ein Sieb gedrückt wird.) Die Himbeeren hinzugeben und pürieren, bis die Beeren flüssig sind. Nicht zu lange pürieren, sonst wird das Sieben schwieriger.

*Fortsetzung auf Seite 64*

**Für die Erdbeer-Himbeer-Reduktion:**

450 g frische Erdbeeren

450 g frische Himbeeren

50 g Rohrzucker

2 TL frisch gepresster Zitronensaft

**Für den French Toast:**

Kokosöl für die Form

8 Scheiben (2,5 cm dick) frisches oder einen Tag altes Sauerteigbrot

Cashew-Crème-fraîche (Seite 315)

frische gemischte Beeren nach Belieben

Ahornsirup zum Beträufeln

3. Die Beerenmischung durch ein feines, in einen mittelgroßen Topf eingehängtes Sieb drücken, um alle Kerne, Stiele und überschüssigen Ballaststoffe zu entfernen. Danach den Zucker und den Zitronensaft unterrühren.

4. Die Beerenmischung bei mittlerer Temperatur zum Kochen bringen und etwa 7 Minuten köcheln lassen. Dabei stetig umrühren, bis die Beeren nicht mehr schäumen. Den Schaum, der sich an der Oberfläche der Sauce bildet, entfernen. Die Temperatur so weit herunterstellen, dass die Sauce nur noch leise köchelt, und 5–7 Minuten einkochen, bis die Sauce andickt und die Rückseite eines eingetauchten Löffels überzieht. Den Topf vom Herd nehmen und zum Abkühlen beiseitestellen.

5. Für den French Toast in einer großen Pfanne mit schwerem Boden 1 Esslöffel Kokosöl bei mittlerer Temperatur erhitzen. (Ich nehme gerne eine gusseiserne Pfanne für French Toast und Pfannkuchen, aber eine beschichtete Pfanne eignet sich auch.)

6. Eine Scheibe Sauerteigbrot kurz (10–15 Sekunden) in die Bananen-Chia-Milch tauchen. Sie darf sich nicht zu sehr vollsaugen, sonst wird sie matschig. Das Brot in die Pfanne legen und auf beiden Seiten 5 Minuten braten, bis es eine knusprige Kruste hat. Den fertigen French Toast auf eine Platte legen oder, besser, im Ofen warm halten. Portionsweise fortfahren, bis alles Brot verbraucht ist, dabei eventuell etwas Kokosöl nachfüllen, damit die Brote nicht am Pfannenboden anhängen.

7. Die French Toasts mit einem großzügigen Klecks Cashew-Crème-fraîche, etwas Erdbeer-Himbeer-Reduktion, gemischten frischen Beeren und Ahornsirup servieren.

# I AM HOLY
## Glutenfreie Donuts

Diese Donuts sind eines der Highlights unseres Backwarenangebots. Sie werden gebacken, nicht in Fett frittiert, und wir haben viel Spaß daran, sie mit unterschiedlichen Glasuren zu verzieren. Hier folgen das Grundrezept für die Donuts und unsere drei beliebtesten Glasurvarianten: Kokos, Schokolade und Erdbeere. Zur Krönung können sie noch mit Kokosflocken, Nüssen, frischen oder getrockneten Früchten bestreut werden – hier ist Erfindungsreichtum gefragt.

### ERGIBT 12 DONUTS

**Für den Teig:**

- 40 g gemahlene Leinsaat
- 60 ml Kokosöl, erwärmt und flüssig, leicht wieder abgekühlt, plus mehr für die Form
- 240 g glutenfreie Allzweck-Mehlmischung, selbst gemacht (Seite 34) oder gekauft
- 135 g Kokosblütenzucker
- ¼ TL Himalayasalz
- 360 ml Kokosmilch, selbst gemacht (Seite 32) oder gekauft
- ⅛ TL Vanilleextrakt

**Zum Verzieren:**

- 1 Portion Glasur (Seite 68)
- Kokosflocken zum Bestreuen (nach Belieben)
- gehackte Nüsse zum Bestreuen (nach Belieben)
- gehackte frische oder Trockenfrüchte zum Bestreuen (nach Belieben)

1. Für den Teig in einer mittelgroßen Schüssel die gemahlene Leinsaat mit 120 Milliliter warmem Wasser vermischen und circa 10 Minuten quellen lassen.

2. Den Backofen auf 160 °C vorheizen. Eine Backform für 12 Donuts mit Kokosöl oder Backspray einfetten und beiseitestellen.

3. In einer großen Schüssel Allzweckmehl, Kokosblütenzucker und Salz vermischen.

4. In die Schüssel mit der angedickten Leinsaat Kokosmilch, Kokosöl und Vanille hinzufügen und vermischen. Diese Mischung in die Schüssel mit den trockenen Zutaten geben und gründlich vermischen, aber nicht zu lange rühren.

5. Wer einen Spritzbeutel mit großer Tülle besitzt, kann den Teig damit gut in die Mulden der Donut-Form füllen. Alternativ mit einem Löffel die Mulden jeweils zu drei Viertel mit Teig füllen und diesen gleichmäßig verteilen.

6. Die Donuts im Ofen 12 Minuten goldbraun backen. In der Form vollständig abkühlen lassen, bevor sie verziert werden. Während die Donuts abkühlen, die Glasur zubereiten.

7. Mithilfe eines kleinen Teigspatels die Donuts mit der Glasur bestreichen und nach Belieben verzieren.

*Fortsetzung auf Seite 68*

## Weiße Kokosglasur

**60 g Puderzucker**

**1 EL Kokosmilch, selbst gemacht (Seite 32) oder gekauft**

In einer kleinen Schüssel den Puderzucker und die Kokosmilch verrühren. Falls die Glasur zu dickflüssig ist, noch 1–2 Teelöffel Kokosmilch unterrühren.

## Schokoladenglasur

**60 g Puderzucker**

**30 g rohes Kakaopulver**

**1 ½ EL Kokosmilch, selbst gemacht (Seite 32) oder gekauft**

In einer kleinen Schüssel Puderzucker, Kakaopulver und Kokosmilch verrühren. Falls die Glasur zu dickflüssig ist, noch 1–2 Teelöffel Kokosmilch unterrühren.

## Erdbeerglasur

**60 g Puderzucker**

**2 kleine reife und saftige frische Erdbeeren, vom Stielansatz befreit**

In einer mittelgroßen Schüssel den Puderzucker und die Erdbeeren mithilfe einer Gabel oder eines Löffels zerdrücken. Die Erdbeeren geben der Glasur nicht nur ihre Farbe, sondern liefern auch die Flüssigkeit. Die Erdbeeren müssen daher sehr reif und saftig sein! Wenn die Erdbeeren sehr groß sind, noch etwas Puderzucker hinzufügen, bis die gewünschte Konsistenz erreicht ist.

**TIPP** Donut-Backformen findet man problemlos in großen Geschäften oder online. Unsere Donuts haben etwa 10 Zentimeter Durchmesser. Wenn eine andere Donut-Backform verwendet wird, muss die Backzeit entsprechend angepasst werden.

# I AM OPEN-HEARTED

## Glutenfreie Buchweizen-Leinsaat-Pfannkuchen mit saisonalem Obst und Cashew-Kokos-Butter

Diese Pfannkuchen auf Buchweizenbasis sind praktisch das bestverkaufte Frühstücksgericht im Café Gratitude. Sie sind deftig und gehaltvoll, ohne schwer im Magen zu liegen, und mit dem saisonalen Obst, der Cashew-Kokos-Butter (siehe Tipp) und einem Spritzer Ahornsirup schmecken sie einfach köstlich. Diese Pfannkuchen sind nicht nur gluten-, sondern auch getreidefrei, denn Buchweizen gehört wie Rhabarber und Sauerampfer zur Familie der Knöterichgewächse.

### FÜR 4 PORTIONEN

**Für die Cashew-Kokos-Butter:**

75 g rohe Cashewkerne

2 EL Rohrzucker

1 Prise Himalayasalz

80 ml Kokosöl

**Für die Pfannkuchen:**

360 ml Mandelmilch, selbst gemacht (Seite 30) oder gekauft

1 TL Apfelessig

1 EL gemahlene Leinsaat

120 g Buchweizenmehl

1 EL Kokosblütenzucker

1 TL Backpulver

1 TL Backsoda

1/8 TL Himalayasalz

1/4 TL Vanilleextrakt

Kokosöl für die Form

**1.** Für die Cashew-Kokos-Butter in einem Standmixer Cashews, Rohrzucker, Salz und 180 Milliliter Wasser glatt und cremig pürieren. Das Kokosöl hinzufügen und erneut pürieren, bis die Mischung glatt und gleichmäßig ist. Die Butter in ein verschließbares Behältnis gießen und im Kühlschrank 8–12 Stunden kalt stellen.

**2.** Für die Pfannkuchen in einer kleinen Schüssel die Mandelmilch und den Apfelessig verrühren und für 10 Minuten beiseitestellen. Die Mandel-Buttermilch macht die Pfannkuchen etwas säuerlich, und die Säure des Apfelessigs wirkt zusammen mit dem Backsoda als zusätzliches Triebmittel, wodurch die Pfannkuchen besonders locker und luftig werden.

**3.** In einer zweiten kleinen Schüssel die gemahlene Leinsaat und 3 Esslöffel warmes Wasser verrühren und 10 Minuten quellen lassen, bis die Mischung gelatineartig wirkt.

**4.** In einer großen Schüssel Buchweizenmehl, Kokosblütenzucker, Backpulver, Backsoda und Salz vermischen. Die Mandel-Buttermilch und die Leinsaatmischung gründlich unterrühren. Das Vanilleextrakt hinzufügen.

*Fortsetzung auf Seite 70*

**Zum Servieren:**
frisches Obst der Saison
Ahornsirup
Puderzucker

5. In einer großen Pfanne 1 Esslöffel Kokosöl bei mittlerer Temperatur erhitzen. Ein Viertel des Pfannkuchenteigs in die Pfanne geben und 2–3 Minuten garen, bis sich Blasen an der Oberfläche zeigen und der Rand fest ist. Den Pfannkuchen dann wenden und weitere 1–2 Minuten garen, den fertigen Pfannkuchen auf eine Platte heben. Mit einem sauberen Geschirrtuch abdecken. Mit dem restlichen Teig ebenso verfahren.

6. Zum Servieren die warmen Pfannkuchen mit reichlich frischem Obst der Saison, einem großzügigen Klecks Cashew-Kokos-Butter und Ahornsirup anrichten und mit Puderzucker bestäuben.

**TIPP** Die Cashew-Kokos-Butter muss schon am Vortag zubereitet werden, um ausreichend fest zu werden. Alternativ kann auch eine leichte Cashew-Kokos-Sahne selbst gemacht werden. Dafür die angegebene Menge Kokosöl auf 120 Milliliter reduzieren und die Mischung im Kühlschrank fest werden lassen.

**FRAGE** ***des Tages***

Für wen machst du den Unterschied?

# I AM PATIENT

## Overnight Oats mit Kurkuma und Chiasamen

Als ich dieses Rezept entwickelte, schwebte mir ein Frühstücksgericht für jeden Tag vor – nicht zu schwer, nicht zu kompliziert oder zu umständlich, einfach zum Mitnehmen. Und ich wollte Zutaten verwenden, die vor oder nach dem Sporttraining guttun. Deshalb verfiel ich auf die entzündungshemmenden Eigenschaften von Kurkuma und Ingwer, auf proteinreiche Chiasamen und Haferflocken, die nicht nur ein guter Eisen- und Proteinlieferant sind, sondern auch ganz generell gesund und erfreulich sättigend. Die Zubereitung könnte unaufwendiger nicht sein – einfach die Zutaten vermischen und in den Kühlschrank stellen. Wer mag, teilt die Mischung gleich in Portionen auf und ist damit für die ganze Woche vorbereitet. Das Rezept lässt sich nach Belieben anpassen, beispielsweise mit einem Hauch Kardamom oder einer Handvoll der persönlichen Lieblingsnüsse, -samen oder -trockenfrüchte.

### FÜR 4 PORTIONEN

**Für die Mandel-Dattel-Milch:**

540 ml Mandelmilch, selbst gemacht (Seite 30) oder gekauft

3 entkernte Medjool-Datteln

**Für die Overnight Oats:**

180 g kernige Haferflocken

2 EL Chiasamen

2 EL frisch gepresster Kurkumasaft oder 2 TL gemahlene Kurkuma mit 2 EL Wasser verrührt

2 EL frisch gepresster Ingwersaft oder 2 TL gemahlener Ingwer mit 2 EL Wasser verrührt

¼ TL Vanilleextrakt

¼ TL gemahlener Zimt

**Zum Servieren:**

frische Blaubeeren

Kokosflocken

Hanfsamen

1. Für die Mandel-Dattel-Milch in einem Standmixer die Mandelmilch und die Datteln pürieren, bis die Datteln vollständig aufgelöst sind. (Wenn der Standmixer nicht leistungsfähig genug ist oder die Datteln zu trocken sind, die Datteln vorher mindestens 30 Minuten in warmem Wasser einweichen.)

2. Für die Overnight Oats in einer großen Schüssel Mandel-Dattel-Milch, Haferflocken, Chiasamen, Kurkumasaft, Ingwersaft, Vanille und Zimt gründlich vermischen, abdecken und mindestens 8 Stunden kalt stellen. Das lässt sich gut vor dem Schlafengehen erledigen, dann ist morgens alles fertig.

3. Die Konsistenz der Haferflocken testen. Nach Belieben anpassen und eventuell mit etwas Mandelmilch oder Wasser verdünnen.

4. Zum Servieren die Overnight Oats auf 4 Schalen verteilen und mit frischen Blaubeeren, Kokosflocken und Hanfsamen garnieren.

# I AM BRIGHT-EYED

## Roher Apfel-Pekannuss-Porridge mit Kokosmilch und Erdbeeren

Dieser frische, schnell zubereitete rohe Porridge war in den Anfängen des Café Gratitude ein Klassiker auf der Speisekarte und ist heute nach wie vor so beliebt, dass er im Herbst scharenweise Gäste anzieht. Alle Zutaten werden im Mixer zum Smoothie püriert – ganz einfach nachzumachen!

### FÜR 2 PORTIONEN

**Für den Porridge:**

1 großer Apfel (vorzugsweise Honeycrisp oder Fuji), vom Kerngehäuse befreit und grob gehackt

5 große reife frische Erdbeeren, vom Stielansatz befreit, oder andere saisonale Beeren

350 ml Kokosmilch, selbst gemacht (Seite 32) oder gekauft

50 g rohe Pekannusskerne

½ TL Vanilleextrakt

1 Msp. gemahlener Zimt

1 Prise Himalayasalz

**Zum Servieren:**

4 frische Erdbeeren, vom Stielansatz befreit und in Scheiben geschnitten

6 gehackte rohe Pekannusskerne

gemahlener Zimt zum Bestreuen

1. Für den Porridge in einem Standmixer Apfel, Erdbeeren, Kokosmilch, Pekannusskerne, Vanilleextrakt, Zimt und Salz zerkleinern, bis die gewünschte Konsistenz erreicht ist – entweder noch etwas stückig oder glatt.

2. Den Porridge in Schalen füllen und mit Erdbeeren, gehackten Pekannüssen und einem Hauch Zimt servieren.

# I AM SERENE

## Glutenfreie Zimtschnecken

Für mich sind sie der Höhepunkt unter unseren glutenfreien veganen Bio-Backwaren. Sie sind genauso weich-klebrig und köstlich wie traditionelle Zimtschnecken, und für jeden einzelnen Bissen lohnt es sich, sie zu backen. Ich kann nur wärmstens empfehlen, gleich eine doppelte Portion vorzubereiten und die Hälfte ungebacken einzufrieren. Und wann immer die Lust darauf sich meldet, kann man sie tiefgefroren aufbacken. (Die angegebene Backzeit verlängert sich dann um 3–5 Minuten.) Wir versehen die Schnecken mit einer Puderzuckerglasur, doch die kann auch weggelassen werden. Stattdessen kann man sie einfach mit ein wenig der Zimtfüllung bestreuen.

### ERGIBT 6 SCHNECKEN

**Für die Zimtfüllung:**

**180 g Kokosblütenzucker**

**2 EL gemahlener Zimt**

**1 EL Kokosöl**

**1 EL Ahornsirup**

**¼ TL Himalayasalz**

**Für den Teig:**

**240 g glutenfreie Allzweck-Mehlmischung (Seite 34), plus mehr zum Ausrollen des Teigs**

**2 EL plus 1 TL Backpulver**

**2 EL Flohsamenschalenpulver**

**1 EL Kokosblütenzucker**

**½ TL Backsoda**

**¼ TL Himalayasalz**

**350 ml Kokosmilch, selbst gemacht (Seite 32) oder gekauft**

1. Für die Zimtfüllung in einer mittelgroßen Schüssel Kokosblütenzucker, Zimt, Kokosöl, Ahornsirup und Salz vermischen. Die Mischung ist fest und bröselig. Beiseitestellen.

2. Für den Teig ein Backblech mit Backpapier auslegen oder eine Silikonbackmatte verwenden und beiseitestellen.

3. Mehlmischung, Backpulver, Flohsamenschalenpulver, Kokosblütenzucker, Backsoda und Salz in eine große Schüssel sieben.

4. In einer mittelgroßen Schüssel Kokosmilch, Kokosöl, Zitronensaft, Apfelessig und Vanilleextrakt verrühren.

5. Die feuchte Mischung zu den gesiebten Zutaten geben und gründlich vermischen. Der Teig wird recht fest, deshalb wird es ab einem bestimmten Punkt sinnvoll, die Hände zum Kneten zu benutzen. Den Teig 2–3 Minuten glatt kneten.

6. Den Backofen auf 160 °C vorheizen.

7. Ein Arbeitsbrett oder eine saubere Arbeitsfläche leicht mit Mehlmischung bestäuben. Den Teig dort hinlegen.

*Fortsetzung auf Seite 78*

3 EL Kokosöl, erwärmt, flüssig und leicht wieder abgekühlt

1 EL frisch gepresster Zitronensaft

1 EL Apfelessig

½ TL Vanilleextrakt

2 EL frisch gepresster Orangensaft

Für die Glasur:

60 g Puderzucker

1 EL Kokosmilch, selbst gemacht (Seite 32) oder gekauft, plus mehr, falls erforderlich

8. Den Teig mit den Händen durch sanftes Ziehen in eine rechteckige Form bringen. Mit einem Nudelholz den Teig zu einer Größe von etwa 30 × 10 Zentimetern und 1 Zentimeter Dicke ausrollen.

9. Die Zimtfüllung dünn auf dem Teig verstreichen und dabei leicht in den Teig drücken.

10. Den Teig von der Längsseite zu einer Rolle aufwickeln; recht fest wickeln, damit die Zimtfüllung nicht austreten kann. Es sollten 2 ganze Umdrehungen mit dem Teig möglich sein.

11. Die Rolle in 6 etwa 5 Zentimeter dicke Stücke schneiden. Alle Schnecken mit der Schnittseite nach oben auf das vorbereitete Backblech legen. Die Schnecken, falls erforderlich, etwas flach drücken, sodass sie gleichmäßig hoch sind.

12. Mithilfe eines Backpinsels alle Schnecken mit dem Orangensaft einpinseln. Wie Eigelb in anderen Rezepten gibt das den Schnecken beim Backen eine schöne goldbraune Farbe.

13. Die Schnecken etwa 20 Minuten im Ofen backen. Ab 15 Minuten Backzeit prüfen, wie sie aussehen; sie sollten goldbraun werden, aber auf Druck noch leicht nachgeben, wenn sie aus dem Backofen kommen.

14. Die Schnecken vollständig auf dem Blech abkühlen lassen.

15. Für die Glasur in einer kleinen Schüssel den Puderzucker und die Kokosmilch verrühren. Diese Glasur ist eher dickflüssig. Für eine dünnere Glasur 1–2 weitere Teelöffel Kokosmilch unterrühren. Die Zimtschnecken damit beträufeln.

# I AM BEAUTIFUL
## Glutenfreie Muffins

Als wir anfingen, auch Backwaren im Café Gratitude anzubieten, versuchte ich es mit Weizenvollkorn- oder Kamut-Muffins, aber aus irgendeinem Grund verkauften sie sich nicht. Dann fing ich an, mich für glutenfreies Gebäck zu interessieren, und seither sind diese Muffins ein Bestseller. Sie sind leicht gemacht, wunderbar mit saisonalem Obst und wirklich echte Muffins – keine Cupcakes, die nur so tun, als ob. Über die Jahre fanden wir heraus, dass sich nicht jedes Obst gleich gut eignet, daher hier unsere drei Lieblingskombinationen: Chocolate Chip mit Erdbeeren, Himbeeren oder Bananen, Pfirsich-Blaubeere und Zitrone-Mohn.

### ERGIBT 24 MUFFINS

**240 ml Kokosöl, erwärmt, flüssig und leicht wieder abgekühlt, plus mehr für die Form**

**2 EL gemahlene Leinsaat**

**480 g glutenfreie Allzweck-Mehlmischung (Seite 34)**

**135 g Kokosblütenzucker, plus mehr zum Bestreuen**

**½ TL Himalayasalz**

**650 ml Kokosmilch, selbst gemacht (Seite 32) oder gekauft**

**¼ TL Vanilleextrakt**

### VARIANTEN

**Chocolate Chip mit Erdbeeren, Himbeeren oder Bananen**

**450 g in Scheiben geschnittene frische Erdbeeren, Himbeeren oder reife Bananen**

**150 g vegane Schokosplitter**

1. Den Backofen auf 160 °C vorheizen. 2 Formen für je 12 Muffins mit Kokosöl oder Backspray einfetten und beiseitestellen.

2. In einer kleinen Schüssel die gemahlene Leinsaat mit 120 Milliliter warmem Wasser verrühren und anschließend 10 Minuten zum Quellen beiseitestellen.

3. Für die Zitrone-Mohn-Variante die Kokosmilch mit der ganzen Zitrone pürieren, inklusive Schale. Das gibt den Muffins ein intensives Zitronenaroma.

4. In einer mittelgroßen Schüssel Mehlmischung, Kokosblütenzucker und Salz vermischen. Dann Kokosmilch, Vanilleextrakt, Leinsaatmischung und je nach Variante Obst / Schokolade / Mohnsamen hinzufügen und unterrühren. Bei den Varianten mit Erdbeeren, Himbeeren oder Pfirsich-Blaubeere können die Früchte nach Belieben leicht mit den Händen ausgepresst werden, das gibt dem Teig eine schöne Farbe.

5. Für die Variante mit Bananen den Großteil davon zerdrücken, etwa ein Viertel in großen Stücken lassen.

*Fortsetzung auf Seite 80*

Pfirsich-Blaubeere

**450 g geschälte und gewürfelte Pfirsiche**

**150 g Blaubeeren**

Zitrone-Mohn

**3 EL Mohnsamen**

**1 ganze Zitrone, halbiert und von Kernen befreit**

Für die Glasur:

**60 g Puderzucker (nach Belieben)**

**1 EL frisch gepresster Zitronensaft (nach Belieben), plus mehr, falls erforderlich**

**6.** Nach den Zutaten für die einzelnen Varianten das Kokosöl unterrühren. Das macht den Teig fester und leichter umzufüllen. Den Teig in die Mulden der Muffinformen löffeln und großzügig mit Kokosblütenzucker bestreuen.

**7.** Für die Glasur in einer kleinen Schüssel den Puderzucker und den Zitronensaft glatt rühren. Die Glasur ist recht dickflüssig; für eine flüssigere Glasur noch 1–2 Teelöffel Zitronensaft unterrühren.

**8.** Im Ofen 25–30 Minuten goldbraun backen, bis ein Tester oder ein Zahnstocher, in die Mitte der Muffins gestochen, sauber wieder herauskommt. Die Muffins in der Form 5 Minuten abkühlen lassen, dann auf ein Kuchengitter setzen. Die noch warmen Muffins mit der Glasur beträufeln, falls verwendet.

# APPETIZER & SNACKS

Dip mit Rosmarin, Butternut-Kürbis und Radicchio
*(Seite 89)*

Brokkolini mit Macadamia-Cheddar
*(Seite 90)*

Warmer Dip mit Artischocke und Spinat
*(gegenüber)*

# I AM COMMUNITY

Dieser Appetizer hat sein Motto redlich verdient, denn er gehört zu den beliebtesten Gerichten, die sich unsere Gäste gern teilen. Wir verwenden immer dieselbe cremige Grundlage und fügen dann saisonale Zutaten hinzu. Da wir in Südkalifornien eigentlich nur zwei Jahreszeiten haben, bieten wir die klassische Version mit Artischocken und Spinat im Frühjahr und Sommer an, den Dip mit Rosmarin, Butternut-Kürbis und Radicchio im Herbst und Winter und die Brokkolini mit Macadamia-Cheddar das ganze Jahr über. Wer mag, kann mit dem Grundrezept und den eigenen Lieblingsgemüsen weitere Versionen ausprobieren.

## Warmer Dip mit Artischocke und Spinat

**FÜR 4 PORTIONEN**

**160 g Artischockenherzen (von frischen Babyartischocken, aus dem Glas oder tiefgekühlt und aufgetaut)**

**Saft von 2 Zitronen, falls frische Artischocken verwendet werden**

**3 EL natives Olivenöl extra**

**1 zerdrückte Knoblauchzehe**

**2 EL eingelegte Kapern, abgetropft und gehackt**

**½ TL Himalayasalz**

**60 ml Weißwein**

**1 Rezeptmenge Cashew-Sahne (Seite 311)**

**60 g grob gehackter Babyspinat**

**verschiedene Crostini, Cracker oder rohes Gemüse zum Dippen**

Vorbild für dieses saisonal wechselnde Trio an Dips war ein klassischer warmer Spinat-Artischocken-Dip, der mit Sahne und Käse meist recht gehaltvoll ausfällt. Unsere Version ist dank Cashew-Sahne beträchtlich leichter, aber genauso verführerisch.

**1.** In eine große Schüssel 1 Liter kaltes Wasser füllen und den Zitronensaft hinzufügen. Mit einem Messer mit Wellenschliff das obere Drittel der Artischocken abschneiden und die Blätter entfernen, die zu zäh sind. Zuerst die äußeren Blätter abreißen, bis die zarten inneren Blätter sich nicht mehr so einfach abtrennen lassen.

**2.** Wenn sich an den frischen Artischocken noch ein Stiel befindet, unten ein kleines Stück davon abschneiden und den Rest mit einem Gemüseschäler schälen.

**3.** Mit einem Gemüsemesser alle harten Teile von der Basis abschneiden, wo die Blätter abgerissen wurden, und die Artischocke dann halbieren. Das Heu vom Boden entfernen.

*Fortsetzung auf Seite 86*

**4.** Die vorbereiteten Artischocken jeweils sofort in das Zitronenwasser legen, damit sie sich nicht verfärben. Im Zitronenwasser lassen, bis sie verwendet werden. Die Artischocken halten sich darin im Kühlschrank bis zu 2 Tage.

**5.** Die Artischockenherzen abgießen. In einer großen Sautierpfanne mit schwerem Boden das Olivenöl 1 Minute bei mittlerer Temperatur erhitzen, dann die zerdrückte Knoblauchzehe hinzufügen und 2 Minuten bräunen, dabei die Temperatur herunterstellen, wenn der Knoblauch zu schnell bräunt. Die Kapern in die Pfanne geben und 30 Sekunden braten. Die Artischockenherzen in die Pfanne geben und gründlich im Kapern-Olivenöl schwenken. Mit dem Salz bestreuen und den Deckel teilweise auf die Pfanne legen. Die Artischocken 7–10 Minuten dünsten, bis sie etwas weicher sind, dabei gegebenenfalls wenden, falls sie anzubrennen drohen. Falls die Pfanne zu trocken wird, einige Esslöffel Wasser hinzufügen.

**6.** Mit Weißwein ablöschen und Bratreste vom Boden lösen. Die Pfanne vom Herd nehmen, den Deckel auflegen und die Artischocken 5 Minuten ruhen lassen. Sie sind fertig, wenn sie weich sind und beginnen auseinanderzufallen. Die Knoblauchzehe entfernen.

**7.** Den Backofen auf 200 °C vorheizen.

**8.** In einer großen Schüssel die Cashew-Sahne und die Artischocken vermischen. Umrühren, den Spinat hinzufügen und erneut umrühren. Die Hälfte der Gemüse-Sahne-Mischung in eine Küchenmaschine geben und pürieren, bis sie sämig, aber noch stückig ist. Die pürierte Mischung zurück in die Schüssel geben und mit der unpürierten Hälfte vermischen.

**9.** Die Mischung in eine kleine Backform füllen (etwa eine quadratische à 23 × 23 Zentimeter oder eine runde mit 15 Zentimeter Durchmesser) und im Ofen 20–30 Minuten backen, bis der Dip etwas aufgegangen ist und eine goldbraune Farbe hat. Den Dip vor dem Servieren 5 Minuten ruhen lassen. Er schmeckt am besten warm, kann aber auch auf Raumtemperatur zu einer Auswahl an Crostini, Crackern oder Rohkostgemüse serviert werden.

### VARIANTEN

Für diese saisonalen Varianten wird die Cashew-Sahne wie im Grundrezept zubereitet, dann wird entsprechend der Anleitung für den Dip mit Artischocke und Spinat verfahren, wobei die gedünsteten Artischocken wie unten beschrieben durch anderes gedünstetes Gemüse ersetzt werden.

# Dip mit Rosmarin, Butternut-Kürbis und Radicchio

Ein gehaltvoller, herrlicher Dip für Herbst und Winter

### FÜR 4 PORTIONEN

**3 EL natives Olivenöl extra**

**40 g fein gehackte rote Zwiebel**

**1 kleiner Butternut-Kürbis, geschält, von den Samen befreit und gewürfelt**

**2 TL fein gehackter frischer Rosmarin**

**¼ TL Rauchsalz oder Himalayasalz**

**60 ml Weißwein**

**1 Rezeptmenge Cashew-Sahne (Seite 311)**

**½ kleiner Kopf roter Radicchio, in Stücke gezupft**

1. In einer großen Pfanne mit schwerem Boden das Olivenöl bei mittlerer Temperatur erhitzen. Die Zwiebel darin 1 Minute anschwitzen, bis sie glasig ist. Kürbis, Rosmarin und Salz hinzufügen und gründlich umrühren. Den Deckel teilweise auf die Pfanne auflegen und den Kürbis 5–7 Minuten dünsten, bis er etwas weicher ist, dabei einige Esslöffel Wasser hinzufügen, falls die Pfanne zu trocken wirkt. Anschließend mit dem Weißwein ablöschen und dabei Bratreste vom Boden lösen.

2. Wenn der Wein etwas eingekocht ist, die Pfanne vom Herd nehmen, den Deckel auflegen und den Kürbis 5 Minuten ruhen lassen. Er ist fertig, wenn er weich ist und beginnt auseinanderzufallen.

3. In einer großen Schüssel Cashew-Sahne, Butternut-Kürbis und Radicchio vermischen. Die Hälfte der Mischung in der Küchenmaschine pürieren, diese Mischung zurück zur restlichen Hälfte geben und das Ganze backen, wie auf Seite 86 beschrieben.

# Brokkolini mit Macadamia-Cheddar

Der perfekte Appetizer für Genießer rund ums Jahr

**FÜR 3 PORTIONEN**

- 3 EL natives Olivenöl extra
- 1 zerdrückte Knoblauchzehe
- 40 g fein gehackte rote Zwiebel
- 2–3 Bund Brokkolini, die Stängel gehackt und die Röschen ganz (etwa 280 g)
- ¼ TL Rauchsalz oder Himalayasalz
- ⅛ TL rote Chiliflocken (nach Belieben)
- 60 ml Weißwein
- 1 Rezeptmenge Cashew-Sahne (Seite 311)
- 1 gehäufter EL Macadamia-Cheddar (Seite 316)
- Schnittlauchröllchen zum Garnieren (nach Belieben)

**1.** In einer großen Pfanne mit schwerem Boden das Olivenöl bei mittlerer Temperatur erhitzen. Den Knoblauch und die Zwiebel 1 Minute anschwitzen, bis sie glasig sind.

**2.** Dann Brokkolini, Salz und, falls verwendet, Chiliflocken hinzufügen. Den Deckel teilweise auf die Pfanne legen und die Brokkolini 5–7 Minuten dünsten, bis sie etwas weicher sind, dabei einige Esslöffel Wasser hinzufügen, falls die Pfanne zu trocken wirkt.

**3.** Mit dem Weißwein ablöschen und dabei Bratreste vom Boden lösen. Wenn der Wein etwas eingekocht ist, die Pfanne vom Herd nehmen, den Deckel auflegen und die Brokkolini 5 Minuten ruhen lassen. Die Knoblauchzehe entfernen.

**4.** In einer großen Schüssel die Brokkolini und die Cashew-Sahne vermischen. Die Hälfte der Mischung in der Küchenmaschine pürieren, diese Mischung zurück zur restlichen Hälfte geben und den Dip in eine flache Backform füllen. Die Brokkolini-Mischung mit dem Macadamia-Cheddar bestreuen und das Ganze backen, wie auf Seite 86 beschrieben. Zum Schluss nach Belieben mit Schnittlauch bestreuen.

# I AM ABUNDANT

## Italienische Antipasti-Platte mit gekräutertem Cashew-Mozzarella, Karotten-Pickles, Auberginen-Caponata, gelben Röstpaprika und Oliven, Fenchelsalat mit Gremolata und Rauchsalz

Diese bunte mediterrane Platte mit aromatischen Antipasti aus Sommerzutaten in leuchtenden Farben ist der Spitzenreiter unserer Sommerspeisekarte. Unser vielseitiger Cashew-Mozzarella bildet den Mittelpunkt, und die anderen Gerichte können nach Lust und Laune zu einer Antipasti-Platte zusammengestellt werden, mit nur einem oder zwei davon oder mit allen. Die Caponata im Gratitude-Stil ist leichter als das klassische sizilianische Vorbild. Die mit wenig Olivenöl und Salz im Ofen gebackene Aubergine wird cremig-herzhaft, ohne so mächtig zu sein wie beim Frittieren. Die natürliche Süße der Auberginen und Rosinen wird perfekt ausbalanciert durch die Zartbitterschokolade, wie sie auch in Sizilien in eine Caponata gehört.

Die einfachen und doch so köstlichen Röstpaprika waren das erste Gericht, das mir meine italienische Mentorin Maddalena beibrachte, und ist eines von vielen, das über die Jahre auf die Speisekarte des Café Gratitude gelangte. Das Rezept ist sehr einfach und steht und fällt mit der Qualität der gelben Paprikaschoten. In Kalifornien habe ich nur auf lokalen Bauernmärkten im Spätsommer so aromatische Exemplare gefunden, wie ich sie aus Italien gewöhnt war.

Der Fenchelsalat steuert dem Gericht etwas Knackiges bei und reinigt zugleich den Gaumen. Gehobelt fungiert der Fenchel eher als Garnitur, wird er in kleine Spalten geschnitten, dient er als leckere Rohkostbeilage.

Was auch immer für die Antipasti-Platte kombiniert wird, gegrillte Scheiben Sauerteigbaguette dazu sind ein Muss. Und nicht zuletzt kann die Platte noch mit Eingelegtem (vor allem unseren Karotten-Pickles [Seite 323]), frischer Gemüserohkost (besonders empfehlenswert sind Kirschtomaten), Oliven und leicht gerösteten Mandeln aufgepeppt werden. Alles kann ein oder zwei Tage im Voraus zubereitet werden und profitiert geschmacklich sogar von der Extraziehzeit.

*Fortsetzung auf Seite 94*

## FÜR 4 PORTIONEN

### Für die Auberginen-Caponata:

- 3 große Auberginen, in 2,5 cm große Würfel geschnitten
- 120 ml natives Olivenöl extra, plus mehr, falls erforderlich
- 1 ¼ TL Himalayasalz, plus mehr zum Abschmecken
- 80 g fein gehackte rote Zwiebel
- 1 Stange Sellerie, in dünne Scheiben geschnitten
- ¼ TL frisch gemahlener schwarzer Pfeffer
- 1 EL Tomatenpaste mit Wumms (Seite 26) (nach Belieben)
- 2 EL Rosinen, 30 Minuten in warmem Wasser eingeweicht, dann abgegossen
- 100 g fein gewürfelte Roma-Tomaten
- 2 EL grob gehackte grüne Oliven (eine Sorte nach Belieben)
- 85 g Zartbitterschokolade, fein gehackt
- 2 TL eingelegte Kapern, abgegossen
- 80 ml Apfelessig
- 45 g Kokosblütenzucker
- frische Basilikumblättchen zum Garnieren
- 1 EL Pinienkerne zum Garnieren (nach Belieben)

### Für die Röstpaprika und Oliven:

- 900 g gelbe Paprikaschoten (etwa 8 Stück), vom Stielansatz und den Samen befreit, in 5 cm große Stücke geschnitten
- 180 g entkernte grüne Oliven (Sorte nach Belieben)
- 35 g eingelegte Kapern, abgetropft

1. Gleich zu Beginn den Backofen für die Auberginen-Caponata auf 190 °C vorheizen.

2. In einer großen Schüssel die Auberginen in der Hälfte des Olivenöls und 1 Teelöffel Salz wenden. Die Auberginen auf einem Backblech verteilen und im Ofen 15 Minuten backen, dann umrühren. Insgesamt 25–30 Minuten backen, dabei alle 5 Minuten prüfen, ob sie weich und durchscheinend sind. Die Auberginen in eine Schüssel geben und zum Abkühlen beiseitestellen.

3. In einer großen Pfanne mit schwerem Boden oder einem großen flachen Topf die restliche Hälfte des Olivenöls 1 Minute bei mittlerer Temperatur erhitzen. Dann die Zwiebel, den Sellerie, je ¼ Teelöffel Salz und Pfeffer hineingeben und 2 Minuten anschwitzen, bis die Zwiebel glasig ist.

4. Falls die Tomatenpaste verwendet wird, diese nun hinzufügen, andernfalls einen weiteren Esslöffel Olivenöl, falls das Ganze zu trocken wirkt. Weitere 1–2 Minuten garen, dann eingeweichte Rosinen, Tomaten, Oliven, Schokolade und Kapern hinzufügen und 10 Minuten köcheln lassen, bis die Mischung etwas eindickt.

5. Den Apfelessig und den Kokosblütenzucker hinzufügen und weitere 2–3 Minuten köcheln lassen. Die warme Marinade über die Auberginen gießen, gründlich vermischen und mit Salz abschmecken. Die Caponata mindestens 1 Stunde oder länger ziehen lassen. Vor dem Servieren mit dem Basilikum und, falls verwendet, den Pinienkernen bestreuen.

6. Für die Röstpaprika und Oliven den Backofen auf 175 °C vorheizen.

7. In einer großen Schüssel Paprikastücke, Oliven, Kapern und Knoblauch mit dem Olivenöl gründlich vermischen. Dann Semmelbrösel, Salz und schwarzen Pfeffer über die Mischung streuen und alles erneut gut mischen.

*Fortsetzung auf Seite 96*

2 zerdrückte und gehackte Knoblauchzehen

120 ml natives Olivenöl extra

30 g feine Semmelbrösel

1 TL Himalayasalz

1 TL frisch gemahlener schwarzer Pfeffer

**Zum Anrichten:**

2 mittelgroße Knollen Fenchel, äußere Schichten entfernt, sehr dünn gehobelt (am besten mit einer Mandoline) oder in kleine Spalten geschnitten

natives Olivenöl extra zum Abschmecken

Rauchsalz zum Abschmecken

Gremolata (Seite 293) zum Abschmecken

gekräuterter Cashew-Mozzarella (Seite 313)

Karotten-Pickles (Seite 323)

geröstete Mandeln (nach Belieben)

Kirschtomaten (alte Sorte) oder anderes saisonales Gemüse (nach Belieben)

gegrillte oder geröstete Baguettescheiben oder Cracker

8. Die Paprikamischung auf einem großen Backblech verteilen und im Ofen 40–45 Minuten rösten, bis die Paprikas sehr weich sind, aber noch ihre Form behalten. Nach den ersten 20 Minuten die Paprikas wenden. Sie dürfen ruhig sehr cremig werden. Sie werden ja anschließend auf knusprige Crostini gelöffelt! Die Paprika schmecken warm, bei Raumtemperatur oder sogar leicht gekühlt.

9. In einer mittelgroßen Schüssel den Fenchel mit einem Spritzer Olivenöl beträufeln und zuletzt mit etwas Rauchsalz und Gremolata bestreuen.

10. Auf einer großen Platte oder einem schönen Arbeitsbrett den gekräuterten Cashew-Mozzarella, Auberginen-Caponata, gelbe Röstpaprika und Karotten-Pickles anrichten. Mit dem Fenchelsalat, gerösteten Mandeln nach Belieben und Kirschtomaten oder anderem saisonalen Gemüse je nach Vorliebe anrichten. Dazu Sauerteig-Crostini, Lieblingsbrot oder Cracker reichen.

# I AM BRIGHT

## Brokkolini mit Tempeh-Speck und Avocadocreme

Ich liebe Brokkolini und wollte sie etwas raffinierter zubereiten, als sie auf die übliche Art mit Knoblauch und Chiliflocken zu dünsten. Ich stöberte durch Rezepte als Anregung und stieß dabei auf die wirklich wunderbare Kombination Avocadocreme-Fenchel, die sich so besonders und frisch anhörte. Ich gab dem Ganzen den typischen Gratitude-Touch durch Kokosjoghurt, dessen säuerliche Note super zu dem Tempeh-Speck passt. Alle Zutaten zusammen ergeben einen leichten, sommerlichen, rauchigen Gemüse-Appetizer, der auch hervorragend als Beilage zu einer Vorspeise, auf ein Büfett oder zum Grillabend passt.

Ich dünste die Brokkolini hier in der Pfanne, doch sie zu grillen ist eine gute Alternative. Dafür sollten die blanchierten Brokkolini zuerst in Olivenöl, Knoblauch, Rauchsalz und roten Chiliflocken gewendet und anschließend auf den heißen Grill gelegt werden, was ihnen schöne Grillmarkierungen verpasst und ein noch rauchigeres Aroma. Falls man das Glück haben sollte, Brokkoli Rabe, auch Rapini genannt, besorgen zu können, eignen sie sich wunderbar für dieses Rezept. Sie sollten kleine Blätter haben und Röschen, die noch nicht blühen.

### FÜR 4 PORTIONEN

Für die Avocadocreme:

**1 große oder 2 kleine Avocados, Fruchtfleisch gewürfelt**

**120 g Kokosjoghurt, selbst gemacht (Seite 33) oder gekauft (ungesüßt)**

**60 ml Apfelessig**

**30 g fein gehackter Fenchel, Fenchelgrün zum Garnieren beiseitegelegt**

**2 EL natives Olivenöl extra**

**¾ TL Himalayasalz**

**1.** Für die Avocadocreme in einem Standmixer Avocadowürfel, Kokosjoghurt, Apfelessig, Fenchel, Olivenöl, Salz und 180 Milliliter Wasser cremig und glatt pürieren. Die Creme sollte so dickflüssig sein, dass sie nicht verläuft, wenn sie zu den Brokkolini gegeben wird. Beiseitestellen oder bis zu 3 Tage kalt stellen.

**2.** Für die Brokkolini einen großen Topf mit Wasser füllen und mit dem Salz bei hoher Temperatur zum Kochen bringen.

**3.** Die holzigen Stängel der Brokkolini abschneiden. Wenn wir das Gericht in den Cafés servieren, lassen wir die Brokkolini-Stängel ganz, doch nach Belieben können sie auch in kleinere Stücke geschnitten werden. Die Röschen sollten jedoch intakt bleiben.

**4.** Eine große mit Eiswasser gefüllte Schüssel für die Brokkolini neben dem Herd bereitstellen.

*Fortsetzung auf Seite 99*

Für die Brokkolini:

1 EL Himalayasalz

4 Bund Brokkolini

2 EL plus 1 TL natives Olivenöl extra

1 fein gehackte Knoblauchzehe

¼ TL Rauchsalz, plus mehr zum Servieren

⅛ TL rote Chiliflocken, plus mehr zum Servieren (nach Belieben)

4 Scheiben Tempeh-Speck (siehe Seite 56) oder 2 gekaufte Scheiben

**5.** Die Brokkolini vorsichtig in das kochende Wasser geben, dieses erneut zum Kochen bringen und die Brokkolini 1 Minute garen. Mit einer Küchenzange oder einem Sieb die Brokkolini herausheben und in das Eiswasser legen. Je nach Größe des Topfs die Brokkolini portionsweise blanchieren. Beim Blanchieren kleinerer Portionen lässt sich die Garzeit besser kontrollieren als bei größeren Mengen. Zwischen den einzelnen Portionen muss das Wasser erneut zum Kochen gebracht werden.

**6.** Die Brokkolini aus dem Eiswasser heben und zum Abtropfen in einen Durchschlag geben.

**7.** In einer großen Pfanne mit schwerem Boden 2 Esslöffel Olivenöl 30 Sekunden bei mittlerer Temperatur erhitzen. Den gehackten Knoblauch darin 30 Sekunden anschwitzen. Dann die blanchierten, abgegossenen Brokkolini in die Pfanne geben und im Knoblauchöl schwenken. Mit dem Rauchsalz und, falls verwendet, den Chiliflocken bestreuen und 2–3 Minuten garen, bis die Brokkolini erwärmt sind, aber noch ihre grüne Farbe besitzen. Die Brokkolini sind fertig, wenn die Stängel etwas nachgeben, wenn man mit den Fingern daraufdrückt.

**8.** Die Brokkolini auf einen Teller geben und beiseitestellen oder in eine Backform legen und bei niedriger Temperatur im Ofen warm halten, während der Tempeh-Speck gebraten wird.

**9.** In derselben Pfanne den restlichen Teelöffel Öl bei mittlerer Temperatur erhitzen. Den Tempeh-Speck darin 2 Minuten auf jeder Seite braten, bis er knusprig ist.

**10.** Die Brokkolini auf einer (möglichst vorgewärmten) Platte anrichten. Den Tempeh-Speck darüberbröckeln und einen Klecks Avocadocreme dazugeben. Nach Belieben mit einigen roten Chiliflocken und Rauchsalz bestreuen. Dieses Gericht sollte möglichst warm serviert werden, ist aber auch bei Raumtemperatur köstlich, wenn die Bestandteile bis zum Servieren separat bleiben.

**TIPP** Wenn Avocadocreme übrig bleibt, wird daraus ein tolles Salatdressing, besonders zu Spätsommerleckereien wie Gurke, Wassermelone oder Tomaten, die in Kombination mit der frischen fetthaltigen Creme wirklich noch gewinnen. Wird gekaufter Joghurt für die Avocadocreme verwendet, sollte es Naturjoghurt sein. Unser hausgemachter Kokosjoghurt ist leicht gesüßt, was für dieses Rezept auch passt, doch bei gekauften Produkten besser vorsichtig sein.

# I AM BRILLIANT

## Kokos-Ceviche mit Kokosspeck und Tortilla-Chips

Kokos-Ceviche bereiten wir im Café Gratitude schon seit den allerersten Anfängen als Rohkostrestaurant zu, und dieser Publikumsliebling wurde in der Zwischenzeit mehrfach variiert. Auf dieses Rezept komme ich aber immer wieder zurück, deshalb nenne ich es jetzt einfach mal die ultimative Gratitude-Kokos-Ceviche. Dieses Gericht ist perfekt geeignet für warme Tage, wenn die grünen Tomatillos Saison haben, doch sie können auch durch Green-Zebra- oder Roma-Tomaten ersetzt werden. Der Kokosspeck gibt dem Ganzen eine unerwartet würzig-knusprige Textur, zu der die Cremigkeit der Avocado einen tollen Kontrast bildet. Wer diesen Speckersatz erst einmal ausprobiert hat, wird in Zukunft immer gleich das doppelte Rezept zubereiten, um so gut wie alles damit zu bestreuen.

### FÜR 4 PORTIONEN

**Für die Ceviche:**

**160 g dünn geschnittenes Thai-Kokosnuss-Fruchtfleisch, tiefgekühlt und aufgetaut oder frisch (siehe Seite 32)**

**125 g gelbe Zucchini, in 0,5 cm große Würfel geschnitten**

**60 ml plus 1 EL frisch gepresster Orangensaft**

**60 ml frisch gepresster Limettensaft**

**1 TL Himalayasalz**

**2 TL Tomatenpaste mit Wumms (Seite 26)**

**2 TL Kokosöl**

**100 g gewürfelte grüne Tomatillos**

**2 EL fein gehackte rote Zwiebel**

**1 TL Dulse-Flocken oder -Pulver**

**1/8 TL rote Chiliflocken**

1. Für die Ceviche in einer großen Schüssel Kokosfruchtfleisch, Zucchini, Orangensaft, Limettensaft und Salz vermischen, bis sich das Salz aufgelöst hat. Die Schüssel abdecken und mindestens 8 Stunden oder über Nacht im Kühlschrank kalt stellen.

2. Die Ceviche-Mischung durch einen Durchschlag gießen und 15 Minuten abtropfen und Raumtemperatur annehmen lassen, bevor die Tomatenpaste und das Kokosöl hinzugefügt werden.

3. Die Ceviche-Mischung wieder in eine große Schüssel geben und mit den Händen mit der Tomatenpaste und dem Kokosöl gründlich verkneten, sodass sich alles gut vermischt. Tomatillos, Zwiebel, Dulse-Flocken und Chiliflocken sorgfältig untermischen. Vor dem Servieren die Ceviche weitere 30 Minuten bei Raumtemperatur ziehen lassen.

4. Für den Kokosspeck den Backofen auf 120 °C vorheizen. Ein Backblech leicht mit dem Kokosöl einfetten und beiseitestellen.

*Fortsetzung auf Seite 102*

**Für den Kokosspeck:**

1 TL Kokosöl

300 g getrocknete ungesüßte Kokoschips

2 EL natives Olivenöl extra

2 TL Chipotle-Pulver

1 ¼ TL Himalayasalz

180 ml Ahornsirup

**Zum Servieren:**

Tortilla-Chips, selbst gemacht (siehe Seite 41) oder gekauft (siehe Tipp)

1 kleine oder mittelgroße, in Spalten geschnittene Avocado

2 EL gehackter frischer Schnittlauch (nach Belieben)

1 in Spalten geschnittene Limette

5. In einem großen Topf mit schwerem Boden die Kokoschips, das Olivenöl, das Chipotle-Pulver und das Salz bei mittlerer Temperatur 10 Minuten rösten, dabei stetig umrühren, damit die Kokoschips nicht anbrennen. Wenn sie goldbraun sind, den Ahornsirup unterrühren und weitere 2 Minuten unter Rühren rösten, bis die Kokoschips damit überzogen sind.

6. Die Kokosmischung auf dem vorbereiteten Backblech verteilen und im Ofen 10–12 Minuten rösten, bis die Chips trocken und knusprig sind. Alle 3–4 Minuten nachschauen und die Chips wenden, damit sie gleichmäßig rösten. Vollständig abkühlen lassen. In einem luftdicht verschließbaren Behältnis oder einem Vorratsglas sind sie bei Raumtemperatur bis zu 1 Monat haltbar.

7. Falls die Tortilla-Chips warm serviert werden sollen, für 5 Minuten in den Ofen geben. Die Kokos-Ceviche in eine Schüssel füllen und mit den Avocadospalten, einer großzügigen Handvoll Kokosspeck und, falls verwendet, gehacktem Schnittlauch garnieren. Dazu Limettenspalten und Tortilla-Chips reichen.

**TIPP** Die Tortilla-Chips bei 120 °C im Backofen 5 Minuten vor dem Servieren zu erwärmen ist eine nette Idee und macht diesen Appetizer besonders.

# I AM FREE

## Kokos-Calamari in Bierteig mit scharfer Cocktailsauce

Diese frittierten Kokos-Calamari gehören zu den Gerichten, mit denen man skeptische Freunde von pflanzenbasierter Küche überzeugen kann. Sie stellen die perfekte Kombination aus knusprig, salzig und fettig dar und sind dazu noch glutenfrei. Wir servieren die Calamari mit unserer scharfen Cocktailsauce, doch genauso kann ich empfehlen, diese Sauce (oder eine gekaufte) mit dem Cashew-Nacho-Käse (Seite 314) zu einer cremig-würzigen Aioli zu verrühren.

### FÜR 4 PORTIONEN

**Für die Kokos-Calamari:**

650 g in 1 cm dünne Streifen geschnittenes, frisches junges Thai-Kokosnuss-Fruchtfleisch (2 oder 3 Kokosnüsse)

60 ml frisch gepresster Zitronensaft

1 1/2 TL Himalayasalz

1/2 TL Cayennepfeffer

1/2 TL frisch gemahlener schwarzer Pfeffer

**Für den Bierteig:**

160 g glutenfreie Allzweck-Mehlmischung (Seite 34)

90 g Kichererbsenmehl

2 TL Dulse-Flocken oder -Pulver

1 TL Himalayasalz

1 TL Knoblauchpulver

1/2 TL Cayennepfeffer

1. Für die Kokos-Calamari in einer großen Schüssel Kokosstreifen, Zitronensaft, Salz, Cayennepfeffer und schwarzen Pfeffer gründlich vermischen, abdecken und über Nacht im Kühlschrank marinieren.

2. Für den Bierteig die Allzweck-Mehlmischung und das Kichererbsenmehl in eine große Schüssel sieben. Dulse, Salz, Knoblauchpulver, Cayennepfeffer und schwarzen Pfeffer unterrühren. Das Bier und das Mineralwasser hinzufügen und glatt rühren.

3. In einen großen Topf mit schwerem Boden etwa 5 Zentimeter hoch Frittieröl einfüllen. Falls eine elektrische Fritteuse verwendet wird, entsprechend den Herstellerangaben verfahren.

4. Das Öl auf 175 °C erhitzen.

5. Die marinierten Kokosstreifen aus dem Kühlschrank nehmen und in einem Durchschlag abtropfen lassen. Eine Platte mit mehreren Schichten Küchenpapier auslegen und neben dem Herd platzieren.

6. Die Kokosstreifen portionsweise in den Bierteig tauchen, in das heiße Öl geben und 1–2 Minuten dunkelgoldbraun frittieren. Mithilfe einer Gabel oder eines Schaumlöffels die Kokosstreifen

*Fortsetzung auf Seite 105*

1/8 TL frisch gemahlener schwarzer Pfeffer

240 ml glutenfreies Bier

240 ml Mineralwasser

**Zum Servieren:**

Reiskeimöl oder neutrales Pflanzenöl nach Belieben

Himalayasalz

Gremolata (Seite 293) oder fein gehackte Petersilie

scharfe Cocktailsauce, selbst gemacht (Seite 306) oder gekauft

Limetten- oder Zitronenspalten

wenden, damit sie gleichmäßig auf allen Seiten bräunen. Die frittierten Kokosstreifen zum Abtropfen auf die Platte mit Küchenpapier heben und mit etwas Salz würzen. Mit den restlichen Kokosstreifen ebenso verfahren, dabei zwischen den Portionen das Öl erneut auf die richtige Temperatur bringen.

7. Die Kokos-Calamari mit Gremolata oder Petersilie bestreuen und sofort mit der scharfen Cocktailsauce und ein paar Limettenspalten zum Beträufeln servieren.

**FRAGE *des Tages***

Wie würde dein Leben aussehen, wenn Geld keine Rolle spielte?

# I AM ECSTATIC

## Gerösteter Miso-Rosenkohl mit Ahornsirup

Dieses ist eines der vielen genialen Rezepte, die Ryland Engelhart über die Jahre beigesteuert hat. Ryland ist der Sohn des Gründerpaars Matthew und Terces Engelhart und hat den beneidenswerten Job, Konzept und Kultur des Café Gratitude lebendig zu halten – sowohl in den Cafés als auch nach außen. Außer dass er zu den einfallsreichsten Menschen gehört, die ich kenne, hat er auch ein frappierendes Talent, kolossal köstliche Gerichte zu kreieren. »I am ecstatic« ist eine der tragenden Säulen des Gratitude und wird schon sehnsüchtig erwartet, wenn im Herbst der Rosenkohl wieder Saison hat.

### FÜR 4 PORTIONEN

**3 EL Ahornsirup**

**2 EL weiße Misopaste**

**1 ½ EL Apfelessig**

**2 TL Tamari-Sauce**

**120 ml natives Olivenöl extra, plus mehr für die Form**

**900 g frischer Rosenkohl**

**1.** In einem Standmixer Ahornsirup, Misopaste, Apfelessig und Tamari-Sauce glatt pürieren. Auf mittlere Stufe herunterstellen und langsam das Olivenöl einfließen lassen, bis das Dressing emulgiert.

**2.** Den Backofen auf 190 °C vorheizen. Ein Backblech leicht einölen und beiseitestellen.

**3.** Den Rosenkohl von den äußeren Blättern befreien, den Stielansatz etwas beschneiden und die Röschen halbieren.

**4.** In einer großen Schüssel den Rosenkohl gründlich mit der Ahornsirup-Miso-Glasur vermischen. Die Röschen auf dem geölten Backblech nebeneinander verteilen und im Ofen 25 Minuten rösten, dabei im Auge behalten und ab und zu wenden. Der Rosenkohl sollte weich sein, wenn man ihn mit einer Gabel einsticht, und die Glasur karamellisiert und leicht knusprig. Warm servieren.

# I AM FRESH AND BOLD

## Cashew-Mozzarella-Kirschtomaten-Spieße mit schwarzen Tempeh-Fleischbällchen

Wer »fresh and bold« ist, kann mit einer wunderbaren Appetizer-Platte rechnen, die leichte Cashew-Mozzarella-Caprese-Spieße mit dem ausgeprägten würzigen Aroma der Tempeh-Fleischbällchen kombiniert. Beide Gerichte können wie in unseren Cafés auch separat serviert werden, doch ihre Aromen ergänzen sich sehr vorteilhaft.

### FÜR 4-6 PORTIONEN

**Für die Spieße:**

**1 Rezeptmenge Gremolata (Seite 293)**

**110 g Cashew-Mozzarella, selbst gemacht (Seite 312) oder gekauft**

**20 Kirschtomaten, halbiert (vorzugsweise alte Sorte)**

**Für die Tempeh-Fleischbällchen:**

**250 g in Scheiben geschnittene Shiitake-Pilze**

**1 mittelgroße gewürfelte Rote Bete**

**2 EL fein gehackte rote Zwiebel**

**1 EL Balsamico-Essig**

**1 EL natives Olivenöl extra, plus mehr, falls notwendig**

**¼ TL Himalayasalz**

**40 g Kokosspeck (siehe Seite 102) oder geröstete Kokoschips**

**30 g geröstete und gehackte Kürbiskerne**

1. Für die Mozzarella-Tomaten-Spieße die Gremolata in eine kleine Schüssel geben. Aus etwa 2 Teelöffeln Cashew-Mozzarella pro Kugel mit den Händen 20 Mozzarella-Kugeln formen. Anschließend jede Mozzarella-Kugel in der Gremolata wälzen, sodass sie leicht von der Kräutermischung überzogen sind. Die fertigen Mozzarellakugeln in eine Schüssel oder auf einen Teller legen.

2. Auf kleine Bambusspieße oder Zahnstocher jeweils 1 Mozzarellakugel zwischen 2 Kirschtomatenhälften schieben. Die fertigen Spieße dann auf einem Teller oder einer Platte bis zum Servieren in den Kühlschrank stellen (der Mozzarella wird bei Raumtemperatur zu weich).

3. Für die Tempeh-Fleischbällchen den Backofen auf 200 °C vorheizen.

4. In einer großen Schüssel Pilze, Rote Bete, Zwiebel, Balsamico-Essig, Olivenöl und Salz gründlich vermischen. Die Mischung auf einem großen Backblech verteilen und im Ofen 20–30 Minuten garen, bis die Bete weich sind. Das Gemüse häufig wenden und einen Spritzer Olivenöl hinzufügen, falls es zu trocken wird.

*Fortsetzung auf Seite 110*

1 kleine gehackte Knoblauchzehe

230 g zerbröckelter Soja-Tempeh

30 g fein gehackter Babyspinat

80 g Hafergrütze

1 EL fein gehackte frische Petersilie

1 EL Tomatenpaste mit Wumms (Seite 26) (nach Belieben)

1 EL Paprikapulver

1 TL Rauchsalz, plus mehr zum Bestreuen

1/8 TL Cayennepfeffer

1/8 TL Chipotle-Pulver

1/8 TL getrockneter Thymian

1/8 TL getrockneter Oregano

1/8 TL frisch gemahlener schwarzer Pfeffer

120 ml Weißwein zum Formen der Fleischbällchen (nach Belieben)

Reiskeimöl oder neutrales Pflanzenöl nach Belieben

**Zum Servieren:**

240 ml Adobo-Buffalo-Sauce (Seite 296), plus evtl. mehr als Dip

50 g Rucola

Balsamico-Reduktion (siehe Seite 118) zum Beträufeln

30 g Paranuss-Parmesan (Seite 317)

5. Das Gemüse vollständig abkühlen lassen, dann in der Küchenmaschine mit dem Kokosspeck oder den Kokoschips, Kürbiskernen und Knoblauch grob zerkleinern. Nicht zu lange zerkleinern; die Mischung sollte noch Textur haben.

6. In einer großen Schüssel die Gemüsemischung mit zerbröckeltem Tempeh, Spinat, Hafergrütze, Petersilie, falls verwendet, Tomatenpaste, Paprikapulver, Rauchsalz, Cayennepfeffer, Chipotle-Pulver, Thymian, Oregano und schwarzem Pfeffer vermischen. Dann ein Drittel der Mischung in die Küchenmaschine geben und zu einer sämigen, stückigen Paste pürieren. Sie fungiert als Bindemittel für die Fleischbällchen.

7. Die Paste zurück in die Schüssel füllen und alles mit den Händen vermischen, sodass die Zutaten gleichmäßig verteilt sind.

8. Die Hände nach Belieben mit etwas Weißwein anfeuchten. Dadurch kleben die Fleischbällchen beim Formen nicht an den Händen, und der Weißwein gibt ihnen eine feine Note. Aber es darf auch Wasser sein. Aus etwa 1 Esslöffel der Mischung mit den Händen jeweils ein Fleischbällchen formen und auf ein großes Backblech legen.

9. In einen großen Topf mit schwerem Boden etwa 5 Zentimeter hoch Frittieröl einfüllen. Falls eine elektrische Fritteuse verwendet wird, entsprechend den Herstellerangaben verfahren. Das Öl auf 175 °C erhitzen. Ohne Thermometer lässt sich die Öltemperatur testen, indem ein kleines Stück Brot hineingegeben wird. Wenn es schwimmt und von schäumenden Ölbläschen bedeckt ist, hat das Öl die richtige Temperatur erreicht.

10. Eine Platte mit Küchenpapier auslegen und neben dem Herd platzieren. Die Fleischbällchen 3–4 Minuten frittieren, dabei nach der Hälfte der Zeit wenden. Wenn die Fleischbällchen knusprig und dunkelbraun sind, auf das Küchenpapier heben. Mit Rauchsalz bestreuen und auf kleine Bambusspieße oder Zahnstocher schieben. Sie können warm oder bei Raumtemperatur serviert werden.

*Fortsetzung auf Seite 112*

11. In einem kleinen Topf die Adobo-Buffalo-Sauce bei niedriger Temperatur erwärmen.

12. Auf einer großen Platte den Rucola verteilen. Das gibt dem Gericht Farbe und hält die Spießchen am Platz. Die Mozzarella-Tomaten-Spieße auf dem Rucola anrichten und mit ein wenig Balsamico-Reduktion beträufeln. Die Tempeh-Fleischbällchen ebenfalls auf der Platte anrichten und ein wenig warme Adobo-Buffalo-Sauce darüberlöffeln. Die ganze Platte großzügig mit Paranuss-Parmesan bestreuen und servieren.

**FRAGE** ***des Tages***

Worauf gibst du dein Ehrenwort?

# I AM ECLECTIC
## Buffalo-Blumenkohl mit Cashew-Nacho-Käse

Das ist nicht das gängige Rezept für Buffalo-Blumenkohl. Die Blumenkohlröschen kurz zu frittieren, statt sie zu panieren, macht sie leichter, und so kann die gehaltvolle Sauce die Cremigkeit des Blumenkohls besser zur Geltung bringen. Wer nicht frittieren möchte, kann den Blumenkohl auch im Ofen rösten. Beides ist köstlich!

### FÜR 4 PORTIONEN

Für den Buffalo-Blumenkohl:

**Reiskeimöl oder ein neutrales Öl nach Belieben (falls frittiert wird) oder 60 ml natives Olivenöl extra (falls gebacken wird)**

**Adobo-Buffalo-Sauce (Seite 296)**

**2 große Köpfe Blumenkohl, in Röschen zerteilt**

**Rauchsalz zum Abschmecken (falls frittiert wird) oder ½ TL Himalayasalz (falls gebacken wird)**

Zum Servieren:

**8 EL Cashew-Nacho-Käse (Seite 314)**

**6 geputzte und halbierte Stangen Sellerie**

**2 gehackte Frühlingszwiebeln (weiße und grüne Teile)**

1. Für den frittierten Buffalo-Blumenkohl in einem großen Topf mit schwerem Boden oder einer elektrischen Fritteuse das Reiskeimöl (5 Zentimeter hoch) bei mittlerer Temperatur auf 175 °C erhitzen.

2. In einem kleinen Topf die Adobo-Buffalo-Sauce bei niedriger Temperatur erwärmen. Dann ist sie genau zur gleichen Zeit servierbereit wie der frittierte Blumenkohl. Eine große Auflaufform mit Küchenpapier auslegen und neben dem Herd platzieren. Eine große Schüssel neben die Auflaufform stellen.

3. Wenn das Öl heiß ist, 1 oder 2 Blumenkohlröschen testweise frittieren, um zu prüfen, ob die richtige Temperatur erreicht ist. Der Blumenkohl sollte schnell von Bläschen überzogen sein und sich sanft im Öl hin und her bewegen. Versuchsweise mit 90 Sekunden Garzeit beginnen und die übrigen Röschen entsprechend länger oder kürzer frittieren, bis sie goldbraun und knusprig sind. Dabei portionsweise vorgehen und die Öltemperatur während des Frittierens immer wieder anpassen.

4. Den frittierten Blumenkohl in die mit Küchenpapier ausgelegte Form heben, abtropfen lassen und mit dem Rauchsalz bestreuen. Den Blumenkohl in die große Schüssel umfüllen und mit der warmen Buffalo-Sauce überziehen.

5. Falls geröstet wird, den Backofen auf 200 °C vorheizen.

*Fortsetzung auf Seite 115*

**6.** In in einer großen Schüssel Olivenöl, Salz und 240 Milliliter Wasser vermischen. Die Blumenkohlröschen in der Mischung schwenken und auf einem Backblech mit Rand so verteilen, dass alle Röschen mit einem gewissen Abstand nebeneinander Platz haben. Die Flüssigkeit aus der Schüssel ebenfalls auf das Blech geben. Den Blumenkohl im Ofen 20–25 Minuten rösten, dabei ab und zu am Blech rütteln, damit der Blumenkohl gleichmäßig gart. Das Wasser dämpft den Blumenkohl, und das Olivenöl gibt ihm eine schöne goldbraune Farbe.

**7.** Während der Blumenkohl im Ofen ist, in einem kleinen Topf die Buffalo-Sauce bei niedriger Temperatur erwärmen. Nach den 20–25 Minuten Garzeit den Blumenkohl mit der Sauce übergießen. Weitere 5–7 Minuten im Ofen backen, bis die Sauce sich mit dem Blumenkohl verbunden hat.

**8.** Zum Servieren den Buffalo-Blumenkohl auf einer (idealerweise vorgewärmten) Platte anrichten und mit dem Cashew-Nacho-Käse bestreuen. Zum Schluss mit dem Sellerie und den gehackten Frühlingszwiebeln garnieren.

# I AM PRESENT

## Karamellisierte rote Zwiebeln, gerösteter Butternut-Kürbis und Bruschetta mit gegrilltem Treviso-Radicchio

Ein weiteres von meiner Zeit in Venedig inspiriertes Gericht: Es ist eine Variation des klassischen Saor veneziano, das seit Jahrhunderten aus karamellisierten Zwiebeln, Rosinen und Pinienkernen zubereitet wird, um Fisch und Gemüse einzulegen. Alle Zutaten werden einzeln vorbereitet, um sich von ihrer besten Seite zu zeigen, und für das Saor kommen sie in eine herzhafte süße-saure Marinade. In diesem Gericht bilden die Bitternote des Radicchio und der säuerliche Einlegesud der Zwiebeln den perfekten Kontrast zur Süße des Butternut-Kürbis. In unseren Cafés gibt es diese köstliche eingelegte Spezialität mit Cashew-Mozzarella (Seite 312) auf warmem Bruschetta und einem Rucolasalat als Beilage, aber es schmeckt auch sehr gut bei Raumtemperatur zu warmer gekochter oder gegrillter Polenta.

### FÜR 8 PORTIONEN

**Für den Butternut-Kürbis und den Radicchio:**

**1,15 kg rote Zwiebeln, geschält und halbiert**

**900 g Butternut-Kürbis, geschält, von den Samen befreit, und in 1 cm große Würfel geschnitten**

**60 ml natives Olivenöl extra, plus mehr, falls erforderlich**

**½ TL Himalayasalz, plus mehr zum Abschmecken**

**225 g Treviso-Radicchio**

**60 ml Apfelessig**

**60 ml Weißwein**

**45 g Kokosblütenzucker**

**40 g Rosinen**

**35 g leicht geröstete Pinienkerne**

1. Für den Butternut-Kürbis und den Radicchio den Backofen auf 190 °C vorheizen.

2. In einer großen Schüssel die Zwiebeln 30 Minuten in kaltem Wasser einweichen. Anschließend abgießen und die Zwiebeln in dünne Halbmonde schneiden.

3. In einer mittelgroßen Schüssel den Kürbis mit 2 Esslöffeln Olivenöl und etwas Salz vermischen. Den Kürbis nebeneinander auf einem großen Backblech verteilen und im Ofen 15 Minuten rösten, bis er sich leicht mit einem Messer einstechen lässt. Beiseitestellen und vollständig abkühlen lassen.

4. Die Radicchio-Köpfe so weit vom Strunk befreien, dass die Blätter noch zusammenhalten. Die Köpfe längs halbieren und mit Olivenöl einpinseln.

*Fortsetzung auf Seite 118*

**Für die Balsamico-Reduktion:**

240 ml heller oder dunkler Balsamico-Essig

60 ml Kokosblütensirup

**Zum Servieren:**

Sauerteigbrot, in Scheiben geschnitten

Cashew-Mozzarella, selbst gemacht (Seite 312) oder gekauft

rosa Pfefferkörner zum Garnieren (nach Belieben)

150 g Rucola

2 EL natives Olivenöl, plus mehr zum Bestreichen des Brots

Himalayasalz zum Abschmecken

5. Einen Holzkohle- oder Gasgrill auf mittlere Temperatur vorheizen. Alternativ eine gusseiserne Grillpfanne bei mittlerer Temperatur erhitzen. Den Grill oder die Pfanne leicht einölen und den Radicchio mit der Schnittseite nach unten auf den Grill oder in die Pfanne legen und 4–6 Minuten grillen, bis der Radicchio außen angekohlt und weich und innen zart ist. Das äußere Blatt mit Öl bestreichen, wenden und weitere 4 Minuten grillen, bis man leicht mit einer Gabel ins Salatherz stechen kann.

6. Den Radicchio etwas salzen und zum Abkühlen beiseitestellen. Dann in 2,5 Zentimeter breite Streifen schneiden und bis zur weiteren Verwendung beiseitestellen.

7. In einer großen Pfanne mit schwerem Boden die restlichen 2 Esslöffel Olivenöl bei mittlerer Temperatur erhitzen. Die Zwiebeln und 1/2 Teelöffel Salz hineingeben und kurz umrühren. Den Deckel auflegen und bei niedriger Temperatur 20–30 Minuten garen, bis die Zwiebeln sehr weich und glasig sind, dabei gelegentlich umrühren. Den Deckel abnehmen, die Temperatur auf die mittlere Stufe hochdrehen und Apfelessig, Weißwein, Kokosblütenzucker und Rosinen hinzugeben. Ohne Deckel weitere 3 Minuten garen, bis der Wein und der Essig etwas eingekocht sind. Die Mischung sollte dickflüssig sein und die Rosinen vollgesogen. Abschmecken und 10 Minuten abkühlen lassen.

8. Für das Eingelegte alle drei Bestandteile jeweils in drei Portionen aufteilen. Eine kleine Auflaufform (15 × 23 Zentimeter) mit dem ersten Drittel der karamellisierten Zwiebeln füllen, darauf ein Drittel des gegrillten Radicchio verteilen, danach ein Drittel des Kürbis. Mit einem Drittel der gerösteten Pinienkerne bestreuen und so noch 2-mal schichten, bis alle Zutaten verbraucht sind. Abdecken und vor dem Servieren 24–48 Stunden kalt stellen.

9. Für die Balsamico-Reduktion in einem kleinen Topf den Balsamico-Essig und den Kokosblütensirup bei hoher Temperatur zum Kochen bringen. Die Temperatur herunterstellen und die Mischung etwa 20 Minuten köcheln lassen, um sie auf etwa 80 Milliliter einzukochen. Zum Abkühlen beiseitestellen. Die Reduktion dickt beim Abkühlen noch an.

**10.** Den Backofen auf 200 °C vorheizen.

**11.** Beide Seiten der Brotscheiben mit Öl einpinseln und diese dann auf ein Backblech legen. Im Ofen auf jeder Seite 2 Minuten rösten, bis sie knusprig, aber nicht zu trocken sind.

**12.** Die warmen Crostini großzügig mit Cashew-Mozzarella bestreichen und darauf die eingelegte Kürbis-Radicchio-Mischung verteilen. Rosa Pfefferkörner sind, falls verwendet, eine hübsche Abrundung für das Gericht.

**13.** In einer mittelgroßen Schüssel Rucola, Olivenöl und etwas Salz vermischen. Die Bruschetta zusammen mit dem frischen Rucolasalat auf einer Platte anrichten und zum Schluss mit etwas Balsamico-Reduktion beträufeln.

**FRAGE** ***des Tages*** / Wie praktizierst du Friedlichkeit?

# SUPPEN & SALATE

**TIPP** Je nach bevorzugter Konsistenz kann die Suppe auf zwei Arten zubereitet werden: Soll sie sehr cremig werden, sämtliche Kirschtomaten und Erdbeeren in den Standmixer geben und der Rezeptanleitung folgen. Die Suppe wirkt dann sehr fein, und besonders gut sieht sie mit einem Klecks Cashew-Crème-fraîche und frischem Basilikum aus. Für eine rustikalere Suppe, in der die beiden Früchte sich von ihrer besten Seite zeigen können, jeweils die Hälfte der Tomaten und Erdbeeren nicht in den Mixer geben, sondern in Scheiben schneiden und vor dem Servieren unter den pürierten Rest mischen.

# I AM ADVENTUROUS

## Gekühlte Suppen für den Sommer

Diese Suppen verdanken wir unserer Zeit als reines Rohkostrestaurant. Seit wir das Angebot auch um gekochte Gerichte erweitert haben, setzen wir sie vorzugsweise im Sommer auf unsere Speisekarte (sie sind auch Teil der Detox-Kur), wenn eine erfrischende gekühlte Suppe höchst willkommen ist. Die cremigeren Suppen wie die Sichuan-Karottensuppe (Seite 128) und die Kokos-Curry-Suppe (Seite 124) sind auch im Winter köstlich, vor allem wenn sie leicht erwärmt werden. In jedem Fall setzen all diese Suppen das jeweils verwendete Obst und Gemüse ins beste Licht.

## Kirschtomaten-Erdbeer-Suppe mit Cashew-Crème-fraîche

**FÜR 4 PORTIONEN**

- 600 g Kirschtomaten (vorzugsweise alte Sorte)
- 600 g frische, vom Stielansatz befreite Erdbeeren
- 6 große frische Basilikumblättchen, plus mehr dünn geschnitten zum Garnieren (vorzugsweise Thai-Basilikum, falls erhältlich)
- 60 ml frisch gepresster Zitronensaft
- 1 entkernte Medjool-Dattel
- 1 EL Balsamico-Essig
- 1 ½ TL Himalayasalz
- ¼ TL frisch gemahlener schwarzer Pfeffer
- 60 ml natives Olivenöl extra
- 60 g Cashew-Crème-fraîche (Seite 315) zum Servieren
- gegrillte oder getoastete Sauerteig-Crostini zum Servieren (nach Belieben)

Der ideale Zeitpunkt für diese Suppe ist der Moment im Sommer, wenn auf den Wochenmärkten sowohl schön aromatische Erdbeeren als auch Kirschtomaten der alten Sorten zu bekommen sind.

**1.** In einem Standmixer Kirschtomaten, Erdbeeren, Basilikum, Zitronensaft, Balsamico-Essig, Dattel, Salz und Pfeffer glatt pürieren. (Oder für eine rustikalere Suppe siehe Tipp.) Den Mixer auf mittlerer Stufe laufen lassen und das Öl langsam zugießen, sodass die Suppe emulgiert. Die Suppe vor dem Servieren 15 Minuten im Kühlschrank kalt stellen.

**2.** Die Suppe auf 4 gekühlte Schalen verteilen und mit einem Klecks Cashew-Crème-fraîche und Basilikum garnieren. Dazu nach Belieben Sauerteig-Crostini reichen.

# Kokos-Curry-Suppe

**FÜR 4 PORTIONEN**

Für die Suppe:

- 1,2 l Kokosmilch, selbst gemacht (Seite 32) oder gekauft
- 3 EL fein gehackter frischer Ingwer
- 2 TL gehackter Knoblauch
- 60 ml frisch gepresster Zitronen- oder Limettensaft
- 60 ml Tamari-Sauce
- 2 entkernte Medjool-Datteln
- 1 EL von den Samen befreite und gehackte Jalapeño-Chili
- 1 EL Currypulver
- 1 TL Himalayasalz
- 2 große frische Basilikumblättchen
- 1 mittelgroße Avocado, Fruchtfleisch ausgelöst
- 120 ml natives Olivenöl extra

Zum Servieren:

- 200 g gewürfelte Tomaten
- 140 g gewürfelte Gurke
- 1 mittelgroße Avocado, Fruchtfleisch in Spalten geschnitten
- frische Basilikumblättchen oder Koriandergrün zum Garnieren

Dies ist eines der originalen Raw-Food-Rezepte aus dem Café Gratitude, das die Zeiten überdauert hat. Wie jeder echte Klassiker kommt das Rezept nicht außer Mode, und obwohl man sie natürlich das ganze Jahr über zubereiten kann, vermittelt diese Suppe ein Wohlgefühl, das mich im Dezember immer dazu veranlasst, sie auf die Karte zu setzen, um der frostigen Winterkälte zu trotzen.

1. Für die Suppe in einem Standmixer Kokosmilch, Ingwer, Knoblauch, Zitronensaft, Tamari, Datteln, Chili, Currypulver, Salz, Basilikum und Avocado auf hoher Stufe zu einer cremigen goldgelben Suppe pürieren.

2. Den Mixer auf die mittlere Stufe stellen und langsam das Olivenöl zugießen, sodass die Suppe emulgiert.

3. Zum Servieren die Tomaten, Gurke und Avocado auf 4 Schalen verteilen, die Kokos-Curry-Suppe daraufschöpfen und jede Schale mit einigen Basilikum- oder Korianderblättchen garnieren. Die Suppe kann gekühlt oder im Mixer erwärmt serviert werden.

# Honigmelonen-Gurken-Gazpacho mit würzigen Kürbiskernen

**FÜR 4 PORTIONEN**

Für die Kürbiskerne:

240 g Kürbiskerne

60 ml frisch gepresster Limettensaft

1 TL Chipotle-Pulver

3/4 TL Himalayasalz

3/4 TL Rauchsalz

1/2 TL Chilipulver

1/2 TL Cayennepfeffer

Für die Gazpacho:

750 g von den Samen befreite und gewürfelte Honigmelone

420 g geschälte, von den Samen befreite und gewürfelte Gurke

2 in 1 cm große Stücke geschnittene Frühlingszwiebeln (weiße und grüne Teile)

120 ml frisch gepresster Orangensaft

60 ml frisch gepresster Limettensaft

10 große frische Basilikumblättchen

2 große Minzblättchen, plus mehr gehackt zum Garnieren

1 TL Himalayasalz

60 ml natives Olivenöl extra, plus mehr zum Beträufeln

Die Alkalinität der Gurken ist der ideale Kontrast zur Süße der Melonen, und die würzigen Kürbiskerne sorgen für ein knuspriges Finale.

1. Für die Kürbiskerne den Backofen auf 95 °C vorheizen.

2. In einer mittelgroßen Schüssel die Kürbiskerne, Limettensaft, Chipotle-Pulver, Himalayasalz, Rauchsalz, Chilipulver und Cayennepfeffer gründlich vermischen, sodass die Kürbiskerne gut mit den Gewürzen überzogen sind. Anschließend auf einem großen Backblech verteilen.

3. Im Ofen 30–40 Minuten backen, bis die Kürbiskerne trocken sind, dabei regelmäßig vermischen, damit sie nicht verbrennen. Die Kürbiskerne abkühlen lassen.

4. Für die Gazpacho in einer Küchenmaschine die Melone in kleine Stücke zerteilen. Anschließend in eine mittelgroße Schüssel geben und in den Kühlschrank stellen.

5. Dann die Gurken in der Küchenmaschine zu kleinen Stücken zerteilen. Die Hälfte der Gurken und die Hälfte der Melonen in einen Standmixer geben, den Rest in den Kühlschrank stellen.

6. Frühlingszwiebeln, Orangensaft, Limettensaft, Basilikum, 2 Minzblätter und Salz in den Standmixer geben und auf hoher Stufe glatt pürieren. Den Mixer auf die mittlere Stufe stellen und langsam 60 Milliliter Olivenöl zugießen, bis die Suppe emulgiert.

7. Die pürierte Suppe in eine große Schüssel füllen und die restliche Gurke und Honigmelone unterrühren. Vor dem Servieren mindestens 15 Minuten kalt stellen.

8. Die Suppe in 4 gekühlte Schalen schöpfen. Mit den Kürbiskernen und gehackter frischer Minze bestreuen und mit etwas Olivenöl beträufeln.

# Sichuan-Karottensuppe

Obwohl die Suppe tatsächlich roh ist, schenkt sie dank Tahini, Mandelbutter, Kokosfruchtfleisch und roten Chilis im Spätherbst eine angenehme Wärme. Wer Glück hat, findet noch spät geerntete Karotten, für deren Süße ein früher Frost gesorgt hat.

**FÜR 4 PORTIONEN**

**Für die Suppe:**

- 950 ml frisch gepresster Karottensaft
- 360 ml Kokoswasser (frisch aus jungen Thai-Kokosnüssen oder abgefüllt gekauft)
- 80 g tiefgekühltes und aufgetautes oder frisches Thai-Kokosnuss-Fruchtfleisch
- Fruchtfleisch von ½ großen Avocado
- 30 g geraspelte Karotten
- 35 g rohe Cashewkerne
- 2 entkernte Medjool-Datteln
- 2 kleine Knoblauchzehen
- 1 Stück frischer Ingwer (à 2,5 cm)
- 2 EL rohes Tahini
- 2 EL rohe Mandelbutter
- 2 EL Tamari-Sauce
- 1 EL frisch gepresster Zitronensaft
- 2 TL Sesamöl
- ¼ TL rote Chiliflocken

**Zum Servieren:**

- 120 g geraspelte oder spiralisierte Karotten
- Chiliflocken zum Abschmecken
- geröstetes Sesam- oder natives Olivenöl extra zum Beträufeln

---

1. Alle Zutaten für die Suppe in einem Standmixer auf hoher Stufe glatt und cremig pürieren.

2. Zum Servieren die Suppe mit geraspelten oder spiralisierten Karotten, roten Chiliflocken und einigen Tropfen geröstetem Sesam- oder Olivenöl anrichten. Sie schmeckt sowohl gekühlt als auch leicht im Mixer erwärmt.

# I AM THRIVING

***Warme Suppen***

Ich bin häufig erstaunt darüber, wie sehr Menschen Suppen lieben, wo sie doch so einfach zuzubereiten sind. Aber tatsächlich sind mit etwas Zeit und Liebe zubereitete Suppen gesunde, wärmende Mahlzeiten. Wir gehen meist ganz klassisch von angeschwitztem Suppengrün aus, löschen mit etwas Weißwein ab und variieren dann. So kann man eigentlich fast alles zubereiten.

## Rote-Linsen-Curry-Suppe

Diese Suppe ist unerwartet leicht, mit einer säuerlichen Zitrusnote. Der Currysuppe gelingt es, in der Sommerhitze zu kühlen und im Winter zu wärmen. Damit die Aromen erhalten bleiben, darf die Suppe nicht zu lange gekocht werden, wenn Jalapeño-Chili und Tomaten hinzugefügt sind.

**FÜR 6 PORTIONEN**

**Für die Suppe:**

- 2 EL natives Olivenöl extra
- 2 EL gehackter Knoblauch
- 320 g gewürfelte Zwiebeln
- 100 g gewürfelter Sellerie
- 100 g gewürfelte Karotten
- 1 EL Currypulver
- 80 ml Ingwersaft oder 1 Stück frischer Ingwer (à 2,5 cm) mit 80 ml Wasser püriert
- 380 g rote Linsen
- 600 g gewürfelte Tomaten
- 1 EL von den Samen befreite und fein gehackte Jalapeño-Chili
- 120 ml frisch gepresster Zitronensaft
- 10 g fein gehacktes Koriandergrün
- 1 TL Himalayasalz

**Zum Servieren:**

- 270 g gewürfelte Tomaten
- 20 g gehacktes Koriandergrün
- natives Olivenöl extra zum Beträufeln

1. Für die Suppe in einem großen Suppentopf das Olivenöl bei mittlerer Temperatur erhitzen. Den Knoblauch darin 1 Minute anschwitzen. Dann Zwiebeln, Sellerie, Karotten und Currypulver hinzufügen und die Temperatur etwas hochdrehen. Das Gemüse etwa 5 Minuten dünsten, bis es weich ist und seine Flüssigkeit verkocht. Dann Ingwersaft, Linsen und 2 Liter Wasser hinzufügen und zum Kochen bringen.

2. Die Temperatur herunterstellen und den Deckel teilweise auflegen. Die Suppe 10–15 Minuten köcheln lassen, dabei ab und zu umrühren, bis die Linsen weich sind, aber noch nicht zerfallen. Die Tomaten und die Chili hinzufügen und weitere 5 Minuten garen. Die Suppe vom Herd nehmen und Zitronensaft, Koriandergrün und Salz unterrühren.

3. Zum Servieren die Suppe in 6 vorgewärmte Schalen schöpfen. Jede Schale mit gewürfelten Tomaten und etwas gehacktem Koriandergrün bestreuen und mit Olivenöl beträufeln.

# Weiße-Bohnen-Palmkohl-Suppe

**FÜR 6 PORTIONEN**

**Für die Suppe:**

2 EL natives Olivenöl extra

2 EL gehackter Knoblauch

300 g gewürfelter Fenchel

320 g gewürfelte Zwiebeln

100 g gewürfelter Sellerie

200 g gewürfelte Karotten

2 EL gehackte frische Kräuter wie Thymian, Oregano oder Rosmarin

80 ml Weißwein

250 g getrocknete Cannellini-Bohnen, über Nacht eingeweicht, abgegossen und abgetropft

1 Bund Palmkohl, in 2,5 bis 5 cm große Stücke zerkleinert

1 TL Himalayasalz, plus mehr zum Abschmecken

½ TL frisch gemahlener schwarzer Pfeffer, plus mehr zum Abschmecken

**Zum Servieren:**

frische Basilikumblättchen oder frische Kräuter nach Wahl zum Garnieren

natives Olivenöl extra zum Beträufeln

Basilikum-Hanfsamen-Pesto (Seite 302) (nach Belieben)

Tomatenpesto (Seite 303) (nach Belieben)

Diese klassische deftige Suppe kann man gut im Spätherbst oder zu Beginn des Winters zubereiten, wenn der Palmkohl Saison hat, doch sie schmeckt auch in den warmen Monaten wunderbar, wenn man sich den Kohl eingefroren hat. Ein kleiner Klecks Basilikum-Hanfsamen-Pesto (Seite 302) peppt die Suppe im Sommer auf, Tomatenpesto (Seite 303) im Winter.

1. Für die Suppe in einem großen Suppentopf das Olivenöl bei mittlerer Temperatur erhitzen. Den Knoblauch darin 1 Minute weich garen, dann Fenchel, Zwiebeln, Sellerie, Karotten und Kräuter hinzufügen. Die Temperatur etwas hochdrehen und das Gemüse 5 Minuten dünsten, bis es weich ist und seine Flüssigkeit verkocht.

2. Mit dem Weißwein ablöschen und mit einem Holzlöffel den Bodensatz lösen. Die weißen Bohnen und 2 Liter Wasser hinzufügen und die Suppe zum Kochen bringen. Die Temperatur herunterstellen und den Deckel teilweise auflegen. Die Suppe 45 Minuten köcheln lassen, dabei ab und zu umrühren, bis die Bohnen weich sind und die Brühe um ein Drittel eingekocht ist.

3. Den gehackten Palmkohl, Salz und Pfeffer hinzufügen und weitere 5 Minuten köcheln lassen. Abschmecken.

4. Zum Servieren die Suppe in 6 vorgewärmte Schalen schöpfen und mit zerzupften Basilikumblättchen und etwas Olivenöl anrichten. Die Suppe schmeckt köstlich mit einem kleinen Klecks Basilikum-Hanfsamen-Pesto im Sommer oder Tomatenpesto im Winter.

**TIPP** Falls die Zeit fehlt, die getrockneten Cannellini-Bohnen über Nacht einzuweichen, kann man die Bohnen in einem Topf mit Wasser bedecken und zum Kochen bringen. Den Topf sofort vom Herd nehmen und die Bohnen darin abkühlen lassen. Dann abgießen, die Bohnen gründlich abspülen und weiter nach Rezeptanleitung verfahren.

# Chipotle-Butternut-Kürbis-Suppe

**FÜR 6 PORTIONEN**

- 2 EL natives Olivenöl extra
- 2 EL gehackter Knoblauch
- 320 g gewürfelte Zwiebeln
- 100 g gewürfelter Sellerie
- 100 g gewürfelte Karotten
- 100 g gewürfelte rote Paprika
- 2 EL gehackter frischer Rosmarin, plus mehr zum Garnieren (nach Belieben)
- 1 ½ TL Chipotle-Pulver
- 2 EL Weißwein
- 750 g geschälter, von den Samen befreiter und gewürfelter Butternut-Kürbis (etwa 1 großer Kürbis)
- 50 g rohe Cashewkerne
- 80 ml frisch gepresster Orangensaft
- 1 TL Himalayasalz, plus mehr zum Abschmecken
- Cashew-Ricotta (Seite 311) zum Servieren (nach Belieben)
- gehacktes frisches Koriandergrün zum Servieren (nach Belieben)

Diese wohltuende, sättigende Suppe schmückt unsere Speisekarte im Herbst und Winter. Der Cashew-Ricotta ist eine nette Abrundung, doch die Suppe kann auch einfach mit gehacktem Koriandergrün oder Rosmarin bestreut serviert werden.

1. In einem großen Suppentopf das Olivenöl bei mittlerer Temperatur erhitzen. Den Knoblauch darin 1 Minute anschwitzen. Die Temperatur etwas hochdrehen, dann Zwiebeln, Sellerie, Karotten, Paprika, Rosmarin und Chipotle-Pulver hinzufügen und 5 Minuten garen, bis das Gemüse weich ist und seine Flüssigkeit verkocht.

2. Mit dem Weißwein ablöschen und mit einem Holzlöffel den Bodensatz lösen. Wenn der Wein verkocht ist, den Kürbis hinzufügen, dabei ab und zu umrühren. Dann 1,5 Liter Wasser hinzufügen, die Temperatur hochdrehen und die Suppe zum Kochen bringen.

3. Die Temperatur herunterstellen und den Deckel teilweise auflegen. Die Suppe 20–30 Minuten köcheln lassen und dabei ab und zu umrühren, bis die Kürbisstücke weich sind und die Brühe um ein Drittel eingekocht ist.

4. In einem Standmixer Cashews, Orangensaft und Salz zu einer glatten Creme pürieren. Etwas Brühe von der Suppe zum Verdünnen hinzufügen, falls erforderlich.

5. Mit einem Stabmixer die Suppe glatt pürieren. Oder die Suppe 15 Minuten abkühlen lassen und anschließend in eine Küchenmaschine oder einen Standmixer umfüllen. Portionsweise und vorsichtig mit der heißen Flüssigkeit umgehen.

6. Die Orange-Cashew-Creme unterrühren, mit Salz abschmecken.

7. Für noch eine glattere, samtige Konsistenz die Suppe vor dem Servieren durch ein feines Sieb passieren. Die Suppe in 6 vorgewärmte Schalen oder tiefe Teller schöpfen und, falls verwendet, mit dem Cashew-Ricotta und nach Belieben mit gehacktem Koriandergrün oder Rosmarin anrichten.

# Pozole Verde mit Pilzen

**FÜR 6–8 PORTIONEN**

15 Tomatillos

1 ½ TL Kreuzkümmelsamen

2 ganze getrocknete Chipotle-Chilis

30 g gehacktes Koriandergrün (etwa 1 Bund)

1 EL Himalayasalz, plus mehr zum Abschmecken

2 TL frischer mexikanischer Oregano

1 ½ TL getrockneter mexikanischer Oregano

1 getrocknetes Hoja-Santa-Blatt (mexikanischer Blattpfeffer) oder 1 getrocknetes Lorbeerblatt

120 ml natives Olivenöl extra

80 g gewürfelte Zwiebel

420 g geschälte und gewürfelte gelbfleischige Kartoffeln

200 g in Scheiben geschnittene Champignons

200 g in Scheiben geschnittene Shiitake-Pilze

60 g tiefgekühltes und aufgetautes oder frisches Kokosfruchtfleisch

300 g gegarte Kichererbsen (siehe Tipp)

250 g gegarter Pozole-Mais (selbst gemacht oder weißer »Maiz Pozolero« aus der Dose, abgegossen und abgespült)

frisch gemahlener schwarzer Pfeffer zum Abschmecken

gehobelter Weißkohl zum Servieren (nach Belieben)

Epifanio Ruiz, der viele Jahre als Koch im Café Gratitude tätig war und mit mir in dieser Zeit zahllose Rezepte entwickelt hat, hat diese pflanzliche Version eines mexikanischen Klassikers auf die Speisekarte gesetzt. Die verwendeten traditionellen Zutaten wie Hoja Santa und mexikanischer Oregano geben der Suppe ein authentisches Aroma, doch wenn es schwierig sein sollte, sie zu bekommen, kann der mexikanische Blattpfeffer durch ein Lorbeerblatt ersetzt und gängiger europäischer Oregano verwendet werden. Im Café Gratitude servieren wir diese Suppe mit gehobeltem Weißkohl und frittierten Tortilla-Streifen, aber sie kann auch einfach nur mit Radieschen-, Avocadoscheiben und einigen Korianderblättchen garniert werden – ganz nach Appetit und Vorlieben.

1. Eine große gusseiserne Pfanne oder einen Grill bei mittlerer Temperatur erhitzen. Wenn die Pfanne zu rauchen beginnt, die Tomatillos hineingeben und 7 Minuten braten, bis sie angekohlt sind. Die Tomatillos wenden und auf der anderen Seite weitere 7 Minuten braten. Beiseitestellen.

2. In derselben großen Pfanne die Kreuzkümmelsamen und die Chilis bei mittlerer Temperatur rösten, bis sie duften, nicht länger als 2 Minuten. Die Gewürze gelegentlich in der Pfanne schwenken, damit sie nicht verbrennen. Zum Abkühlen beiseitestellen.

3. In einem Standmixer oder einer Küchenmaschine gebratene Tomatillos, geröstete Kreuzkümmelsamen und Chilis, Koriander, Salz, frischen und getrockneten Oregano, Hoja-Santa- oder Lorbeerblatt und 1 Liter Wasser entweder komplett glatt pürieren oder nach Belieben noch etwas stückig lassen. In eine große Schüssel füllen und beiseitestellen.

4. In einer großen Pfanne die Hälfte des Olivenöls bei mittlerer Temperatur erhitzen und die Zwiebel darin 2 Minuten anschwitzen, bevor die Kartoffelwürfel hinzugefügt werden. Den Deckel auflegen und die Kartoffeln 5–7 Minuten garen, bis sie weich sind, dabei regelmäßig umrühren.

*Fortsetzung auf Seite 138*

Tortilla-Streifen zum Servieren (Seite 41) (nach Belieben)

in dünne Scheiben geschnittene Radieschen zum Servieren (nach Belieben)

Avocadoscheiben zum Servieren (nach Belieben)

frisches Koriandergrün zum Servieren (nach Belieben)

5. In einem Standmixer oder einer Küchenmaschine die Kartoffel-Zwiebel-Mischung mit 720 Milliliter Wasser glatt pürieren und anschließend beiseitestellen.

6. In einem großen Suppentopf die restliche Hälfte des Olivenöls bei mittlerer Temperatur erhitzen, dann Champignons, Shiitake-Pilze und Kokosfleisch hinzufügen und 5 Minuten braten, bis die Pilze weich sind und zu bräunen beginnen. Danach Kichererbsen, weißen Mais, Tomatillomischung und Kartoffelmischung hinzufügen und zum Kochen bringen. Die Temperatur herunterstellen, den Deckel teilweise auflegen und das Ganze 10 Minuten köcheln lassen. Mit Salz und Pfeffer abschmecken, falls erforderlich. Die Pozole mit Toppings nach Wahl servieren.

**TIPP** Falls Kichererbsen oder Mais aus der Dose verwendet werden, sollten sie nicht gesalzen sein, abgegossen und gründlich abgespült werden. Falls die Kichererbsen selbst gekocht werden, 150 Gramm getrocknete Kichererbsen über Nacht in 750 Milliliter Wasser einweichen. Am nächsten Morgen abgießen, mit frischem Wasser bedecken und 1,5 Stunden köcheln lassen. Leicht salzen und abkühlen lassen, dann nach Rezeptanleitung verfahren.

**FRAGE *des Tages***

Was ist deine Leidenschaft?

# I AM LUCKY

## Mexikanischer Hacksalat

Einen gehackten Salat wollte ich schon seit Jahren gern machen, aber irgendwie stand ich mir dabei selbst im Weg. Ich weiß auch nicht, warum ich so lange gebraucht habe, aber inzwischen zählt der Salat zu meinen Lieblingsgerichten in unserem Angebot. Die Zutaten können ganz nach Lust und Laune gemischt und kombiniert werden. Es gibt nur eine grundlegende Regel: Da man den Salat mit einem Löffel essen können sollte, müssen alle Zutaten fein gehackt werden.

Diese kalifornische Sommerversion zeigt unsere besondere Beziehung zu mexikanischen Zutaten. Falls Portulak oder Löwenzahn, Blattsenf und Amaranth auf dem Wochenmarkt erhältlich sind, machen sich diese Wildkräuter großartig im Salat.

### FÜR 4 PORTIONEN

**Für den Adobo-Tempeh:**

**½ TL Himalayasalz, plus mehr für den Topf**

**1 Stück Tempeh (à 225 g)**

**3 ganze getrocknete Ancho- oder Guajillo-Chilis**

**2 kleine grob gehackte Roma-Tomaten**

**1 vom Stielansatz und den Samen befreite, gehackte rote Paprikaschote**

**80 g gehackte Zwiebel**

**3 Knoblauchzehen**

**3 getrocknete Avocadoblätter (siehe Seite 47) oder Lorbeerblätter**

**½ TL ganze schwarze Pfefferkörner**

**½ TL getrockneter Oregano**

**¼ TL Cayennepfeffer**

**1 Nelke**

**2 EL natives Olivenöl extra**

**1.** Für den Adobo-Tempeh in einem mittelgroßen Topf 1 Liter Wasser und etwas Salz bei mittlerer Temperatur zum Kochen bringen und den Tempeh darin 5 Minuten blanchieren. Den Tempeh abgießen und zum Abkühlen beiseitestellen.

**2.** In einer mittelgroßen Schüssel die Chilis in warmem Wasser 10 Minuten einweichen, dann abgießen. Die Chilis vom Stielansatz und den Samen befreien und in einen Standmixer geben. Dann Tomaten, Paprika, Zwiebel, Knoblauch, Avocado- oder Lorbeerblätter, ½ Teelöffel Salz, Pfefferkörner, Oregano, Cayennepfeffer und Nelke hinzufügen und alles zu einer glatten Sauce pürieren.

**3.** Den Tempeh in 1 Zentimeter große Würfel schneiden und diese in eine flache Schale oder Form legen. Den Tempeh mit der Sauce bedecken und mindestens 4 Stunden oder auch über Nacht im Kühlschrank marinieren.

**4.** Für die Nopales verdes in einem mittelgroßen Topf 1,5 Liter Wasser und etwas Salz bei mittlerer Temperatur zum Kochen bringen. Die Nopales hineingeben, 10 Minuten kochen, dann abgießen und in einer mittelgroßen Schüssel beiseitestellen.

*Fortsetzung auf Seite 141*

**Für die Nopales Verdes:**

3/4 TL Himalayasalz, plus mehr für den Topf

2 kleine Nopales, geputzt und in 1 cm große Quadrate geschnitten (siehe Tipps)

30 g grob gehacktes Koriandergrün (etwa 1 Bund)

Fruchtfleisch von 1/2 Avocado

3 EL frischer Zitronensaft

2 EL von den Samen befreite und gehackte Jalapeño-Chili

1 grob gehackte Frühlingszwiebel (weißer und grüner Teil)

1 Knoblauchzehe

**Für die Lucky-Vinaigrette:**

2 EL Apfelessig

1 EL frischer Zitronensaft

2 TL Kokosblütensirup

1 TL eingelegte Kapern

1 gehackte Knoblauchzehe

1/4 TL Himalayasalz

1/8 TL frisch gemahlener schwarzer Pfeffer

80 ml natives Olivenöl extra

**Zum Servieren:**

250 g gehackter Römersalat

280 g fein gehackter Grünkohl

165 g frische Maiskörner

200 g gegarte Kichererbsen, selbst gekocht (siehe Seite 138) oder aus der Dose

Koriander-Kürbiskern-Pesto (Seite 301) (nach Belieben)

Goji-Chipotle-Dressing (Seite 278)

würzige Kürbiskerne (siehe Seite 127)

30 g frittierte Tortilla-Streifen (Seite 41) oder zerdrückte Tortilla-Chips (nach Belieben)

4–6 Zucchiniblüten

**5.** In einem Standmixer oder einer Küchenmaschine Koriander, Avocado, Zitronensaft, Chili, Frühlingszwiebel, Knoblauch und 3/4 Teelöffel Salz mit 180 Milliliter Wasser zu einer glatten, cremigen Sauce pürieren. Etwa 240 Milliliter der Sauce zu den Nopales geben und vermischen. (Übrig gebliebene Sauce hält sich abgedeckt im Kühlschrank bis zu 5 Tage; sie kann als Dip oder Dressing verwendet werden.) In einer großen Pfanne die Nopales bei mittlerer Temperatur etwa 2 Minuten erwärmen. Abkühlen lassen.

**6.** Für die Lucky-Vinaigrette in einem Standmixer Apfelessig, Zitronensaft, Kokosblütensirup, abgetropfte Kapern, Knoblauch, Salz und Pfeffer glatt pürieren. Auf mittlere Stufe herunterstellen und langsam das Olivenöl einfließen lassen, sodass die Vinaigrette emulgiert. Beiseitestellen.

**7.** Den Tempeh abgießen. In einer großen Pfanne 2 Esslöffel Olivenöl bei mittlerer Temperatur erhitzen und die Adobo-Tempeh-Würfel darin 10 Minuten braten, bis sie leicht schwarz werden.

**8.** Zum Servieren den Römersalat und den Grünkohl in eine große Salatschüssel geben und Nopales, Mais, Kichererbsen und die Vinaigrette hinzufügen. Gründlich vermischen.

**9.** Den Salat mit dem Adobo-Tempeh bestreuen und, falls verwendet, mit kleinen Klecksen Koriander-Kürbiskern-Pesto, etwas Goji-Chipotle-Dressing und einer kleinen Handvoll Kürbiskerne garnieren. Abschließend nach Belieben mit Tortilla-Streifen und Zucchiniblüten anrichten.

**TIPPS** Falls frische Nopales erhältlich sind, ist das eine wunderbare Abrundung des Salats. Meist sind die Kaktusblätter schon von ihren Nadeln befreit, aber vorsichtshalber nochmals mit einem Messer unter fließendem Wasser abschaben. Dabei mit Handschuhen oder einer Küchenzange arbeiten.

Dem Adobo-Tempeh muss ausreichend Zeit zum Marinieren gegeben werden.

# I AM PURE

## Asiatischer Grünkohl-Algen-Salat

Dieses Rezept ist ein Gratitude-Original. Es steht schon von Anfang an auf der Speisekarte und ist bis heute einer unserer Bestseller. So ein klassischer marinierter Grünkohlsalat scheint einfach nicht aus der Mode zu kommen, und das trotz der Konkurrenz durch all unsere anderen köstlichen Salate. Einerseits ist das den eisen- und mineralreichen Algen zu verdanken, andererseits dem Knoblauch-Tahini-Dressing, das diesem Salat seinen dauerhaften Erfolg beschert.

### FÜR 4 PORTIONEN

**400 g Babygrünkohl, gehackter grüner oder violetter Grünkohl, oder eine Mischung**

**70 g gewürfelte Gurke**

**70 g geraspelte Karotten**

**40 g See-Palme oder Wakame, 15 Minuten in warmem Wasser eingeweicht und in 2,5 cm große Stücke geschnitten**

**15 g gehacktes Koriandergrün, Basilikum und Frühlingszwiebeln (im Verhältnis nach Belieben)**

**1 in mundgerechte Streifen geschnittenes Noriblatt**

**2 EL Knoblauch-Tahini-Dressing (Seite 279)**

**3 EL Sesam-Wasabi-Sauce (Seite 299)**

**1 Avocado, Fruchtfleisch in Scheiben geschnitten**

**50 g frische Mungbohnensprossen**

**35 g grob gehackte geröstete Mandeln**

In einer großen Schüssel Grünkohl, Gurke, Karotten, See-Palme, Kräutermischung, Nori, Knoblauch-Tahini-Dressing und Sesam-Wasabi-Sauce gründlich vermischen. Mit Avocadoscheiben, Bohnensprossen und gerösteten Mandeln servieren.

# I AM DAZZLING

## Caesar Salad mit Grünkohl, Wakame und Paranuss-Parmesan

Dieses Gericht stammt noch aus unserer Raw-Food-Zeit und ist in den letzten Jahren erheblich aufgewertet worden. Ich fügte meine Geheimzutat hinzu – das klassische cremige Cashew-Caesar-Dressing mit unserem Goji-Chipotle-Dressing verrührt – sowie Meeresgemüse für eine leicht sardellenartige Note und Kapern als salzige Komponente, die dieser Salat braucht. Heutzutage sind viele unterschiedliche Grünkohlsorten erhältlich, und alle passen hier gut.

### FÜR 4 PORTIONEN

**Für die Knoblauch-Kräuter-Croutons (oder gekaufte verwenden):**

½ Laib glutenfreies Sauerteigbrot nach Belieben, in 1 cm große Würfel geschnitten

2 EL natives Olivenöl extra

1 ½ TL gehackter Knoblauch

1 ½ TL Rauchmeersalz

1 TL getrockneter Oregano

**Zum Servieren:**

400 g in Stücke gezupfter Grünkohl

400 g gehackter Römersalat

2–4 EL Cashew-Caesar-Dressing (Seite 277)

2 EL eingelegte Kapern

2 EL getrocknete Wakame- oder Hijiki-Algen, 5 Minuten in kaltem Wasser eingeweicht und abgegossen

1 große Avocado, Fruchtfleisch gewürfelt

Gomasio (Seite 27)

Paranuss-Parmesan (Seite 317)

1. Für die Croutons den Backofen auf 190 °C vorheizen.

2. In einer mittelgroßen Schüssel Brotwürfel, 1 Esslöffel Olivenöl, Knoblauch, Salz und Oregano vermischen. Manche Brotsorten nehmen mehr Öl auf als andere; falls die Mischung noch trocken ist, 1 Esslöffel Öl hinzufügen und alles erneut vermischen. Die Brotmischung auf einem Backblech verteilen und im Ofen 7–10 Minuten backen, dabei ab und zu das Blech rütteln, damit das Brot gleichmäßig knusprig wird. Die Croutons sollten goldbraun sein.

3. Zum Servieren in einer großen Schüssel den Grünkohl und den Römersalat mit dem Caesar-Dressing vermischen. Dann 1 Esslöffel abgetropfte Kapern, die Hälfte der Croutons und die gewässerten Wakame- oder Hijiki-Algen hinzufügen.

4. Den Salat auf einer Platte anrichten. Mit Avocado, 1 Esslöffel abgetropften Kapern und den restlichen Croutons garnieren und großzügig mit Gomasio und Paranuss-Parmesan bestreuen.

# I AM LOCAL

Unser Angebot wäre nicht vollständig ohne einen Salat, der aus frischen Zutaten besteht, die direkt vom Markt kommen. Jede Variante stellt unterschiedliche saisonale Zutaten in den Mittelpunkt.

## Grünkohlsalat mit Kaki, Granatapfel und Feigen-Balsamico-Dressing

Manche Leute grillen Kakis, damit sie süßer werden, doch hier verwende ich sie in ihrem natürlichen Zustand (ein Grund mehr, sie richtig ausreifen zu lassen!). Sie sind ein sanfter Begleiter der säuerlichen Granatapfelkerne und Gegenpol zu Radicchio und Grünkohl. Dieser Salat ist wirklich eine letzte frische Brise, bevor der Winter beginnt.

**FÜR 4 PORTIONEN**

Für die Walnüsse:

**115 g rohe Walnusskerne**

**1 TL Ahornsirup**

**⅛ TL Himalayasalz**

Für den Salat:

**420 g von den Stielen befreiter und in Stücke gezupfter Grünkohl**

**280 g in Streifen geschnittener Radicchio**

**50 g fein gehobelter oder sehr dünn geschnittener Fenchel**

**200 ml Feigen-Balsamico-Dressing (Seite 282)**

**1 reife Fuyu-Kaki, in 1 cm große Würfel geschnitten**

**90 g Granatapfelkerne**

**50 g zerbröckelter Cashew-Mozzarella (Seite 312)**

1. Für die Walnusskerne den Backofen auf 190 °C vorheizen. Ein Backblech mit Backpapier auslegen.

2. In einer großen Schüssel Walnusskerne, Ahornsirup und Salz gut vermischen. Die Mischung auf dem Backblech verteilen und 20 Minuten backen. Die Walnusskerne komplett abkühlen lassen.

3. Für den Salat in einer großen Schüssel Grünkohl, Radicchio, Fenchel und Feigen-Balsamico-Dressing vermischen. Das Gemüse 1–2 Minuten schwenken, damit es etwas weicher wird.

4. Den Grünkohlsalat in einer großen Schüssel oder auf einer großen Platte mit Kaki, Granatapfelkernen, Walnusskernen und Cashew-Mozzarella anrichten.

# Gegrillter Pfirsich-Spargel-Salat mit würzigen Kürbiskernen, Cashew-Mozzarella und Goji-Chipotle-Dressing

**FÜR 4 PORTIONEN**

- Himalayasalz zum Abschmecken
- 16 Stangen grüner Spargel
- 4 große Pfirsiche
- natives Olivenöl extra zum Grillen
- 120 g Rucola
- 120 g Babyspinat
- 90 g gehobelter oder in sehr dünne Scheiben geschnittener Fenchel
- 50 g zerbröckelter Cashew-Mozzarella zum Servieren
- 1 Rezeptmenge Goji-Chipotle-Dressing (Seite 278)
- würzige Kürbiskerne (siehe Seite 127)
- Gremolata (Seite 293)
- Kokosspeck (siehe Seite 102) (nach Belieben)

Im Hochsommer macht sich dieser Salat wunderbar als erster Gang bei einem Mittagessen oder als Vorspeise bei einem Abendessen. Er bildet die perfekte Grundlage, um richtig schön reifen Pfirsichen eine Bühne zu bieten. Doch durch das Grillen werden selbst noch leicht unreife Pfirsiche zu einem süßen, rauchigen Juwel, weil der enthaltene Zucker karamellisiert.

1. In einem mittelgroßen Topf 1,5 Liter leicht gesalzenes Wasser bei mittlerer Temperatur zum Kochen bringen. Eine große Schüssel mit Eiswasser füllen und beiseitestellen. Den Spargel im kochenden Wasser 3 Minuten blanchieren, bis er noch grüner und zart ist, aber noch Biss hat. Den Spargel sofort in das Eiswasser geben und 1 Minute abkühlen, dann auf einen Teller heben, mit Küchenpapier trocken tupfen und beiseitestellen.

2. Für die Pfirsische und den Spargel einen Outdoorgrill oder eine Grillpfanne auf mittlere Temperatur erhitzen.

3. Die Pfirsiche in 0,5–1 Zentimeter dicke Scheiben schneiden. Die Pfirsiche und den Spargel mit Olivenöl einpinseln und auf den Grill legen. Die Pfirsiche und den Spargel etwa 2 Minuten auf jeder Seite grillen, bis sie schöne Grillmarkierungen haben und die Pfirsiche etwas weicher sind. Die Pfirsiche und den Spargel vom Grill nehmen und beiseitestellen.

4. In einer großen Schüssel Rucola, Spinat und Fenchel vermischen. Auf einer Platte verteilen und die gegrillten Pfirsiche und den Spargel darauf anrichten. Den Salat mit dem zerbröckelten Cashew-Mozzarella, den würzigen Kürbiskernen und der Gremolata bestreuen und mit Goji-Chipotle-Dressing beträufeln. Nach Belieben mit Kokosspeck servieren.

# Warmer Rosenkohlsalat mit Kapern, Kokosspeck und Hanfsamen-Ranch-Dressing

**FÜR 4 PORTIONEN**

450 g Rosenkohl, Strunk geputzt und äußere Blätter entfernt

1 EL natives Olivenöl extra

1 TL Himalayasalz

450 g Babyspinat

35 g eingelegte Kapern, abgetropft

100 g Rotkohl-Kimchi (Seite 320)

240 ml cremiges Hanfsamen-Ranch-Dressing (Seite 283)

120 ml Goji-Chipotle-Dressing (Seite 278)

75 g Kokosspeck (siehe Seite 102)

40 g getrocknete Kapstachelbeeren

1 Avocado, Fruchtfleisch gewürfelt

Dies ist die Gratitude-Interpretation eines klassischen warmen Salats mit Speck. Der Kokosspeck – es lohnt sich, ihn vorrätig zu haben, da er in vielen unserer Rezepte zum Einsatz kommt – bringt hier genau die süßen, fetten, würzigen, rauchigen Noten ins Spiel wie sein traditioneller Gegenpart. Kombiniert mit dem warmen, fein gehobelten Rosenkohl, Spinat und dem cremigen Dressing, ist dieser Salat das ultimative Wohlfühlessen im Winter.

1. Mit einer Mandoline oder einer Küchenmaschine mit Schneidscheibe den Rosenkohl dünn hobeln.

2. In einer großen Pfanne das Olivenöl bei mittlerer Temperatur erhitzen. Den Rosenkohl mit Salz darin etwa 10 Minuten braten und dabei häufig umrühren, bis der Rosenkohl zart ist, aber auch noch etwas Biss hat.

3. In einer große Schüssel den warmen Rosenkohl mit Spinat, Kapern, Kimchi, Hanfsamen-Ranch-Dressing und Goji-Chipotle-Dressing gründlich vermischen. Mit Kokosspeck, getrockneten Kapstachelbeeren und gewürfelter Avocado anrichten.

# I AM GRACIOUS

Dieser Getreidesalat hat einen dauerhaften Platz in unserem Angebot und ist für all diejenigen gedacht, die den nahrhaften, sättigenden Effekt von Vollkorngetreide als frischen, leichten Salat mögen. Ich persönlich mag Körner als Basis gern, weil man sich dazu dann saisonal inspirieren lassen kann. Es gibt unendlich viele Variationen und Möglichkeiten – viel Spaß beim Experimentieren nach persönlichem Gusto!

## Avocado, grüne Bohnen und Basilikum-Hanfsamen-Pesto

Eine leichte, leuchtend grüne Sommermahlzeit für warme Tage

**FÜR 4 PORTIONEN**

- 1 TL Himalayasalz
- 225 g geputzte und grob gehackte grüne Bohnen
- 80 g Rucola
- 200 g gegartes Getreide nach Belieben, beispielsweise Quinoa oder brauner Reis (oder gemischt, nach Belieben)
- 1 Avocado, Fruchtfleisch gewürfelt
- 6 halbierte Kirschtomaten
- 70 g gewürfelte Gurke
- 4 EL Basilikum-Hanfsamen-Pesto (Seite 302)
- Saft von 1 Zitrone
- 2 EL Paranuss-Parmesan (Seite 317)
- 2 EL zerbröckelter Cashew-Mozzarella (Seite 312)
- 2 TL Balsamico-Reduktion (siehe Seite 118)

1. Für die Bohnen eine mittelgroße Schüssel mit Eiswasser füllen und neben den Herd stellen.

2. In einem mittelgroßen Topf 1 Liter Wasser bei hoher Temperatur zum Kochen bringen. Das Salz hinzufügen und umrühren, um es aufzulösen. Die grünen Bohnen darin 3 Minuten kochen, bis sie zart sind, aber noch Biss haben. Die Bohnen abgießen und sofort in das Eiswasser geben. Einige Minuten abkühlen lassen, dann abgießen und die Bohnen in eine große Schüssel geben.

3. Zu den grünen Bohnen Rucola, gegartes Getreide, Avocado, Tomaten, Gurke, Pesto und Zitronensaft hinzufügen und gründlich vermischen. Mit dem Parmesan und dem Mozzarella bestreuen und mit der Balsamico-Reduktion beträufeln.

# Radicchio, gerösteter Butternut-Kürbis und Tomatenpesto

## FÜR 4 PORTIONEN

Die erdigen Farben des Winters geben diesem Gerichte Wärme und eine leichte Süße.

180 g geschälter, von den Samen befreiter Butternut-Kürbis, in 2,5 cm große Würfel geschnitten

1 TL natives Olivenöl extra

¼ TL Himalayasalz

400 g in Stücke gezupfter Radicchio

200 g gegartes Getreide nach Belieben, beispielsweise Quinoa oder brauner Reis (oder gemischt, nach Belieben)

100 g gegarte Kichererbsen, selbst gekocht (siehe Seite 138) oder aus der Dose

2 EL Tomatenpesto (Seite 303)

6 schwarze sonnengetrocknete oder in Öl eingelegte Oliven, entkernt und grob gehackt

2 TL eingelegte Kapern, abgetropft

2 EL Paranuss-Parmesan (Seite 317)

2 EL zerbröckelter Cashew-Mozzarella (Seite 312)

2 TL Balsamico-Reduktion (siehe Seite 118)

**1.** Für den Kürbis den Backofen auf 190 °C vorheizen. Ein Backblech mit Backpapier auslegen.

**2.** In einer mittelgroßen Schüssel den Kürbis in dem Olivenöl und dem Salz schwenken, sodass der Kürbis von Öl überzogen ist. Den Kürbis auf dem Backblech verteilen und im Ofen 20–25 Minuten backen, bis er sich leicht mit einem Messer oder einer Gabel einstechen lässt. Zum Abkühlen beiseitestellen.

**3.** In einer großen Schüssel den abgekühlten Kürbis mit Radicchio, gekochtem Getreide, Kichererbsen, Pesto, Oliven und Kapern gründlich vermischen. Mit dem Parmesan und dem Mozzarella bestreuen und mit der Balsamico-Reduktion beträufeln.

# SANDWICHES, WRAPS & CO.

# I AM AWESOME

## Auberginen-Sandwich mit Parmesan

Ryland, einer der Söhne von Matthew und Terces Engelhart, ist für unsere Weiterentwicklung verantwortlich. Obwohl Rylands Hauptaufgabe darin besteht, die ursprüngliche Integrität des Café Gratitude zu bewahren und für uns neue, innovative Wege zu mehr Nachhaltigkeit zu suchen, ist er ein gern gesehener Rezepterfinder für unsere Speisekarte. Dies ist eine seiner bleibenden Kreationen, eine spielerische Version des italienischen Auberginenauflaufs Parmigiana di Melanzane, den er als junger Vegetarier gern bestellt hat (oftmals das einzige angebotene vegetarische Gericht). Unsere gebackene Version vermeidet das Ölige von frittierten Auberginen, ist dank einer einfachen Polenta-Panade aber trotzdem recht üppig. Mit unserem veganen Ricotta und Parmesan getoppt, ist das Sandwich so lecker wie unkompliziert in der Zubereitung zu Hause.

### ERGIBT 6 SANDWICHES

**Für die gebackene Aubergine:**

**400 ml Feigen-Balsamico-Dressing (Seite 282)**

**320 g feine Polenta**

**35 g getrocknete italienische Kräutermischung**

**1 ½ EL Himalayasalz**

**1 EL frisch gemahlener schwarzer Pfeffer**

**1 mittelgroße Aubergine (etwa 450 g), in 1 cm dicke Scheiben geschnitten**

**Zum Servieren:**

**6 halbierte Ciabatta- oder italienische Brötchen**

**240 ml Marinara-Sauce, selbst gemacht (Seite 212) oder gekauft, plus mehr, falls erforderlich**

**125 g Cashew-Ricotta (Seite 311)**

**30 g Babyrucola**

**60 g Paranuss-Parmesan (Seite 317)**

1. Für die gebackene Aubergine den Backofen auf 175 °C vorheizen. Ein Backblech mit Backpapier auslegen und beiseitestellen.

2. Das Dressing in eine große flache Schale oder Schüssel gießen. In einer zweiten großen flachen Schale oder Schüssel Polenta, italienische Kräuter, Salz und Pfeffer vermischen.

3. Jede Auberginenscheibe in das Dressing tauchen, dann sorgfältig in der Polenta-Mischung wenden. Die panierten Auberginenscheiben nebeneinander auf das vorbereitete Backblech legen und so fortfahren, bis alle Scheiben verteilt sind.

4. Im Ofen 20 Minuten backen, bis die Panade knusprig ist und sich die Aubergine in der Mitte weich anfühlt.

5. Für die Sandwiches auf das halbierte Brötchen erst 1 oder 2 Scheiben Aubergine legen, dann einige Esslöffel der Marinara-Sauce, eine dünne Schicht Ricotta, eine kleine Handvoll Rucola und etwas Paranuss-Parmesan. Die obere Brötchenhälfte auflegen und nach Belieben in zwei Hälften schneiden.

# I AM GLORIOUS
## Tempeh-Caesar-Wrap

Meiner Ansicht nach vereint ein wirklich großartiger Wrap alles, was man braucht und möchte, in einer einzigen Mahlzeit, die zudem noch handlich verpackt ist. Ich bin zwar etwas voreingenommen, doch ich denke, dass dieses Rezept mit seinem schwarzen Tempeh, dem rauchigen Kokosspeck, den frischen Tomaten und dem cremigen Caesar-Dressing in einer weichen Vollkornweizentortilla dem sehr nahekommt.

### ERGIBT 4 WRAPS

- 4 große Vollkornweizentortillas
- 200 g in Stücke gezupfter Römersalat
- 1 Rezeptmenge schwarzer Tempeh (siehe Seite 48), in 0,5 cm große Würfel geschnitten
- 180 g gewürfelte frische Tomate
- 1 Avocado, Fruchtfleisch gewürfelt
- 4 EL Cashew-Caesar-Dressing (Seite 277)
- 75 g Kokosspeck (siehe Seite 102)
- 1 EL plus 1 TL eingelegte Kapern, abgetropft
- 30 g Paranuss-Parmesan (Seite 317)

**1.** In einer großen Pfanne die Tortillas bei mittlerer Temperatur etwa 1 Minute auf jeder Seite erwärmen, bis sie weich und leicht zu falten sind. Die Tortillas auf einem Teller stapeln und mit einem Geschirrtuch abdecken, während die Wraps vorbereitet werden. Die Pfanne in der Nähe behalten, um die gefüllten Wraps noch einmal kurz zu erwärmen.

**2.** In der Mitte jeder Tortilla jeweils die gleiche Menge an Römersalat, Tempeh, Tomate, Avocado, Dressing, Kokosspeck, Kapern und Parmesan aufschichten. Jede Tortilla zu einem Burrito aufrollen und in der Pfanne mit der Verschlussseite nach unten 30 Sekunden erwärmen. Warm servieren.

# I AM EXTRAORDINARY
## BLT-Sandwich

Dieses Rezept habe ich vom ursprünglichen Angebot des Café Gratitude geerbt, und obwohl das Rezept recht verbreitet ist – Speck, Salatblätter und Tomate (auf Englisch Bacon, Lettuce, Tomato – BLT) sind der kleinste gemeinsame Nenner für Sandwiches –, ist es zugleich sehr überzeugend. Denn es bietet die klassischen Aromen und Sommerfrische, aber auf komplett pflanzlicher Basis.

### ERGIBT 4 SANDWICHES

**4 halbierte Ciabatta-Brötchen**

**150 g Kokosspeck (siehe Seite 102)**

**200 g in Stücke gezupfter Römersalat**

**350 g gewürfelte Tomaten**

**300 g Cashew-Nacho-Käse (Seite 314)**

**2 Avocados, Fruchtfleisch gewürfelt**

**mexikanischer Krautsalat (siehe Seite 175) (nach Belieben)**

1. In einer großen Pfanne alle Ciabatta-Hälften bei mittlerer Temperatur jeweils 1 Minute pro Seite leicht anrösten. Die Hälften auf einem Teller stapeln und mit einem Geschirrtuch warm halten.

2. In die Mitte jeder unteren Ciabatta-Hälfte jeweils ein Viertel des Kokosspecks, des Römersalats, der Tomaten, des Nacho-Käses und der gewürfelten Avocado platzieren. Die obere Ciabatta-Hälfte auflegen und servieren.

# I AM MAGICAL

## Gratitude »Double Double« Burger

Als wir anfingen, auch gekochte Gerichte mit auf die Speisekarte zu nehmen, war klar, dass dabei ein Veggie-Burger an erster Stelle käme. Doch fiel mir auf, dass er in den ersten Jahren keine besondere Begeisterung weckte. Also klemmte ich mich ernsthaft dahinter, um aus dem – zugegebenermaßen – eher durchschnittlichen Burger den unglaublichen, aber unbestreitbar zauberhaften Genuss zu machen, der er heute ist mit seinem cremigen Macadamia-Cheddar, scharfen Chipotle-Ketchup und all den leckeren Veggie-Zutaten nach Wahl.

Der Burger besteht aus einer ganzen Reihe von Zutaten. Sie sind aber alle einfach zu besorgen, und wer gleich einen ganzen Schwung Pattys zubereitet, kann den Rest einfrieren und bei Bedarf hervorholen.

### FÜR 4 PORTIONEN

**Für die Veggie-Burger:**

**150 g gehackte Rote Bete (etwa 1 mittelgroße Bete)**

**3 EL natives Olivenöl extra, plus mehr für die Form**

**1 1/2 TL Rauchsalz**

**450 g halbierte Champignons**

**2 EL gehackte frische Petersilie**

**1 fein gehackte Knoblauchzehe**

**100 g gekochte schwarze Bohnen, selbst gekocht (siehe Seite 45) oder aus der Dose, plus 1 EL der Einlegeflüssigkeit**

**80 g geröstete Kürbiskerne**

**50 g gegarte Hafergrütze**

**60 g gegarte Quinoa**

**65 g gegarter brauner Kurzkornreis**

**1 EL gemahlene Leinsaat**

**1.** Für die Veggie-Burger den Backofen auf 175 °C vorheizen und 2 Backbleche mit Backpapier auslegen.

**2.** In einer mittelgroßen Schüssel die Rote Bete mit 1 Esslöffel Olivenöl und 1/2 Teelöffel Rauchsalz vermischen. Auf einem der Backbleche verteilen.

**3.** In derselben Schüssel die Pilze mit Petersilie, Knoblauch, den restlichen 2 Esslöffeln Olivenöl und 1/2 Teelöffel Rauchsalz vermischen. Auf dem zweiten Backblech verteilen.

**4.** Das Gemüse im Ofen 45–60 Minuten rösten, bis es weich und karamellisiert ist. (Mit Umluft dauert es 15 Minuten weniger, mit Ober- und Unterhitze die Bleche zwischenzeitlich tauschen.) Aus dem Ofen holen und beiseitestellen.

**5.** In einer großen Schüssel zwei Drittel der schwarzen Bohnen mit einer Gabel grob zerdrücken, ein Drittel ganz lassen und dazugeben. Beiseitestellen.

*Fortsetzung auf Seite 168*

1 EL Barbecue-Sauce (Seite 307), selbst gemacht oder gekauft

2 TL Tomatenpaste mit Wumms (Seite 26) (nach Belieben)

Zum Servieren:

4 Hamburger-Brötchen, nach Belieben glutenfrei

8 EL Cashew-Nacho-Käse (Seite 314)

8 EL Chipotle-Ketchup, selbst gemacht (Seite 306) oder gekauft, plus mehr zum Dippen

4 dünne Scheiben rote Zwiebel

1 große Tomate, in 4 Scheiben geschnitten

Pickles (nach Belieben)

50 g in Stücke gezupfter Römersalat

4 EL Macadamia-Cheddar (Seite 316)

geröstete Süßkartoffeln (siehe Seite 185)

6. In einer Küchenmaschine die Hälfte der Kürbiskerne zu grobem Mehl zerkleinern. Die gemahlenen Kürbiskerne zu den schwarzen Bohnen geben, ebenso die restlichen ganzen Kürbiskerne, geröstete Bete und Pilze, Hafergrütze, Quinoa, braunen Reis, Leinsaat, Barbecue-Sauce, den restlichen 1/2 Teelöffel Rauchsalz und die Tomatenpaste, falls verwendet. Gründlich vermischen und die Burger-Masse 1 Stunde kalt stellen, bevor Pattys geformt werden.

7. Aus der Burger-Masse insgesamt 8 Pattys mit etwa 12 Zentimeter Durchmesser formen. Mit den Händen oder zwischen 2 Backpapierblättern die Pattys flach drücken.

8. In einer großen Pfanne den Boden sehr dünn mit Olivenöl bedecken und bei mittlerer Temperatur erhitzen. Wenn das Öl sehr heiß ist, vorsichtig 2 oder 3 Pattys in die Pfanne legen (sie soll nicht zu voll werden) und auf jeder Seite 3–4 Minuten braten, bis die Burger eine dunkelgoldbraune Farbe haben. Mehr Öl in die Pfanne geben, falls erforderlich, und mit den restlichen Burgern fortfahren.

9. Zum Servieren auf jede untere Hälfte der Brötchen 2 Esslöffel Nacho-Käse streichen. Darauf ein Burger-Patty legen, gefolgt von 1 Esslöffel Ketchup, einer Zwiebel- und einer Tomatenscheibe. Darauf einen zweiten Burger-Patty platzieren, gefolgt von 1 Esslöffel Ketchup, Pickles, falls verwendet, und Römersalat. Die obere Brötchenhälfte mit 1 Esslöffel Macadamia-Cheddar bestreichen und oben auf dem Burger platzieren. Mit Süßkartoffeln und zusätzlichem Ketchup zum Dippen servieren.

# I AM ORIGINAL

## San Francisco Mission Burrito

Das Café Gratitude nahm im San Francisco Mission District seinen Anfang, und eines meiner Lieblingsessen aus der Nachbarschaft war ein Taqueria-Burrito. Wo auch immer man damals vegane Burritos ausfindig machte, sie ähnelten sich alle – mit Reis, Bohnen und Toppings in einer weichen Tortilla und in Alufolie gewickelt. Als ich mich entschied, den Burrito im Mission-Stil in unser Angebot aufzunehmen, wollte ich mich an den klassischen Carnitas orientieren. Nach vielem Herumprobieren landete ich bei dieser wirklich unglaublichen Version mit Austernpilzen. Die Carnitas sind inzwischen Longseller und bieten eine elegante Lösung für unzählige traditionelle Gerichte der mexikanischen und koreanischen Küche sowie des amerikanisches Barbecues. Wir setzen sie sogar für unsere Detox-Salate ein, weil sie auf angenehme Art Proteine liefern. Für dieses Gericht toppen wir die Carnitas mit unserer hausgemachten Guacamole, Adobo, Pico de Gallo und Cashew-Nacho-Käse, doch sie passen auch gut zu einer Schale Reis wie bei der Gratitude Bibimbap Bowl (Seite 190).

### ERGIBT 6 BURRITOS

**Für das Pico de Gallo:**

350 g gehackte Tomaten

100 g von den Samen befreite, gehackte Gurke oder Tomatillos

2 gehackte Frühlingszwiebeln (weiße und grüne Teile)

40 g gehackte rote Zwiebel

1 EL gehacktes Koriandergrün

2 EL Salsa Verde (Seite 297)

2 EL frisch gepresster Zitronensaft

½ TL Himalayasalz

½ TL frisch gemahlener schwarzer Pfeffer

1. Für das Pico de Gallo in einer großen Schüssel Tomaten, Gurke, Frühlingszwiebeln, Zwiebel, Koriander, Salsa Verde, Zitronensaft, Salz und Pfeffer gründlich vermischen und beiseitestellen.

2. Für die Burritos in einer großen Pfanne das Olivenöl bei mittlerer Temperatur erhitzen. Die Pilz-Carnitas hineingeben und 3–5 Minuten braten, bis die Pilze kross sind. Beiseitestellen.

3. In einer mittelgroßen Pfanne die Tortillas bei mittlerer Temperatur auf jeder Seite 1 Minute erwärmen. Die Tortillas auf einem Teller stapeln und unter einem Geschirrtuch warm und faltbar halten. Die Pfanne in der Nähe lassen, um die fertigen Burritos erneut zu erwärmen.

*Fortsetzung auf Seite 171*

**Für die Burritos:**

1 EL natives Olivenöl extra

Pilz-Carnitas (siehe Seite 175)

6 große Vollkornweizentortillas

400 g gegarter brauner Reis

300 g schwarze Bohnen (siehe Seite 45)

ca. 12 EL Cashew-Nacho-Käse (Seite 314)

3 EL Adobo de Mixiote (Seite 291)

6 EL Guacamole (Seite 289)

Tortilla-Chips, selbst gemacht (siehe Seite 41) oder gekauft zum Servieren (nach Belieben)

geröstete Tomatillo-Sauce (Seite 295) zum Servieren (nach Belieben)

4. In die Mitte jeder Tortilla Reis, schwarze Bohnen, erwärmte Pilz-Carnitas, einen guten Löffel voll Nacho-Käse, etwas Adobo de Mixiote, Pico de Gallo und einen Klecks Guacamole schichten. Die Burritos aufrollen und in der warmen Pfanne mit der Verschlussseite nach unten 30 Sekunden erwärmen.

5. Mit Tortilla-Chips, mehr Pico de Gallo und nach Belieben mit gerösteter Tomatillo-Sauce servieren.

**FRAGE *des Tages*** / Wenn du eine Sache in deinem Leben ändern könntest, welche wäre das?

# I AM FUERTE
## Mexikanische Torta

Dies ist eine klassische Torta im Sinne eines üppigen, dick belegten Sandwichs mit unserem traditionellen marinierten Tempeh-Chorizo plus Avocado, Tomate, Cashew-Nacho-Käse, Koriander-Kürbiskern-Pesto und gerösteter Tomatillo-Sauce. Wir stapeln diese Zutaten hoch auf mexikanische Bolillos – eine Art Baguettebrötchen –, aber genauso gut passen Ciabatta oder ein anderes Lieblingsbrot.

**ERGIBT 4 SANDWICHES**

**Tempeh-Chorizo (Seite 29), zuvor über Nacht kalt gestellt**

**1 EL natives Olivenöl extra, plus mehr, falls erforderlich**

**4 halbierte Bolillos oder Ciabatta-Brötchen oder 8 Scheiben Brot nach Belieben, geröstet**

**4 EL Koriander-Kürbiskern-Pesto (Seite 301)**

**4 EL geröstete Tomatillo-Sauce (Seite 295)**

**1 große Tomate, in Scheiben geschnitten**

**4 große Salatblätter**

**1 Avocado, Fruchtfleisch in Spalten geschnitten**

**4 EL Cashew-Nacho-Käse (Seite 314)**

**mexikanischer Krautsalat (siehe Seite 175) (nach Belieben)**

**Escabeche (Seite 319) (nach Belieben)**

1. Aus dem Tempeh-Chorizo 4 Pattys mit 10–12 Zentimeter Durchmesser formen.

2. In einer großen Pfanne das Olivenöl bei mittlerer Temperatur erhitzen und darin die Pattys 2 Minuten auf jeder Seite braten, bis sie erwärmt, leicht gebräunt und knusprig sind. Etwas mehr Öl in die Pfanne geben, falls die Pattys am Boden haften. Die Pattys auf eine Platte heben.

3. Auf die untere Brötchenhälfte oder eine Brotscheibe jeweils 1 Esslöffel Koriander-Kürbiskern-Pesto und 1 Esslöffel Tomatillo-Sauce geben, gefolgt von einem Chorizo-Patty. Darauf eine Tomatenscheibe, ein Salatblatt und ein Viertel der Avocadospalten platzieren. Die obere Brötchenhälfte oder eine weitere Brotscheibe mit 1 Esslöffel Nacho-Käse bestreichen. Nach Belieben mit mexikanischem Krautsalat und/oder Escabeche servieren.

# I AM COMMITTED

## Pulled-Pilze-Sandwich

Bei so leckeren Pilz-Carnitas wie unseren mussten wir unweigerlich auch eine vegane »Pulled-Pork«-Version anbieten, und zwar in Form unserer Pulled-Pilze-Sandwiches, die ihre erstaunliche Qualität noch zusätzlich hervorheben. Der mexikanische Krautsalat verleiht dem Sandwich einen unerwarteten geschmacklichen Twist und den gehaltvollen Carnitas einen angenehmen Biss.

**ERGIBT 6 SANDWICHES**

**Für die Pilz-Carnitas:**

1,2 kg Austernpilze

2 EL natives Olivenöl extra

1 EL gehackter Knoblauch

½ TL Himalayasalz

2 EL Adobo de Mixiote (Seite 291)

**Für den mexikanischen Krautsalat:**

300 g fein gehobelter Kohl (rot, weiß oder gemischt)

8 EL Cashew-Nacho-Käse (Seite 314)

1 große geraspelte Karotte

1 in dünne Ringe geschnittene Frühlingszwiebel (weißer und grüner Teil)

2 EL gehacktes Koriandergrün

½ TL Himalayasalz

**Zum Servieren:**

60 ml natives Olivenöl extra

12 Scheiben Sauerteigbrot oder ein Lieblingsbrot oder 6 halbierte Brötchen nach Belieben

1. Für die Pilz-Carnitas den Backofen auf 200 °C vorheizen.

2. Mit den Fingern die Pilze in dünne Stücke zupfen. Sehr kleine Pilze können ganz bleiben.

3. In einer großen Schüssel die Pilze mit Olivenöl, Knoblauch und Salz vermischen. Die Pilze etwas kneten, bis sie komplett überzogen und etwas weicher sind.

4. Die Pilze nebeneinander auf einem Backblech verteilen. Falls erforderlich, 2 Backbleche verwenden, damit die Pilze ausreichend Platz haben. Im Ofen 12–15 Minuten backen, bis die Pilze trocken und leicht kross sind. Zum Abkühlen beiseitestellen. Wenn die Pilze so weit abgekühlt sind, dass man sie anfassen kann, grob hacken.

5. In einer mittelgroßen Schüssel die gehackten Pilze mit dem Adobo de Mixiote vermischen. Abdecken und über Nacht zum Marinieren in den Kühlschrank stellen.

6. Für den mexikanischen Krautsalat in einer großen Schüssel Kohl, Nacho-Käse, Karotte, Frühlingszwiebel, Koriander und Salz vermischen. Die Mischung sanft mit den Händen kneten. Abdecken und den Krautsalat 30 Minuten im Kühlschrank marinieren.

7. Für die Sandwiches einen Grill, eine Grillpfanne oder eine schwere Pfanne bei mittlerer Temperatur erhitzen.

*Fortsetzung auf Seite 176*

**240 ml Chipotle-Ketchup (Seite 306)**

**240 ml Adobo-Buffalo-Sauce (Seite 296)**

**6 EL Barbecue-Sauce (Seite 307)**

8. Die Brotscheiben gleichmäßig mit dem Olivenöl bestreichen und auf jeder Seite 1–2 Minuten grillen. Beiseitestellen.

9. In einer großen Pfanne die Pilz-Carnitas, Ketchup und Buffalo-Sauce bei mittlerer Temperatur erhitzen. Umrühren und 2–3 Minuten etwas einkochen.

10. Für die Sandwiches auf 6 Brotscheiben oder den unteren Hälften der Brötchen jeweils 1 Esslöffel Barbecue-Sauce verstreichen. Mit den warmen Carnitas, einer kleinen Portion Krautsalat und etwas Koriander belegen. Die restlichen Brotscheiben oder oberen Brötchenhälften mit einer dicken Schicht Cashew-Nacho-Käse bestreichen und auf die Sandwiches auflegen. Warm servieren.

# I AM GRACEFUL

## Tartine mit gerösteten Kirschtomaten, Shiitake-Pilzen und Cashew-Mozzarella

Erst seit Kurzem bieten wir auch belegte Brote an, die für unsere Küche sehr leicht zuzubereiten sind: Alle Komponenten können im Voraus zubereitet werden, damit wird das Brot belegt, in den Ofen oder unter den Grill geschoben, und schon ist ein leckeres Mittagessen fertig. Das Vorbild für diese Version sind die französischen Tartines, die mit gepökeltem Fleisch, Käse und Pesto belegt werden. Wir ersetzen das Fleisch durch herzhaftes Gemüse, belegen es mit Cashew-Mozzarella und verbinden beides durch das überaus aromatische Tomatenpesto. Diese Tartine ist ein echter Hingucker für einen Brunch oder andere Gelegenheiten, bei denen ein Mittagessen serviert wird.

### FÜR 4 PORTIONEN

**450 g halbierte Kirschtomaten**

**2 EL natives Olivenöl extra, plus mehr für die Tartines**

**½ TL Himalayasalz**

**40 g Rucola**

**½ TL Rauchsalz**

**4 dicke geröstete Scheiben hochwertiges Sauerteigbrot (nach Belieben glutenfrei)**

**2 EL Tomatenpesto (Seite 303) oder Basilikum-Hanfsamen-Pesto (Seite 302)**

**50 g zerbröckelter Cashew-Mozzarella (Seite 312)**

**geschmorte Pilze (siehe Seite 213)**

1. Für die Tartine den Backofen auf 190 °C vorheizen und ein Backblech mit Backpapier auslegen.

2. In einer mittelgroßen Schüssel die Tomaten mit 1 Esslöffel Olivenöl und dem Salz vermischen, auf dem Backblech verteilen und im Ofen 15–20 Minuten rösten, bis sie an den Rändern schon etwas dunkel werden. Die Tomaten herausnehmen, den Ofen aber nicht ausstellen und die Temperatur auf 175 °C herunterdrehen.

3. In einer mittelgroßen Pfanne den restlichen Esslöffel Olivenöl bei mittlerer Temperatur erhitzen. Den Rucola und das Rauchsalz hineingeben und etwa 3 Minuten dünsten, bis der Rucola etwas zusammenfällt. Beiseitestellen.

4. Das geröstete Brot auf ein Backblech legen und mit Olivenöl bestreichen. Dann gleichmäßig mit dem Pesto bestreichen und den Rucola auf den Brotscheiben verteilen. Jeweils 6 halbe Kirschtomaten darauf platzieren, gefolgt von ca. 1 Esslöffel Mozzarella. Mit den geschmorten Pilzen toppen, mit der Vinaigrette beträufeln und mit Ricotta bestreuen.

*Fortsetzung auf Seite 178*

**60 ml Lucky-Vinaigrette (siehe Seite 141), plus mehr für einen Beilagensalat (nach Belieben)**

**60 g Cashew-Ricotta (Seite 311)**

**2 EL Paranuss-Parmesan (Seite 317)**

**1 ½ EL Gremolata (Seite 293)**

**150 g gemischte Blattsalate (nach Belieben)**

**4 halbierte Karotten-Pickles (Seite 323) (nach Belieben)**

**5.** Die Tartines im Ofen 5–7 Minuten backen, bis der Mozzarella leicht bräunt. Nach Belieben jede Tartine in 3 Stücke schneiden oder ganz lassen. Mit Parmesan und Gremolata bestreuen. Nach Belieben einen schnellen Beilagensalat aus den Blattsalaten und weiterer Vinaigrette zubereiten, auf die Teller verteilen und mit den Karotten-Pickles garnieren.

**FRAGE *des Tages*** / Wofür möchtest du wertgeschätzt werden?

# BOWLS

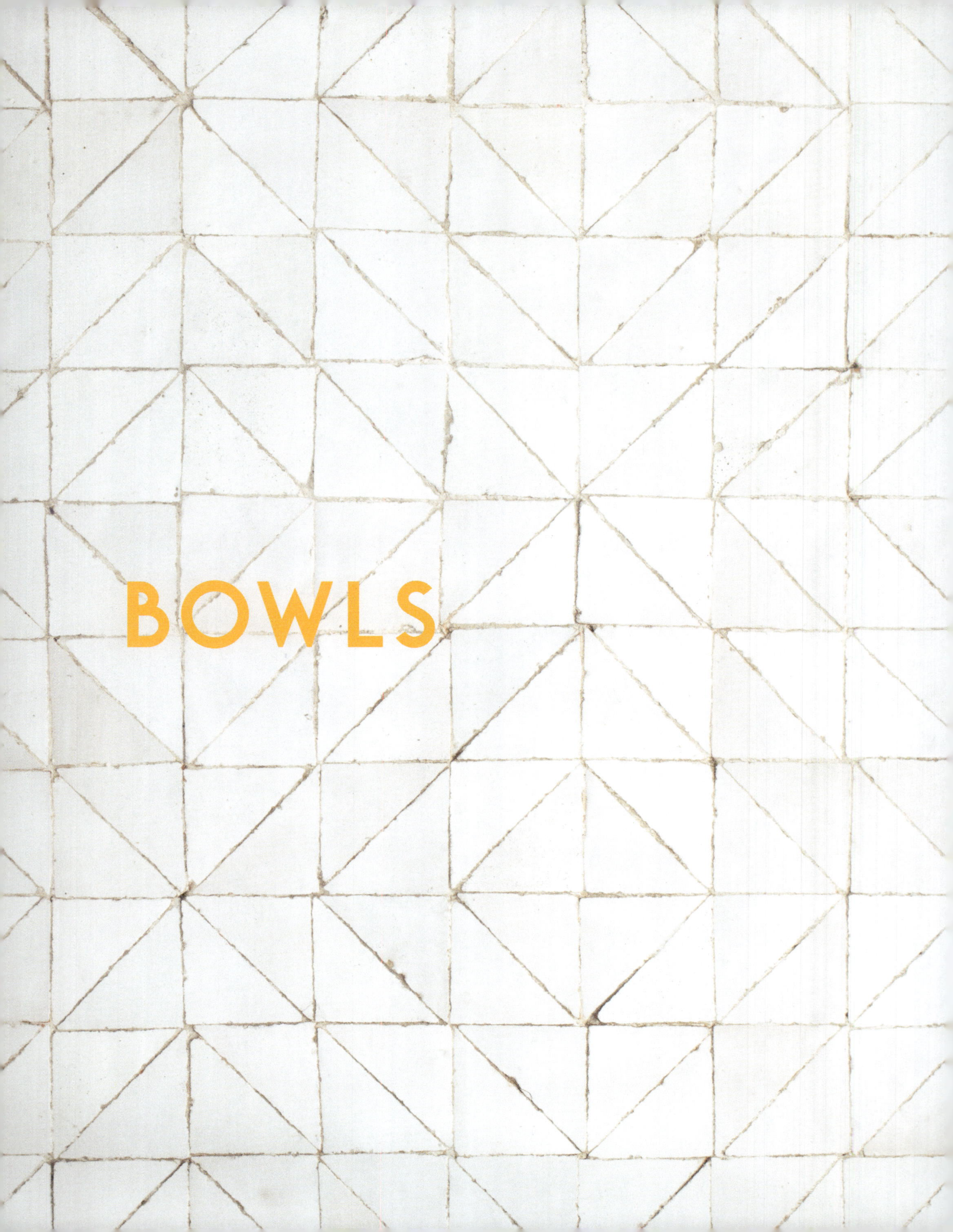

# I AM WHOLE
## Makrobiotische Bowl

Dies ist die Gratitude-Abwandlung einer klassischen makrobiotischen Bowl, die sich traditionell zusammensetzt aus gesundem braunen Reis, gedünstetem Blattgemüse, Algen, Adzuki-Bohnen, gegartem Wurzelgemüse, einem Ferment und Knoblauch-Tahini-Dressing. Seit unseren Raw-Food-Anfängen hat sich diese Bowl nur wenig verändert, allerdings enthält sie wie unser restliches Angebot inzwischen auch gegarte Zutaten. Durchgängig war dies die Nummer eins der bestverkauften Bowls, und das ist kein Wunder: Sie ist so ausgewogen wie nahrhaft – eine komplette Mahlzeit in einer Bowl.

### FÜR 4 PORTIONEN

**Für die Adzuki-Bohnen:**

- 1 große Knoblauchzehe
- 1 EL natives Olivenöl extra
- 350 g getrocknete Adzuki-Bohnen, über Nacht eingeweicht, abgegossen und abgespült
- 2 EL Tamari-Sauce
- 2 EL Ahornsirup
- 1 getrocknetes Lorbeerblatt
- 1 TL gehackter frischer Rosmarin
- 1 TL Himalayasalz
- ½ TL getrockneter Thymian
- ½ TL Kombu-Pulver

**Für die Süßkartoffeln:**

- 500 g gelbfleischige Süßkartoffeln, in 2,5 cm große Würfel geschnitten
- ¾ TL Himalayasalz
- 2 TL natives Olivenöl extra
- 80 g fein gehackte rote Zwiebel

**1.** Für die Adzuki-Bohnen in einer kleinen Schüssel den Knoblauch und das Olivenöl vermengen.

**2.** In einem großen Topf Adzuki-Bohnen, Tamari-Sauce, Ahornsirup, Lorbeerblatt, Rosmarin, Salz, Thymian, Kombu-Pulver und 1,5 Liter Wasser bei mittlerer Temperatur erhitzen. Die Knoblauch-Olivenöl-Mischung unterrühren und das Ganze zum Kochen bringen. Die Temperatur herunterstellen und den Deckel teilweise auflegen. Die Bohnen 1 Stunde köcheln lassen, bis sie weich sind. Das Lorbeerblatt entfernen.

**3.** Für die Süßkartoffeln in einem großen Topf die gewürfelten Süßkartoffeln mit 180 Milliliter Wasser und ½ Teelöffel Salz bei mittlerer Temperatur erhitzen. Zum Kochen bringen und die Temperatur herunterstellen. Den Deckel teilweise auflegen und die Süßkartoffeln 30 Minuten köcheln lassen, dabei gelegentlich umrühren, bis die Stücke weich sind und schon anfangen zu zerfallen.

**4.** Während die Süßkartoffeln kochen, in einer mittelgroßen Pfanne das Olivenöl bei mittlerer Temperatur erhitzen. Die Zwiebel und den restlichen ¼ Teelöffel Salz darin 10 Minuten anschwitzen, bis die Zwiebel karamellisiert. Unter die Süßkartoffeln rühren.

*Fortsetzung auf Seite 184*

Zum Servieren:

1 EL natives Olivenöl extra

1 TL gehackter Knoblauch

280 g gehackter Palmkohl

1 EL Weißwein

½ TL Himalayasalz

300 g gegartes Getreide, beispielsweise brauner Reis oder Quinoa

8 EL Knoblauch-Tahini-Dressing (Seite 279)

100 g Rotkohl-Kimchi (Seite 320)

80 g See-Palme oder Wakame, in warmem Wasser 15 Minuten eingeweicht und in 2,5 cm große Stücke geschnitten

100 g Sonnenblumenkern-sprossen, Brokkoli-Sprossen oder Alfalfa-Sprossen

50 g geröstete und gehackte Mandeln

1 ½ EL Gomasio (Seite 27)

**5.** In einer großen Pfanne das Olivenöl bei mittlerer Temperatur erhitzen und den Knoblauch darin 30 Sekunden anschwitzen. Den Palmkohl hinzufügen und 3 Minuten garen, bis er zusammengefallen ist. Den Weißwein und das Salz hinzufügen, umrühren und 1 weitere Minute den Alkohol verkochen lassen.

**6.** Das gegarte Getreide, den gedünsteten Kohl, die Adzuki-Bohnen und die Süßkartoffeln auf 4 Teller oder Schalen verteilen. Mit dem Knoblauch-Tahini-Dressing, dem Kimchi und den Algen anrichten. Mit Sprossen, gerösteten Mandeln und etwas Gomasio bestreuen.

FRAGE *des Tages* / Wen schätzt du besonders?

# I AM HUMBLE
## Indische Curry-Bowl

Hier kommt ein weiteres unentbehrliches Gratitude-Gericht, das von Ryland Engelhart stammt. Es handelt sich um ein klassisches rotes indisches Dhal, das unser würziges Tomatenconfit und das Minz-Kokos-Chutney noch köstlicher machen. Das Gericht ist so einfach wie sättigend und lecker.

### FÜR 4-6 PORTIONEN

**Für die Curry-Linsen:**

450 g getrocknete rote Linsen

360 ml Kokosmilch, selbst gemacht (Seite 32) oder gekauft

1 EL gehackter frischer Ingwer

1 ½ TL Himalayasalz

1 ¼ TL Currypulver

½ TL gemahlener Kreuzkümmel

½ TL Kurkuma

½ TL Cayennepfeffer

2 EL natives Olivenöl extra

80 g gehackte Zwiebel

1 EL gehackter Knoblauch

60 ml Tamari-Sauce

1 ½ EL Kokosbutter oder Kokosmanna

**Für das Gemüse:**

2 gelbfleischige Süßkartoffeln, in 1 cm dicke Halbmonde geschnitten

3 EL natives Olivenöl extra

2 TL Himalayasalz

150 g Babyspinat

1. Für die Curry-Linsen in einem großen Topf Linsen, Kokosmilch, Ingwer, Salz, Currypulver, Kreuzkümmel, Kurkuma und Cayennepfeffer mit 1,2 Liter Wasser bei mittlerer Temperatur erhitzen. Zum Kochen bringen, die Temperatur herunterstellen und das Ganze etwa 15 Minuten köcheln lassen, bis die Linsen gar sind.

2. In einer mittelgroßen Pfanne das Olivenöl bei mittlerer Temperatur erhitzen. Die Zwiebel und den Knoblauch darin 5 Minuten anschwitzen. Die Tamari hinzufügen und die Zwiebel 3 weitere Minuten karamellisieren lassen. Die Zwiebelmischung und die Kokosbutter unter die gegarten Linsen rühren.

3. Für das Gemüse den Backofen auf 200 °C vorheizen. Ein Backblech mit Backpapier auslegen.

4. In einer mittelgroßen Schüssel die Süßkartoffeln mit 2 Esslöffeln Olivenöl und 1 Teelöffel Salz vermischen. Die Süßkartoffeln gleichmäßig auf dem Backblech verteilen und im Ofen 15–20 Minuten backen, bis sie gar sind, dabei nach der Hälfte der Zeit wenden. Aus dem Ofen holen und beiseitestellen.

5. In einer großen Pfanne den restlichen Esslöffel Olivenöl bei mittlerer Temperatur erhitzen. So viel Spinat hineingeben, wie in die Pfanne passt, und wenn er etwas zusammengefallen ist, portionsweise weiteren Spinat hinzufügen. Den restlichen Teelöffel Salz hinzufügen und den Spinat weitere 3 Minuten zusammenfallen lassen.

*Fortsetzung auf Seite 186*

**Zum Servieren:**

**600 g gegartes Getreide nach Belieben, beispielsweise Quinoa oder brauner Reis**

**1 Einmachglas (à 230 ml) würziges Tomatenconfit (Seite 304)**

**40 g Minz-Kokos-Chutney (Seite 305)**

**2 gehackte Frühlingszwiebeln (weiße und grüne Teile)**

6. Zum Servieren entweder in einer großen, flachen Schüssel oder portionsweise das gekochte Getreide als Basis verteilen und mit den warmen Linsen bedecken. Die gerösteten Süßkartoffeln darauf platzieren, gefolgt vom Spinat. Das Tomatenconfit und das Minz-Kokos-Chutney daraufgeben und die Bowl zum Schluss mit den gehackten Frühlingszwiebeln garnieren.

**FRAGE *des Tages***

Wann bist du besonders inspiriert?

# I AM GRATEFUL
## Community Bowl

Dieses Gratitude-Gericht entstand zur Zeit der Wirtschaftskrise 2008, als viele Menschen finanziell wirklich litten. Gegen eine kleine Spende konnte jeder hereinkommen und eine vegane Bio-Bowl genießen, unabhängig von seiner jeweiligen ökonomischen Lage. Später berechneten wir eine minimale Summe und spendeten den Erlös an Non-Profit-Organisationen. Auch jenseits der philanthropischen Intention blieb die Bowl ein Bestseller in den Cafés, weil sie so einfach und köstlich ist. Sie ist auch perfekt zum Selbermachen zu Hause, da die Zutaten günstig und vielseitig sind.

### FÜR 4 PORTIONEN

**300 g gehackter Grünkohl**

**600 g gegartes Getreide nach Belieben, beispielsweise Quinoa oder brauner Reis**

**100 g schwarze Bohnen, selbst gekocht (siehe Seite 45) oder aus der Dose**

**8 EL Knoblauch-Tahini-Dressing (Seite 279)**

In einer großen Schüssel den Grünkohl, das gegarte Getreide, die schwarzen Bohnen und das Dressing gründlich vermischen. In Schalen servieren.

# I AM EVOLVED
## Gratitude Bibimbap Bowl

Wie der Rest der Welt bin auch ich ein leidenschaftlicher Fan der koreanischen Küche – besonders der Tempelküche mit ihren Gerichten, die schon seit Jahrhunderten in den buddhistischen Tempeln Koreas, Japans und Chinas zubereitet werden. Sie sind traditionell vegetarisch und sollen beruhigend wirken, was für die Meditation förderlich ist. Zwar gehört Bibimbap nicht zu den kanonischen Gerichten der Tempelküche, aber es beruht auf denselben Grundlagen. Es wärmt und sättigt mit seinen herzhaften, würzigen und knackigen Bestandteilen. Auch unsere Pilz-Carnitas wirken mit – diesmal als Pilz-Bulgogi – sowie außerdem knuspriger Reis, Gemüse, Kichererbsen-Quiche und eine scharfe selbst gemachte Sauce.

### FÜR 6 PORTIONEN

- 60 ml plus 1 EL natives Olivenöl extra
- 900 g gegarter brauner Reis oder Quinoa
- 1 von den Samen befreite und gewürfelte Gurke
- ¼ TL Himalayasalz
- ⅛ TL Cayennepfeffer
- Pilz-Carnitas (siehe Seite 175)
- Kichererbsen-Quiche (Seite 39)
- 150 g in Streifen geschnittener Römersalat
- 150 g geraspelter Daikon-Rettich
- 200 g Rotkohl-Kimchi (Seite 320)
- 60 g See-Palme oder Wakame, 15 Minuten in warmem Wasser eingeweicht und in 1 cm große Stücke geschnitten
- 80 g gehackte Frühlingszwiebeln
- 60 g Bohnensprossen
- 480 ml Adobo-Buffalo-Sauce (Seite 296)

1. Den Backofen auf 200 °C vorheizen.

2. Auf das heiße Backblech 60 Milliliter Olivenöl gießen, dabei das Blech schwenken, damit sich das Öl gleichmäßig verteilt. Den Reis auf dem geölten Backblech verteilen und im Ofen 7–10 Minuten knusprig backen, bis er anfängt zu bräunen. Beiseitestellen.

3. In einer kleinen Schüssel die Gurke gründlich mit Salz und Cayennepfeffer vermischen.

4. In einer großen Pfanne den restlichen Esslöffel Olivenöl bei mittlerer Temperatur erhitzen. Die Pilz-Carnitas und die Kichererbsen-Quiche hineingeben und etwa 2 Minuten erwärmen.

5. Den knusprigen Reis auf 6 Schalen oder Suppenteller verteilen. Den Römersalat auf alle Bowls gleichmäßig verteilen. Im Uhrzeigersinn darauf Daikon-Rettich, Kimchi, Gurke und Algen anrichten. Die Pilz-Carnitas und die Kichererbsen-Quiche in die Mitte geben. Mit den Frühlingszwiebeln und den Sprossen garnieren und die Buffalo-Sauce extra dazureichen.

# HAUPTGERICHTE

# I AM LIBERATED

Als Alternative zu traditioneller Pasta bieten wir einige Gerichte auf der Basis von Kelpnudeln an, die aus Kombu-Algen hergestellt werden. Ich bin ein großer Fan dieser Nudeln, erstens weil sie sehr mild schmecken und daher sehr vielseitig einsetzbar sind und zweitens weil man von ihrem Nährstoff- und Mineralgehalt ähnlich profitiert wie bei Algen. Wir präsentieren hier die Rezepte für unsere beiden meistbestellten Varianten, doch die Nudeln können auch einfach wie beschrieben zubereitet und mit jeder anderen Pastasauce kombiniert werden.

## Ricotta-Kelpnudeln mit Basilikum-Hanfsamen-Pesto

Eine leichte, leuchtende Schüssel »Pasta«

**FÜR 2 PORTIONEN**

Für die Kelpnudeln:

**340 g Kelpnudeln**

**120 ml frisch gepresster Zitronensaft**

**2 TL Himalayasalz**

Zum Servieren:

**40 g Rucola**

**4 EL Basilikum-Hanfsamen-Pesto (Seite 302)**

**60 g Cashew-Ricotta (Seite 311)**

**45 g halbierte entkernte Oliven nach Belieben (wir verwenden Kalamata- oder grüne italienische Oliven wie Castelvetrano oder Cerignola)**

**40 g halbierte Kirschtomaten**

**2 EL Paranuss-Parmesan (Seite 317)**

**2 TL gehacktes frisches Basilikum**

1. Die Kelpnudeln in 4 Teile schneiden und in einen Durchschlag geben. Gründlich mit warmem Wasser abspülen, die Nudeln mit den Händen brechen und abtropfen lassen.

2. In einer großen Schüssel den Zitronensaft und das Salz verrühren, bis sich das Salz aufgelöst hat. Die Nudeln hineingeben, mit heißem Wasser bedecken und 30 Minuten einweichen, dann abgießen und abtropfen lassen.

3. In einer großen Schüssel Nudeln, Rucola, Pesto und Ricotta vermischen. Mit Oliven, Tomaten, Parmesan und Basilikum garnieren und servieren.

# Pad-Thai-Kelpnudeln

Comfort Food im Café-Gratitude-Stil

**FÜR 2 PORTIONEN**

**Für die Kelpnudeln:**

340 g Kelpnudeln

120 ml frisch gepresster Zitronensaft

2 TL Himalayasalz

**Für die Thai-Mandelsauce:**

120 g Mandelbutter

30 g frisches Koriandergrün

30 g frische Basilikumblättchen

60 ml frisch gepresster Zitronensaft

¼ von den Samen befreite Jalapeño-Chili

1 EL gehackter frischer Ingwer

1 EL Tamari-Sauce

2 TL Agavendicksaft

1 TL Himalayasalz

**Zum Servieren:**

50 g geraspelte Karotten

75 g in dünne Streifen geschnittene rote Paprika

35 g in Stücke gezupfter Grünkohl

30 g gehackte gemischte Kräuter wie Koriander, Basilikum und Frühlingszwiebeln

15 g Sonnenblumenkernsprossen (nach Belieben)

2 EL geröstete und gehackte Mandeln

1. Die Kelpnudeln in 4 Teile schneiden und in einen Durchschlag geben. Gründlich mit warmem Wasser abspülen, die Nudeln mit den Händen brechen und abtropfen lassen.

2. In einer großen Schüssel den Zitronensaft und das Salz verrühren, bis sich das Salz aufgelöst hat. Die Nudeln hineingeben, mit heißem Wasser bedecken und 30 Minuten einweichen, dann abgießen und abtropfen lassen.

3. Für die Thai-Mandelsauce in einem Standmixer Mandelbutter, Koriander, Basilikum, Zitronensaft, Chili, Ingwer, Tamari-Sauce, Agavendicksaft, Salz und 180 Milliliter plus 2 Esslöffel Wasser glatt pürieren.

4. In einer großen Schüssel die Nudeln mit etwa 240 Milliliter der Sauce, Karotten, Paprika, Grünkohl und Kräutern vermischen. Mit den Sonnenblumenkernsprossen, falls verwendet, und den gerösteten Mandeln garnieren.

# I AM ELATED
## Mole Abuelita Enchiladas

Diese Interpretation des traditionellen Originals mit viel Käse und Sauce ist ein würdiger Nachfolger der früheren rohen Version auf unserer Speisekarte. Dank unserer mexikanischen Kochbrigade beruhen einige Bestandteile – wie unsere schwarzen Bohnen, Mais und Mole – auf Familienrezepten, die schon seit Generationen weitergegeben wurden. Wir haben einige weniger übliche Elemente hinzugefügt, etwa unseren schwarzen Tempeh und Cashew-Ricotta, um ein Gericht zu kreieren, das auch die hartnäckigsten Fleischesser bekehrt. Alle Bestandteile lassen sich auch ganz anders zusammenstellen, beispielsweise indem der Tempeh durch Pilz-Carnitas (siehe Seite 175) ersetzt wird oder je nach Vorliebe noch Kaktusblätter oder andere typische mexikanische Zutaten hinzugenommen werden.

### FÜR 4 PORTIONEN

**Für den schwarzen Tempeh:**

1 Stück Soja-Tempeh (à 225 g)

1/2 kleine grob gehackte Zwiebel

2 grob gehackte Frühlingszwiebeln (weiße und grüne Teile)

1 gehackte Knoblauchzehe

1 1/2 EL frisch gepresster Limettensaft

1 1/2 EL Tamari-Sauce

1 1/2 EL natives Olivenöl extra, plus mehr für die Form

1 EL frisch gemahlener schwarzer Pfeffer

2 TL Kokosblütenzucker

2 TL gemahlener getrockneter Thymian

1 TL Apfelessig

3/4 TL Cayennepfeffer

1/2 TL geriebener frischer Ingwer

1. Für den Tempeh in einem mittelgroßen Topf 1 Liter Wasser bei mittlerer Temperatur zum Kochen bringen und den Tempeh 1 Minute darin blanchieren. In eine mittelgroße Schüssel oder Auflaufform geben und zum Abkühlen beiseitestellen.

2. In einem Standmixer oder einer Küchenmaschine Zwiebel, Frühlingszwiebeln, Knoblauch, Limettensaft, Tamari, Olivenöl, 2 Teelöffel schwarzen Pfeffer, Kokosblütenzucker, 1 Teelöffel Thymian, Apfelessig, 1/4 Teelöffel Cayennepfeffer, Ingwer, Chili, Piment und Muskat glatt pürieren.

3. Die Marinade über den Tempeh gießen, abdecken und über Nacht oder bis zu 12 Stunden im Kühlschrank kalt stellen.

4. Auf einem großen Teller den restlichen Teelöffel schwarzen Pfeffer, den restlichen Teelöffel Thymian, den restlichen 1/2 Teelöffel Cayennepfeffer, Paprikapulver, Chipotle-Pulver, Oregano und Rauchsalz vermischen. Den Tempeh aus der Marinade nehmen und abtropfen lassen, dann in der Gewürzmischung wälzen.

*Fortsetzung auf Seite 200*

½ TL von den Samen befreite und gehackte Jalapeño-Chili

½ TL gemahlener Piment

⅛ TL gemahlener Muskat

3 EL Paprikapulver

1 TL Chipotle-Pulver

1 TL getrockneter Oregano

½ TL Rauchmeersalz

Zum Servieren:

2 EL natives Olivenöl extra

1 Rezeptmenge Black Mole Abuelita (Seite 285)

300 g frische oder tiefgekühlte und aufgetaute Maiskörner

½ TL von den Samen befreite und gehackte Jalapeño-Chili

¼ TL Himalayasalz

8 Maistortillas

200 g mexikanische schwarze Bohnen (siehe Seite 45)

2 Avocados, Fruchtfleisch gewürfelt

240 ml geröstete Tomatillo-Sauce (Seite 295)

Cashew-Ricotta (Seite 311)

2 EL gehacktes Koriandergrün

1 TL Sesamsamen

1 Rezeptmenge mexikanischer Krautsalat (siehe Seite 175)

½ Rezeptmenge Escabeche (Seite 319)

5. In einer mittelgroßen Pfanne so viel Olivenöl bei mittlerer Temperatur erhitzen, dass der Boden damit überzogen ist. Den Tempeh darin auf beiden Seiten jeweils 3 Minuten braten und schwarz werden lassen. Falls die Pfanne zu trocken wirkt, noch etwas Öl hinzufügen. Den Tempeh herausnehmen und zum Abkühlen beiseitestellen. Wenn er so weit abgekühlt ist, dass er angefasst werden kann, den Tempeh in 1 Zentimeter große Würfel schneiden.

6. Für die Enchiladas in einer großen Pfanne 1 Esslöffel Olivenöl bei mittlerer Temperatur erhitzen. Den gewürfelten Tempeh und 500 Milliliter Mole Abuelita darin erwärmen. Anschließend die Pfanne vom Herd nehmen.

7. In einer mittelgroßen Pfanne den restlichen Esslöffel Olivenöl bei mittlerer Temperatur erhitzen. Mais, Chili und Salz hineingeben und 5 Minuten anschwitzen, bis der Mais weicher wird und zu karamellisieren beginnt. Die Maismischung in eine Schüssel geben und beiseitestellen.

8. Die Pfanne säubern und bei hoher Temperatur erhitzen. Die Tortillas auf jeder Seite 1 Minute rösten, bis sie schon leicht ankokeln. Wer einen Gasherd besitzt, kann dies auch direkt über der Flamme tun. Die Tortillas unter einem Geschirrtuch stapeln, um sie warm und faltbar zu halten.

9. Jede Tortilla mit einem Löffel voll schwarzer Bohnen, einem Löffel Mais, einigen Würfeln Tempeh und Avocado füllen. (Die restliche Mole-Sauce aus der Pfanne später als Topping für die Enchiladas verwenden.) Die Tortillas aufrollen und auf einer Platte mit der Verschlussseite nach unten anrichten. Dicht nebeneinanderlegen, damit die Tortillas aufgerollt bleiben.

10. Die Enchiladas mit der gerösteten Tomatillo-Sauce und der restlichen Mole beträufeln. Dann mit Cashew-Ricotta, Koriander und Sesamsamen bestreuen. Dazu mexikanischen Krautsalat und Escabeche reichen.

**TIPP** Der Tempeh benötigt etwa 12 Stunden zum Marinieren.

# I AM DYNAMIC

## Samosas mit Süßkartoffeln und Blumenkohl, Chana Masala, Minz-Kokos-Chutney und würzigem Tomatenconfit

Unser Rezept für klassische indische Samosas ist zugleich traditionell und unkonventionell. Ich habe das Gericht leichter gemacht, indem die Samosas gebacken statt frittiert werden, und anstelle des traditionellen Samosa-Teigs verwende ich einen Vollkornweizenteig mit Kräutern. Ansonsten bleiben wir ziemlich nah am Original und rösten unsere eigenen Gewürzmischungen für das bengalische Garam Masala und das klassische Chana Masala. Eine ganze Reihe indischer Gewürzmischungen kann man auch fertig kaufen, doch die Samen selbst zu rösten und zu zermahlen ist kinderleicht und macht die Aromen noch sehr viel intensiver. Übrig gebliebenes Garam Masala passt anstelle gekaufter Würzmischungen auch zu vielen anderen Gerichten.

### FÜR 4 PORTIONEN

**Für das bengalische Garam Masala:**

- 2 ½ TL Sesamsamen
- 1 ½ TL ganze grüne Pfefferkörner
- 1 ½ TL ganze schwarze Pfefferkörner
- 1 ½ TL ganze weiße Pfefferkörner
- 1 TL Nelken
- 5 grüne Kardamomkapseln (nur die inneren schwarzen Samen)
- 1 EL Kreuzkümmelsamen
- 3 EL Koriandersamen
- 1 getrocknetes Lorbeerblatt
- ¼ TL Ingwerpulver
- 1 TL Cayennepfeffer

**1.** Für das Garam Masala in einer großen Pfanne Sesamsamen, Pfefferkörner, Nelken, Kardamomkapseln, Kreuzkümmelsamen, Koriandersamen und Lorbeerblatt bei niedriger Temperatur rösten, bis die Gewürze duften. Die Gewürze abkühlen lassen, dann im Mörser oder einer Kaffeemühle zu Pulver zermahlen. Die Mischung in eine kleine Schüssel geben und Ingwer und Cayennepfeffer untermischen. Für die Samosa-Füllung 1 Teelöffel reservieren und den Rest der Gewürzmischung in einem fest verschließbaren Glas bis zu 6 Monate aufbewahren.

**2.** Für den Samosa-Teig sollten – wie auch bei anderen Teigsorten – alle Zutaten so kalt wie möglich sein, damit das Fett sich nicht zu sehr mit dem Mehl verbindet, was den Teig weniger blättrig macht.

**3.** In einer großen Schüssel Allzweckmehl, Vollkornweizenmehl, Backpulver und Salz vermischen. Die Schüssel 30 Minuten im Kühlschrank oder Tiefkühlgerät kalt stellen.

*Fortsetzung auf Seite 202*

Für den Samosa-Teig:

200 g ungebleichtes Allzweckmehl

240 g Vollkornweizenmehl

2 TL Backpulver

1 ½ TL Himalayasalz

60 ml Kokosöl, plus mehr, flüssig, zum Einpinseln der Samosas

2 EL fein gehacktes Koriandergrün

2 EL fein gehacktes frisches Basilikum

2 fein gehackte Frühlingszwiebeln (weiße und grüne Teile)

1 EL Apfelessig

180 ml Eiswasser oder so viel wie erforderlich

Für die Samosa-Füllung:

180 g Blumenkohlröschen (etwa 2,5 cm groß)

300 g in 2,5 cm große Stücke geschnittene gelbfleischige Süßkartoffeln

60 ml plus 2 EL natives Olivenöl extra

1 TL Himalayasalz, plus mehr zum Abschmecken

1 EL geriebener oder fein gehackter frischer Ingwer

1 kleine von den Samen befreite und fein gehackte Jalapeño-Chili

1 TL gelbe Senfsamen

2 gewürfelte Roma-Tomaten

1 ½ TL Koriandersamen

½ TL Kurkumapulver

1 TL bengalisches Garam Masala, selbst gemacht (siehe Seite 201) oder gekauft

70 g fein gehackter Grünkohl

2 EL gehacktes Koriandergrün

2 EL gehacktes frisches Basilikum

**4.** Die 60 Milliliter Kokosöl auf einen kleinen Teller oder in eine Schüssel löffeln und 10 Minuten in den Kühlschrank stellen, bis es fest ist. Das feste Öl in kleine Stücke brechen.

**5.** In einer Küchenmaschine die Mehlmischung, Koriander, Basilikum, Frühlingszwiebeln und Kokosöl zu einer bröseligen Mischung zerkleinern, aber nicht zu lange mischen.

**6.** Den Apfelessig und die Hälfte des Eiswassers hinzufügen und das Ganze zu einem Teig verarbeiten. Nach und nach weiteres Wasser hinzufügen, bis der Teig glatt und faltbar ist. Es wird vielleicht nicht sämtliches Wasser benötigt. Den Teig auf ein Stück Frischhaltefolie legen, schnell zu einer Scheibe formen und fest einwickeln. Den Teig mindestens 10 Minuten im Kühlschrank kalt stellen, bevor er portioniert wird oder bis zu 3 Tage, falls er im Voraus vorbereitet wird.

**7.** Für die Samosa-Füllung den Backofen auf 190 °C vorheizen.

**8.** In einer großen Schüssel Blumenkohl und Süßkartoffeln mit 60 Milliliter Olivenöl und dem Salz vermischen. Das Gemüse nebeneinander auf einem Backblech verteilen und im Ofen 20–30 Minuten rösten. Das Gemüse nach 15 Minuten wenden, damit es gleichmäßig gart, und später erneut prüfen und gegebenenfalls nochmals wenden, bis man das Gemüse mit einer Gabel leicht einstechen kann. Beiseitestellen.

**9.** In einer großen Pfanne mit schwerem Boden die restlichen 2 Esslöffel Olivenöl bei mittlerer Temperatur erhitzen. Dann Ingwer, Chili und Senfsamen darin 30 Sekunden rösten, bis die Senfsamen beginnen zu springen. Tomaten, Koriander, Kurkuma und Garam Masala hinzufügen und 5–7 Minuten garen, bis die Tomaten anfangen zu zerfallen und die Mischung etwas andickt. Den gerösteten Blumenkohl und die Süßkartoffeln hinzufügen. Etwa 5 Minuten in der Tomatenmischung erwärmen, bis sie davon komplett überzogen sind.

**10.** Anschließend Grünkohl, Koriander, Basilikum, Frühlingszwiebeln und Zitronensaft hinzufügen und weitere 1–2 Minuten garen. Wenn die Pfanne zu trocken wird, 1–2 Esslöffel Wasser hinzufügen. Mit Salz abschmecken. Die Mischung sollte nicht zu flüssig und nicht zu trocken sein und auf Druck zusammenhalten. Die Mischung beiseitestellen und abkühlen lassen.

*Fortsetzung auf Seite 204*

2 EL gehackte Frühlingszwiebeln (weiße und grüne Teile)

1 EL frisch gepresster Zitronensaft

Für das Chana Masala:

1 Zimtstange (à 5 cm)

2 EL Koriandersamen

1 EL Fenchelsamen

1 EL Kreuzkümmelsamen

1 ganze getrocknete Chipotle-Chili

½ TL Nelken

2 grüne Kardamomkapseln

¼ TL ganze schwarze Pfefferkörner

180 g ungesüßte Kokosflocken

120 ml natives Olivenöl extra

120 ml Kokosöl

2 TL gelbe Senfsamen

160 g gehackte rote Zwiebel

1 ½ TL fein gehackter Knoblauch

1 ½ TL fein gehackter frischer Ingwer

1 EL von den Samen befreite und gehackte Jalapeño-Chili

180 g gewürfelte Tomaten

1,6 kg gegarte Kichererbsen (selbst gekocht oder aus der Dose, ungesalzen, abgegossen und abgespült)

1 getrocknetes Curryblatt

¼ TL gemahlene Kurkuma

2 TL Himalayasalz

Zum Servieren:

würziges Tomatenconfit (Seite 304)

Minz-Kokos-Chutney (Seite 305)

**11.** Für das Chana Masala in einer großen Pfanne Zimtstange, Koriandersamen, Fenchelsamen, Kreuzkümmelsamen, Chipotle, Nelken, Kardamomkapseln und schwarze Pfefferkörner bei mittlerer Temperatur 3 Minuten rösten, bis sie duften. Die Kokosflocken hinzufügen und 3–5 Minuten rösten, bis sie goldbraun sind.

**12.** Die schwarzen Samen aus dem Inneren der Kardamomkapseln holen und die äußere Schale entsorgen. In einem Standmixer die Kokos-Gewürz-Mischung, die schwarzen Kardamomsamen und 360 Milliliter Wasser zu einer glatten Paste pürieren. Falls erforderlich, weitere 1–2 Esslöffel Wasser hinzufügen, um die Paste zu verdünnen.

**13.** In einem großen Topf das Oliven- und das Kokosöl bei mittlerer Temperatur 1 Minute erhitzen. Die Senfsamen hineingeben und 1 Minute rösten, bis die Samen springen. Achtung, sie dürfen nicht anbrennen! Zwiebel, Knoblauch, Ingwer und Chili hinzufügen und 2 Minuten anschwitzen, bis die Zwiebel glasig wird. Dann Tomaten, Kichererbsen, Curryblatt, Kurkuma und Salz sowie 480 Milliliter Wasser hinzufügen. Den Deckel teilweise auflegen und das Ganze 10 Minuten köcheln lassen, bis Tomaten zu zerfallen beginnen. Mehr Wasser hinzufügen, falls die Mischung zu trocken wird.

**14.** Das Kokos-Gewürz-Püree in den Topf geben und 5–7 Minuten erhitzen, bis das Ganze zu köcheln beginnt. Die Temperatur herunterstellen, den Deckel teilweise auflegen und das Ganze 10 Minuten köcheln lassen, bis die Kichererbsen weich sind und die Konsistenz der Brühe dickflüssiger Sahne ähnelt. Das Curryblatt entfernen. Bis zum Servieren warm halten.

**15.** Für die Samosas den Backofen auf 200 °C vorheizen. Ein großes Backblech mit Backpapier oder einer Silikonbackmatte auslegen und beiseitestellen.

**16.** Der Samosa-Teig kann traditionell mit einem Nudelholz auf einer bemehlten Fläche ausgerollt werden. Unsere kreative Gratitude-Methode besteht darin, stattdessen eine Tortilla-Presse für die Teigkreise zu verwenden.

**17.** Den Teig in 12 Portionen teilen. Eine Arbeitsfläche leicht mit Mehl bestäuben und den Teig zu einem 3 Millimeter dünnen Kreis mit etwa 15 Zentimeter Durchmesser ausrollen.

**18.** Falls eine Tortilla-Presse verwendet wird, einfach den Teig zwischen 2 Lagen Backpapier auf die gewünschte Größe (wie oben) pressen. Das Backpapier kann mehrfach verwendet werden.

**19.** Während des Arbeitens die Teigkreise an einem kühlen Ort aufbewahren, damit sie nicht zu weich werden.

**20.** Wenn alle Teigkreise fertig sind, jeweils etwas Samosa-Füllung in die Mitte löffeln. Den Zeigefinger in Wasser tauchen und zum Verschließen der Samosas den Teigrand damit befeuchten. Dann den Teigrand über der Füllung wie einen Dreispitz zusammenfassen. Das ist zwar nicht die traditionelle Samosa-Form, aber sehr hübsch und klappt gut mit unserem leichten und blättrigen Teig.

**21.** Die Samosas auf das Backblech setzen und mit etwas zerlassenem Kokosöl einpinseln. Im Ofen 25–30 Minuten backen, bis sie goldbraun sind.

**22.** Das warme Chana Masala auf eine Platte geben und die heißen Samosas daraufsetzen. In den Cafés beträufeln wir die Samosas mit würzigem Tomatenconfit und Minz-Kokos-Chutney, doch die können auch nach Belieben extra zum Dippen dazugereicht werden.

**TIPP** Alle Bestandteile können ein paar Tage im Voraus zubereitet werden, inklusive der gefüllten Samosas, die dann eingefroren und bei Bedarf zum Backen aus dem Tiefkühlgerät geholt werden. (Dann verlängert sich die Backzeit um 10 Minuten.) Ohne Chana Masala, nur mit würzigem Tomatenconfit und Minz-Kokos-Chutney, fungieren die Samosas als netter Appetizer.

# I AM FEARLESS

## Vegane Fleischbällchen in Marinara-Sauce mit Rucola und Cashew-Crème-fraîche

Es ist nicht schwer zu erraten, dass dieses Gericht von den bewährten italienischen Fleischbällchen in Marinara-Sauce inspiriert wurde. Unsere Version mit frischem Rucola ist etwas leichter, und es ist nicht nur etwas Grün dabei, sondern unsere »Fleischbällchen« sind selbstverständlich rein pflanzlich. Rote Bete geben ihnen ihre charakteristische rote Farbe, Pilze sorgen für einen intensiven Geschmack. Dieses Gericht macht sich auch gut als Appetizer, wenn die Fleischbällchen auf Spießchen mit der Marinara-Sauce zum Dippen serviert werden (so haben wir das früher gemacht).

### FÜR 4 PORTIONEN

**240 ml dunkler Balsamico-Essig (oder heller Balsamico für einen Bernsteinton)**

**60 ml Kokosblütensirup**

**1 Kopf Radicchio**

**2 EL natives Olivenöl extra, plus mehr zum Beträufeln**

**½ TL Himalayasalz**

**¼ TL frisch gemahlener schwarzer Pfeffer**

**schwarze Tempeh-Fleischbällchen (siehe Seite 109)**

**600 ml Marinara-Sauce (Seite 212)**

**20 g Babyrucola**

**Cashew-Crème-fraîche (Seite 315)**

**rote Chiliflocken (nach Belieben)**

**Paranuss-Parmesan (Seite 317)**

**1.** In einem kleinen Topf den Balsamico-Essig und den Kokosblütensirup bei hoher Temperatur zum Kochen bringen. Die Temperatur herunterstellen und 20–30 Minuten köcheln, bis die Mischung auf 60 Milliliter eingekocht ist. Zum Abkühlen beiseitestellen. Die Reduktion dickt beim Abkühlen noch etwas an.

**2.** Einen Grill, eine Grillpfanne oder eine gusseiserne Pfanne bei hoher Temperatur erhitzen.

**3.** Die Blätter vom Radicchio-Kopf ablösen und in eine große Schüssel geben. Das Olivenöl in den Radicchio einkneten und mit Salz und Pfeffer würzen. Auf dem heißen Grill oder in der Pfanne die Radicchio-Blätter 5 Minuten zusammenfallen lassen, dabei häufig wenden. Den gegrillten Radicchio auf eine Platte oder in eine Schüssel legen.

**4.** In einer großen Pfanne oder Topf die Fleischbällchen und die Marinara-Sauce bei mittlerer Temperatur 5 Minuten erwärmen. Die warmen Fleischbällchen und die Marinara-Sauce auf dem Radicchio anrichten. Den Rucola über den Fleischbällchen verteilen und mit der Cashew-Crème-fraîche, etwas Olivenöl und der Balsamico-Reduktion beträufeln. Mit den roten Chiliflocken, falls verwendet, und mit dem Paranuss-Parmesan bestreuen.

# I AM FABULOUS

## Mexikanische rohe Lasagne mit Mais, Rohkakao-Mole und Koriander-Kürbiskern-Pesto

Ob man das Gericht nun für eine Lasagne hält oder eher für einen üppigen Sommersalat (beides trifft zu!), dies ist eine frische und überraschend andere Vorspeise. Die Zucchininudeln harmonieren mit fast jeder denkbaren Geschmacksrichtung, doch die populärste Version ist bei uns zweifellos diese mexikanische Variante. Wir schichten die Nudeln mit geschmacksintensiver Kakao-Mole, Kräuterpesto, Mais und Tomaten sowie Zucchiniblüten, wenn sie Saison haben. Das Ergebnis ist köstlich und nahrhaft, liegt aber nicht schwer im Magen.

### FÜR 8 PORTIONEN

**5 kleine Zucchini oder Sommerkürbis**

**Himalayasalz zum Abschmecken**

**4 EL Koriander-Kürbiskern-Pesto (Seite 301)**

**60 ml natives Olivenöl extra**

**80 g Babyspinat**

**300 g Cashew-Ricotta (Seite 311)**

**180 g Rohkakao-Mole (Seite 288)**

**600 g halbierte Kirschtomaten**

**600 g frische oder tiefgekühlte und aufgetaute Maiskörner**

**20 Zucchiniblüten, Stängel geputzt (nach Belieben)**

1. Mit einem Gemüseschäler oder einer Mandoline die Zucchini längs in eine breite Nudelform bringen. Die Nudeln in einen Durchschlag geben, mit Salz bestreuen und schwenken. Im Spülbecken oder über einer Schüssel 30–60 Minuten abtropfen lassen. Die Zucchininudeln auf mehrere Lagen Küchenpapier heben und vorsichtig trocken tupfen.

2. In einer kleinen Schüssel das Koriander-Kürbiskern-Pesto und das Olivenöl vermischen.

3. In einer großen Backform (23 × 33 Zentimeter oder größer) ein Drittel der Zucchininudeln verteilen, dann die Hälfte des Spinats, die Hälfte des Ricottas, ein Drittel der Mole, die Hälfte der Tomaten und des Mais, falls verwendet, ein Drittel der Zucchiniblüten und die Hälfte der Pesto-Öl-Mischung daraufschichten.

4. Nochmals wiederholen, dabei ein Drittel der Zucchininudeln, der Mole und gegebenenfalls der Zucchiniblüten zurückbehalten.

5. Die Lasagne mit den restlichen Zucchininudeln abschließen, die restliche Mole und die restlichen Zucchiniblüten darauf verteilen. In Stücke schneiden und servieren.

# I AM GIVING

***Urgetreidepizzas***

Alle lieben Pizza, deshalb war klar, dass wir ein paar Varianten auf unsere Speisekarte setzen wollten. Wir haben die Gelegenheit genutzt, einigen alten Getreidesorten eine Bühne zu bieten, darunter kalifornische Sorten und Produkte aus nachhaltiger, regenerativer Landwirtschaft. Wenn wir diese nicht bekommen, versuchen wir alte, nicht hybride Weizensorten wie Kamut und Einkorn zu verwenden. Unabhängig davon ist es ein supereinfacher Teig, der jeden Belag glänzend zur Geltung bringt. Und unser veganer Mozzarella und Ricotta eignen sich so gut zum Backen, dass niemand den traditionellen Reibekäse vermissen wird.

## Pizzateig aus Urgetreide

**ERGIBT 3 PIZZAS (MIT 25 CM DURCHMESSER)**

**3 ¼ TL aktive Trockenhefe**

**1 TL Rohrzucker**

**150 g Kamutmehl, plus mehr zum Bestäuben**

**120 g plus 1 EL Einkornmehl**

**½ TL Himalayasalz**

**1 TL natives Olivenöl extra**

**1.** In einer mittelgroßen Schüssel die Hefe und den Zucker mit 160 Milliliter warmem Wasser vermischen. Vorsichtig umrühren, damit sich der Zucker auflösen kann, und an einem warmen Ort 10–15 Minuten ruhen lassen, bis sich Blasen bilden.

**2.** In einem Standmixer mit Knethaken Kamutmehl, Einkornmehl und Salz mit der Hefemischung und weiteren 300 Milliliter warmem Wasser auf niedriger Stufe 3–5 Minuten zu einem glatten und elastischen Teig verarbeiten.

**3.** Den Teig auf eine bemehlte Arbeitsfläche legen und mit den Händen zu einer Kugel formen. Den Teig in eine Schüssel legen, mit dem Olivenöl beträufeln und dieses mit den Händen auf der Teigoberfläche verstreichen. Die Schüssel mit einem sauberen Geschirrtuch abdecken und an einem warmen Ort 1,5–2 Stunden gehen lassen, bis sich das Volumen verdoppelt hat.

**4.** Den Teig flach klopfen und dritteln (ca. 220 Gramm pro Portion, falls eine Küchenwage verwendet wird). Der Teig kann sofort verwendet, in einem verschließbaren Behältnis bis zu 8 Stunden in den Kühlschrank gestellt oder in einem verschließbaren Beutel bis zu 1 Monat eingefroren werden.

# Marinara-Sauce

**ERGIBT 1,9 L**

- 60 ml natives Olivenöl extra
- 2 EL gehackter Knoblauch
- 2 kg gehackte Tomaten
- 1 ½ TL Himalayasalz
- 1 ½ TL Rauchsalz
- 3 EL gehackte frische Basilikumblättchen
- 2 TL Zucker

1. In einer großen Sautierpfanne das Olivenöl bei mittlerer Temperatur erhitzen. Den Knoblauch darin 1 Minute anschwitzen. Tomaten, Salz und Rauchsalz hinzufügen und 20–30 Minuten köcheln lassen, dabei häufig umrühren, bis die Tomaten zerfallen und die Sauce eingekocht ist.

2. Vom Herd nehmen und das Basilikum und den Zucker 1 Minute unterrühren, sodass die Restwärme ihn auflöst. Sofort verwenden oder abgedeckt im Kühlschrank bis zu 1 Woche aufbewahren. (Die Sauce eignet sich auch gut zum Einfrieren.)

# Pizza Hawaii

**ERGIBT 1 PIZZA (MIT 25 CM DURCHMESSER)**

- Vollkorn- oder Allzweckmehl nach Belieben zum Bestäuben
- 1 Kugel Pizzateig aus Urgetreide (Seite 211)
- 2 TL natives Olivenöl extra
- 4 EL Marinara-Sauce (siehe oben)
- 130 g gehackte frische Ananas
- 50 g zerbröckelter schwarzer Tempeh (siehe Seite 199)
- 2 EL Barbecue-Sauce (Seite 307)
- 2 EL zerbröckelter Cashew-Mozzarella (Seite 312)
- 60 g plus 2 EL Cashew-Ricotta (Seite 311)
- ⅛ TL Chipotle-Pulver
- 20 g Kokosspeck (siehe Seite 102)
- 1 EL Paranuss-Parmesan (Seite 317)
- 1 EL gehacktes Koriandergrün

1. Den Backofen auf 230 °C vorheizen. Falls ein Pizzastein oder Pizzablech verwendet wird, im Ofen vorheizen. Eine runde Backform, ein Backblech oder ein Pizzablech mit Backpapier auslegen.

2. Auf einer bemehlten Arbeitsfläche den Pizzateig zu einem Kreis mit 25 Zentimeter Durchmesser ausrollen oder ausziehen. Den Teig auf das Backpapier legen und mit 1 Teelöffel Olivenöl beträufeln oder einpinseln. Mithilfe eines Löffels die Marinara-Sauce darauf verteilen, dabei einen Rand von 2,5 Zentimetern frei lassen. Die Pizza mit Ananas, Tempeh, Barbecue-Sauce, Mozzarella und den 60 Gramm Ricotta belegen. Mit dem Chipotle-Pulver bestreuen und mit dem restlichen Teelöffel Olivenöl beträufeln.

3. Im Ofen 10–15 Minuten backen, bis der Teig knusprig und der Käse verlaufen ist. Mit den restlichen 2 Esslöffel Ricotta, Kokosspeck, Parmesan und Koriander garnieren und heiß servieren.

# Pizza mit Schmorpilzen

**ERGIBT 1 PIZZA (MIT 25 CM DURCHMESSER)**

**Für die Schmorpilze:**

1 TL natives Olivenöl extra

1 kleine Knoblauchzehe, gehackt

125 g in Scheiben geschnittene Shiitake-Pilze

⅛ TL Himalayasalz

1 TL Weißwein

**Für die Pizza:**

braunes Reismehl oder Allzweckmehl nach Belieben zum Bestäuben

1 Kugel Pizzateig aus Urgetreide (Seite 211)

2 TL natives Olivenöl extra

4 EL Marinara-Sauce (Seite 212)

2 EL zerbröckelter Cashew-Mozzarella (Seite 312)

60 g plus 2 EL Cashew-Ricotta (Seite 311)

1 EL Paranuss-Parmesan (Seite 317)

4 frische Basilikumblättchen, in Stücke gezupft oder gehackt

1. Für die Schmorpilze in einer mittelgroßen Pfanne das Olivenöl bei mittlerer Temperatur erhitzen. Den Knoblauch darin 1 Minute anschwitzen. Die Pilze hinzufügen und 2–3 Minuten garen, bis sie ihre Flüssigkeit abgegeben haben. Salzen und weitere 3 Minuten garen. Den Weißwein hinzufügen und 2 Minuten köcheln lassen, sodass der Alkohol verfliegt. Die Pfanne vom Herd nehmen und bis zur weiteren Verwendung beiseitestellen.

2. Den Backofen auf 230 °C vorheizen. Falls ein Pizzastein oder Pizzablech verwendet wird, im Ofen vorheizen. Eine runde Backform, ein Backblech oder ein Pizzablech mit Backpapier auslegen.

3. Auf einer bemehlten Arbeitsfläche den Pizzateig zu einem Kreis mit 25 Zentimeter Durchmesser ausrollen oder ausziehen. Den Teig auf das Backpapier legen und mit 1 Teelöffel Olivenöl beträufeln oder einpinseln. Mithilfe eines Löffels die Marinara-Sauce darauf verteilen, dabei einen Rand von 2,5 Zentimetern frei lassen. Die Pilze darauf verteilen, gefolgt den 60 Gramm Ricotta und vom Mozzarella. Mit dem restlichen Teelöffel Olivenöl beträufeln.

4. Im Ofen 10–15 Minuten backen, bis der Teig knusprig und der Käse verlaufen ist. Mit den restlichen 2 Esslöffel Ricotta, Parmesan und Basilikum garnieren und heiß servieren.

# Spargelpizza

**ERGIBT 1 PIZZA (MIT 25 CM DURCHMESSER)**

**Für den Spargel:**

2 TL natives Olivenöl extra

40 g gehackte Zwiebel

1 Bund grüner Spargel, Enden geschält, in 2,5 cm lange Stücke geschnitten, Spitzen im Ganzen

½ TL Himalayasalz

1 EL gehackte frische Petersilie

1 EL gehackte frische Minze

¼ TL frisch gemahlener schwarzer Pfeffer

**Für die Pizza:**

braunes Reismehl oder Allzweckmehl nach Belieben zum Bestäuben

1 Kugel Pizzateig aus Urgetreide (Seite 211)

2 TL natives Olivenöl extra

4 EL Marinara-Sauce (Seite 212)

2 EL zerbröckelter Cashew-Mozzarella (Seite 312)

60 g plus 2 EL Cashew-Ricotta (Seite 311)

1 EL Paranuss-Parmesan (Seite 317)

1 EL Gremolata (Seite 293)

1. Für den Spargel in einer großen Pfanne das Olivenöl bei mittlerer Temperatur erhitzen. Die Zwiebel darin 3–4 Minuten anschwitzen. Den Spargel und das Salz hinzufügen und 3 Minuten dünsten. Dann 60 Milliliter Wasser angießen, den Deckel auflegen und weitere 8–10 Minuten dünsten, bis der Spargel zart ist. Petersilie, Minze und Pfeffer hinzufügen und die Pfanne vom Herd nehmen.

2. Den Backofen auf 230 °C vorheizen. Falls ein Pizzastein oder Pizzablech verwendet wird, im Ofen vorheizen. Eine runde Backform, ein Backblech oder ein Pizzablech mit Backpapier auslegen.

3. Auf einer bemehlten Arbeitsfläche den Pizzateig zu einem Kreis mit 25 Zentimeter Durchmesser ausrollen oder ausziehen. Den Teig auf das Backpapier legen und mit 1 Teelöffel Olivenöl beträufeln oder einpinseln. Mithilfe eines Löffels die Marinara-Sauce darauf verteilen, dabei einen Rand von 2,5 Zentimetern frei lassen. Den Spargel darauf verteilen, gefolgt von den 60 Gramm Ricotta und vom Mozzarella. Mit dem restlichen Teelöffel Olivenöl beträufeln.

4. Im Ofen 10–15 Minuten backen, bis der Teig knusprig und der Käse verlaufen ist. Mit den restlichen 2 Esslöffel Ricotta, Parmesan und Gremolata garnieren und heiß servieren.

# Pizza Margherita

**ERGIBT 1 PIZZA (MIT 25 CM DURCHMESSER)**

Vollkorn- oder Allzweckmehl nach Belieben zum Bestäuben

1 Kugel Pizzateig aus Urgetreide (Seite 211)

2 TL natives Olivenöl extra

4 EL Marinara-Sauce (Seite 212)

1 EL Basilikum-Hanfsamen-Pesto (Seite 302) oder Tomatenpesto (Seite 303)

6–8 halbierte Kirschtomaten

2 EL zerbröckelter Cashew-Mozzarella (Seite 312)

2 EL Cashew-Ricotta (Seite 311)

1 EL Paranuss-Parmesan (Seite 317)

4 frische Basilikumblättchen, gehackt oder in Stücke gezupft

¼ TL Rauchmeersalz

1. Den Backofen auf 230 °C vorheizen. Falls ein Pizzastein oder Pizzablech verwendet wird, im Ofen vorheizen. Eine runde Backform, ein Backblech oder ein Pizzablech mit Backpapier auslegen.

2. Auf einer bemehlten Arbeitsfläche den Pizzateig zu einem Kreis mit 25 Zentimeter Durchmesser ausrollen oder ausziehen. Den Teig auf das Backpapier legen und mit 1 Teelöffel Olivenöl beträufeln oder einpinseln. Mithilfe eines Löffels die Marinara-Sauce darauf verteilen, dabei einen Rand von 2,5 Zentimetern frei lassen. Das Pesto in kleinen Klecksen auf der Pizza verteilen und diese mit den Kirschtomaten und dem Cashew-Mozzarella belegen. Mit dem restlichen Teelöffel Olivenöl beträufeln.

3. Im Ofen 10–15 Minuten backen, bis der Teig knusprig und der Käse verlaufen ist. Mit dem restlichen Ricotta und Parmesan garnieren, mit etwas Rauchsalz bestreuen und heiß servieren.

# I AM DEVOTED

## Gratitude-Spezial-Platte mit Linsen-Süßkartoffel-Braten, Kartoffelstampf, Shiitake-Sauce, Krautsalat und Rote-Bete-Pickles

Von allen Gerichten, die ich für unser Angebot kreiert habe, hat dieses wohl am meisten Spaß gemacht. Ich wollte etwas Ähnliches kreieren wie die früheren »Blue Plates« – traditionell preiswerte Mahlzeiten mit Fleisch, drei Gemüsebeilagen, eine davon meist Kartoffelstampf, und Bratensauce. Ich dachte über amerikanische Oldschool-Klassiker nach und landete dann beim Hackbraten, den wir mit Linsen und Süßkartoffeln nachempfunden haben. Dazu kamen noch Krautsalat und Pickles – und seither servieren wir dieses äußerst populäre Gericht.

### FÜR 6 PORTIONEN

**Für den Linsen-Süßkartoffel-Braten:**

1 große Süßkartoffel, geschält und in 1 cm große Würfel geschnitten

3 EL natives Olivenöl extra, plus mehr für die Formen

1 EL gehackter frischer Rosmarin

1 1/2 TL Himalayasalz

1/4 TL frisch gemahlener schwarzer Pfeffer

100 g geröstete Walnusskerne

30 g Kürbiskerne

70 g gehackte rote Zwiebel

2 EL dünn geschnittener Sellerie

1 TL gehackter Knoblauch

2 EL Weißwein

1 EL fein gehackte frische Petersilie

150 g gegarte Puy-Linsen

**1.** Für den Linsen-Süßkartoffel-Braten den Backofen auf 200 °C vorheizen. Ein Backblech mit Backpapier auslegen.

**2.** In einer mittelgroßen Schüssel die gewürfelte Süßkartoffel mit 1 Esslöffel Olivenöl, Rosmarin, 1/2 Teelöffel Salz und Pfeffer vermischen. Auf dem Backblech verteilen und im Ofen 20 Minuten rösten, bis die Süßkartoffel weich ist und an der Rändern zu bräunen beginnt. Nach der Hälfte der Zeit etwas am Backblech rütteln, damit die Würfel gleichmäßig garen. Aus dem Ofen nehmen und bis zur weiteren Verwendung beiseitestellen.

**3.** Die Ofentemperatur auf 175 °C herunterstellen und 6 Minikastenformen oder Muffinformen mit wenig Olivenöl einfetten.

**4.** In einer Küchenmaschine die Walnusskerne und die Kürbiskerne zu einer feinen, bröseligen Masse zerkleinern. Beiseitestellen.

**5.** In einer großen Pfanne die restlichen 2 Esslöffel Olivenöl bei mittlerer Temperatur erhitzen und darin die Zwiebel, den Sellerie und den Knoblauch 5 Minuten anschwitzen. Danach den Weißwein und die Petersilie hinzufügen und 1 Minute lang umrühren, bis der Alkohol verflogen ist.

*Fortsetzung auf Seite 220*

250 g Butternut-Kürbis-Püree (Kürbis vorab garen und pürieren)

50 g geraspelte Karotten

60 g geriebener Apfel

1 TL Rauchsalz

90 g gewürfelte frische Tomaten

Für den Butternut-Kürbis und die Shiitake-Sauce:

2 EL natives Olivenöl extra

2 TL gehackter Knoblauch

50 g dünn geschnittener Sellerie

225 g grob gehackte Shiitake-Pilze

2 EL gehackter frischer Thymian und/oder Rosmarin

120 ml Weißwein

1 ½ TL Rauchsalz

¼ TL frisch gemahlener schwarzer Pfeffer

500 g Butternut-Kürbis-Püree (Kürbis vorab garen und pürieren)

3 getrocknete Lorbeerblätter

1 TL Himalayasalz

Für den Kartoffelstampf:

1,3 kg kleine Kartoffeln (vorzugsweise alte Sorte)

1 TL Himalayasalz

1 l Kokosmilch, selbst gemacht (Seite 32) oder gekauft

60 g Paranuss-Parmesan (Seite 317)

3 EL natives Olivenöl extra

1 TL Rauchsalz

1 TL gehackter Knoblauch

6. Die gerösteten Süßkartoffeln und die Walnuss-Kürbiskern-Mischung mit in die Pfanne geben, außerdem die Linsen, die Hälfte des Kürbispürees, Karotten, Apfel, Rauchsalz und den restlichen Teelöffel Himalayasalz. Umrühren und alles sorgfältig vermischen.

7. Die Mischung auf die 6 Minikastenformen oder Muffinformen verteilen. Auf jede Portion einen großzügigen Esslöffel gewürfelte Tomaten und das restliche Butternut-Kürbis-Püree geben. Im Ofen 30 Minuten backen, bis die Minibraten braun und an der Oberfläche fest geworden sind.

8. Für die Shiitake-Sauce in einer großen Sautierpfanne das Olivenöl bei mittlerer Temperatur erhitzen. Den Knoblauch und den Sellerie darin 3 Minuten anschwitzen. Die Pilze und die Kräuter hinzufügen und 10 Minuten garen, dabei häufig umrühren, bis die Pilze ihre Flüssigkeit komplett oder zu einem Großteil abgegeben haben.

9. Den Weißwein, ½ Teelöffel Rauchsalz und den Pfeffer hinzufügen und weitere 5 Minuten köcheln lassen. Dann 600 Milliliter Wasser, Kürbispüree, Lorbeerblätter, Salz und den restlichen Teelöffel Rauchsalz hinzufügen. Die Temperatur herunterstellen und 10–15 Minuten sanft köcheln lassen, bis die Mischung homogen und etwas eingekocht ist.

10. Die Lorbeerblätter entfernen und die Mischung mit einem Stabmixer zu einer glatten Sauce pürieren. Alternativ im Standmixer pürieren, aber Vorsicht mit der heißen Flüssigkeit.

11. Für den Kartoffelstampf in einem großen Topf die Kartoffeln mit Wasser bedecken, das Salz hinzufügen und bei mittlerer Temperatur zum Kochen bringen. Die Temperatur herunterstellen und die Kartoffeln 15 Minuten köcheln lassen. Abgießen, die Kartoffeln zurück in den warmen Topf geben und den Deckel auflegen, um sie warm zu halten.

12. In einem mittelgroßen Topf die Kokosmilch 5 Minuten bei mittlerer Temperatur erwärmen.

Für das Blattgemüse:

2 EL natives Olivenöl extra

2 TL gehackter Knoblauch

1 kg gehackter frischer Grünkohl, Mangold oder Gemüsekohl

2 EL Weißwein

3/4 TL Himalayasalz

Zum Servieren:

30 g Paranuss-Parmesan (Seite 317)

120 g mexikanischer Krautsalat (siehe Seite 175)

Rote-Bete-Pickles (Seite 322)

3 gehackte Frühlingszwiebeln (weiße und grüne Teile)

**13.** In einer großen Schüssel warme Kartoffeln, Kokosmilch, Paranuss-Parmesan, Olivenöl, Rauchsalz und Knoblauch vermischen. Die Kartoffeln mit einem Kartoffelstampfer zerdrücken; die Masse sollte cremig sein, dabei aber noch etwas stückig bleiben.

**14.** Für das Blattgemüse in einem großen Topf oder einer großen Sautierpfanne das Olivenöl bei mittlerer Temperatur erhitzen. Den Knoblauch darin 30 Sekunden anschwitzen. So viel Blattgemüse in den Topf geben wie möglich, dabei portionsweise verfahren, falls erforderlich, bis es etwas zusammenfällt. Das Blattgemüse 5 Minuten garen, bis es zusammengefallen, aber noch leuchtend grün ist. Den Weißwein und das Salz hinzufügen und weitere 2 Minuten köcheln lassen, bis der Alkohol verflogen ist.

**15.** Zum Servieren auf Tellern jeweils 1 Linsen-Süßkartoffel-Braten und 1 Kelle Kartoffelstampf platzieren. Die Shiitake-Sauce auf den Kartoffelstampf löffeln und mit dem Parmesan bestreuen. Mit etwas Blattgemüse und Krautsalat anrichten und mit Rote-Bete-Pickles und gehackten Frühlingszwiebeln garnieren.

# I AM WELCOMING

## Mediterrane Platte mit Falafel, Auberginensalat und Hanfsamen-Taboulé

Diese von der mediterranen Küche inspirierte Platte versammelt mehrere Gerichte mit den typischen Aromen und Gewürzen, wie man sie traditionell in den Küchen des Nahen Ostens und Nordafrikas findet (und, wie beim Tomatenconfit, in der indischen Küche). Alle zusammen ergänzen sich wunderbar, vielleicht gerade oder noch mehr durch diese bunte kulturelle Zusammenstellung.

### FÜR 4 PORTIONEN

**Für die Harissa-Paste:**

- 4 getrocknete ganze Guajillo-Chilis
- 2 getrocknete ganze Chipotle-Chilis
- 1 getrocknete Tomate
- 1 TL Koriandersamen
- 1 TL Kreuzkümmelsamen
- 1 TL Kümmel
- 1 mittelgroße rote Paprikaschote
- 4 EL natives Olivenöl extra
- 120 g gewürfelte rote Zwiebel
- 1 EL gehackter Knoblauch
- 1 TL Zitronenabrieb
- ½ TL Rauchsalz, plus mehr zum Abschmecken

**Für das Hanfsamen-Taboulé:**

- 2 EL frisch gepresster Zitronensaft
- 1 ½ EL natives Olivenöl extra
- 1 TL gehackter Knoblauch
- ½ TL Himalayasalz
- 150 g fein gehackte frische Petersilie

1. Für die Harissa-Paste in einer mittelgroßen Schüssel die getrockneten Chilis und die getrocknete Tomate 15 Minuten in heißem Wasser einweichen. Abgießen und 250 Milliliter der Einweichflüssigkeit auffangen. Die Chilis hacken und in einer kleinen Schüssel beiseitestellen. Die Tomate beiseitestellen.

2. In einer kleinen Pfanne Koriander-, Kreuzkümmel- und Kümmelsamen bei mittlerer Temperatur rösten, bis sie duften. Dann zum Abkühlen beiseitestellen.

3. An einem Gasherd eine Flamme auf mittlerer Stufe einstellen. Mithilfe einer Küchenzange vorsichtig die Paprika über der offenen Flamme rösten, bis sie schwarz ist und ihre Haut Blasen wirft. Alternativ die Paprika auf einem Backblech unter dem Backofengrill rösten, dabei die Paprika mehrfach wenden, bis sie schwarz ist. Die Paprika in Backpapier wickeln und zum Abkühlen beiseitestellen. Wenn die Paprika so weit abgekühlt ist, dass man sie anfassen kann, die Haut über einer Schüssel oder dem Spülbecken abziehen. Die Paprika aufschneiden und Stielansatz und Samen entfernen. Bis zur weiteren Verwendung beiseitestellen.

4. In einer großen Pfanne 2 Esslöffel Olivenöl bei mittlerer Temperatur erhitzen und die rote Zwiebel, Knoblauch und gehackte Chilis darin anschwitzen. Den Deckel auflegen und 5 Minuten garen, dabei gelegentlich umrühren. Etwas Einweichwasser hinzufügen, falls die Mischung zu trocken wirkt.

*Fortsetzung auf Seite 224*

200 g gewürfelte Gurke

250 g gewürfelte Tomaten

40 g Hanfsamen

3 EL gewürfelte rote Zwiebel

**Für die Falafeln:**

190 g getrocknete Kichererbsen, über Nacht eingeweicht, abgegossen und abgetropft

80 g gehackte rote Zwiebel

15 g gehackte frische Petersilie

15 g gehacktes Koriandergrün

Abrieb von 1 Zitrone

2 TL gehackter Knoblauch

2 EL Kichererbsenmehl oder ein anderes glutenfreies Mehl nach Belieben

1 TL Backpulver

1 TL Himalayasalz

½ TL gemahlener Kreuzkümmel

½ TL gemahlener Koriander

¼ TL gemahlener Kardamom

¼ TL Cayennepfeffer

Frittieröl nach Belieben (Reiskeimöl oder Sonnenblumenöl eignen sich gut)

140 g helle Sesamsamen

**Zum Servieren:**

Pita oder glutenfreies Brot nach Belieben

natives Olivenöl extra zum Grillen und Beträufeln

150 g Auberginen-Caponata (Seite 94)

1 von den Samen befreite und in Scheiben geschnittene Gurke

¼ TL Himalayasalz

70 g würziges Tomatenconfit (Seite 304)

5. In einem Standmixer oder einer Küchenmaschine die Zwiebel-Chili-Mischung, geröstete Gewürze, geröstete Paprika, getrocknete Tomate, die restlichen 2 Esslöffel Olivenöl, Zitronenabrieb, Rauchsalz und 120 Milliliter des Einweichwassers zu einer glatten Paste pürieren. Mit Salz abschmecken, falls erforderlich.

6. Für das Hanfsamen-Taboulé in einer mittelgroßen Schüssel Zitronensaft, Olivenöl, Knoblauch und Salz aufschlagen. Dann Petersilie, Gurke, Tomaten, Hanfsamen und Zwiebel hinzufügen und vermischen. Kalt stellen.

7. Für die Falafeln in einer Küchenmaschine die eingeweichten Kichererbsen, Zwiebel, Petersilie, Koriander, Zitronenabrieb und Knoblauch so zerkleinern, dass alles fein gehackt ist, aber nicht vollständig glatt püriert.

8. In einer großen Schüssel die Kichererbsenmischung und das Kichererbsenmehl mit Backpulver, Salz, Kreuzkümmel, Koriander, Kardamom und Cayennepfeffer gründlich vermischen. Mindestens 1 Stunde kalt stellen.

9. In einem tiefen Topf mit schwerem Boden oder einer Pfanne mit hohem Rand Öl etwa 5 Zentimeter hoch einfüllen und auf 175 °C erhitzen. Einen Teller mit Küchenpapier auslegen und für die Falafeln neben dem Herd platzieren.

10. Die Kichererbsenmischung mithilfe eines Messlöffels portionieren. Mit den Händen aus jeder Portion eine Kugel formen und dann ein wenig flach drücken. Die Falafelbällchen auf beiden Seiten mit Sesamsamen bestreuen.

11. Vorsichtig, sanft und in kleinen Portionen die Falafeln in das heiße Öl geben und auf jeder Seite 3 Minuten frittieren, bis sie goldbraun und knusprig sind. Zwischen den Portionen die Temperatur des Öls immer wieder auf 175 °C anpassen, sodass es nicht zu heiß oder zu kalt ist. Die frittierten Falafeln auf den mit Küchenpapier ausgelegten Teller heben, abtropfen und abkühlen lassen.

12. Zum Servieren einen Grill, eine Grillpfanne oder eine große Pfanne bei mittlerer Temperatur erhitzen.

**350 g roher Zucchini-Koriander-Hummus (Seite 298)**

**180 g Kalamata-Oliven ohne Stein**

**3 EL Gremolata (Seite 293)**

13. Die Pita-Brote oder ein anderes Brot nach Belieben mit etwas Olivenöl einpinseln und 1–2 Minuten pro Seite grillen, bis es warm und leicht knusprig ist.

14. In einem kleinen Topf die Auberginen-Caponata bei mittlerer Temperatur erwärmen.

15. In einer kleinen Schüssel Gurkenscheiben und Salz vermischen.

16. Auf einer große Platte die Bestandteile in kleinen Gruppen anrichten: Falafel, Taboulé, gegrillte Pita oder Brot, Caponata, gesalzene Gurkenscheiben, Tomatenconfit, Zucchini-Hummus und Oliven. Den Hummus und nach Belieben auch die anderen Bestandteile mit einigen Esslöffeln Olivenöl beträufeln. Mit der Harissa-Paste und Gremolata garnieren.

**FRAGE *des Tages***

Was rührt dich zu Tränen?

# I AM WARM-HEARTED

## Gegrillte Polenta mit Pilzragout

Polenta als klassisches Comfort Food servieren wir das ganze Jahr über, weil sie so einzigartig nahrhaft und beliebt bei unseren Gästen ist. Außerdem ist sie eine gehaltvolle und zugleich neutrale Grundlage, zu der alle möglichen Dressings und Saucen passen, die man sich nur wünschen mag. Im Sommer bleiben wir bei leichteren Optionen wie Puttanesca oder Pesto, im Winter bieten wir dieses herzhafte Pilzragout an, zu dem wir unseren Cashew-Ricotta und pfeffrigen Rucola gesellen. Zwar empfehle ich den doppelten Arbeitsschritt, die Polenta zuerst zu kochen und dann zu grillen oder anzubraten – das gibt ihr eine angenehme Textur und dazu eine rauchige Karamellnote –, doch natürlich kann man das Pilzragout auch hervorragend über eine weiche Polenta löffeln und erhält eine leckere Mahlzeit.

### FÜR 6-8 PORTIONEN

**Für die Polenta:**

3 TL natives Olivenöl extra, plus mehr, falls erforderlich

2 TL Himalayasalz

320 g mittelfeine Polenta

**Für das Pilzragout:**

3 EL natives Olivenöl extra

120 g gewürfelter Sellerie

120 g gewürfelte Zwiebel

3 Zweige frischer Thymian

1 Zweig frischer Rosmarin

1 EL gehackter Knoblauch

60 ml Rotwein

450 g in Scheiben geschnittene Pilze (z. B. eine Mischung aus Champignons und Shiitake)

1 EL eingelegte Kapern, abgegossen

1 TL Himalayasalz

1. Für die Polenta ein Backblech mit 1 Teelöffel Olivenöl einfetten und beiseitestellen.

2 In einem großen Topf 1,5 Liter Wasser, Salz und die restlichen 2 Teelöffel Olivenöl bei hoher Temperatur zum Kochen bringen. Die Polenta mit einem Schneebesen einrühren und sofort die Temperatur herunterstellen, sodass das Ganze nur noch leise köchelt. Die Polenta weiter aufschlagen, um Klümpchenbildung zu vermeiden. Wenn sie glatt ist, mit einem langen Holzlöffel 5–7 Minuten weiterrühren, bis die Polenta weich ist, aber noch etwas Biss hat.

3. Die gegarte Polenta auf das vorbereitete Backblech löffeln und mit der Rückseite eines Holzlöffels oder einem Teigspatel gleichmäßig verstreichen. Eventuell einige Tropfen Öl auf den Löffel Spatel geben, damit die Polenta nicht zu sehr daran kleben bleibt.

4. Die Polenta mindestens 1 Stunde oder über Nacht im Kühlschrank ruhen lassen.

5. Für das Pilzragout in einer großen Pfanne das Olivenöl bei mittlerer Temperatur erhitzen und Sellerie, Zwiebel, Thymian, Rosmarin und Knoblauch darin 10 Minuten anschwitzen, dabei häufig umrühren. Den Rotwein hinzufügen und 1 Minute umrühren, um den Bodensatz zu lösen.

*Fortsetzung auf Seite 228*

**Zum Servieren:**

natives Olivenöl extra zum Einfetten

80 g Rucola

250 g Cashew-Ricotta (Seite 311)

60 g Paranuss-Parmesan (Seite 317)

2 EL gehackte frische Basilikumblättchen

6. Dann Pilze, Kapern und Salz hinzufügen und unterrühren. Weitere 15 Minuten garen, bis die Pilze weich sind und einen Großteil ihrer Flüssigkeit abgegeben haben. Die Pfanne vom Herd nehmen und den Deckel auflegen, um das Ragout warm zu halten. Die Kräuterzweige entfernen und entsorgen.

7. Einen Grill, eine Grillpfanne oder eine große Pfanne bei mittlerer Temperatur erhitzen.

8 Die abgekühlte Polenta dünn mit Olivenöl einpinseln und in 8 große Quadrate schneiden. Diese auf beiden Seiten 3-4 Minuten goldbraun grillen oder braten. Jedes gegrillte Polenta-Quadrat diagonal durchschneiden, sodass 16 Dreiecke entstehen.

9. Zum Servieren die Hälfte des Rucolas auf eine schöne Platte oder einzelne Teller verteilen. Darauf die Hälfte der Polenta-Dreiecke platzieren, dann den restlichen Rucola und die restliche Polenta. Mit dem Pilzragout und dem Cashew-Ricotta anrichten. Mit dem Paranuss-Parmesan und dem Basilikum bestreuen.

# I AM RESOLVED

## Südstaaten-Probierteller mit roten Bohnen und Reis nach Louisiana-Art, schwarzem Tempeh, Cheddar-Jalapeño-Plätzchen und Cajun-Gemüsekohl

Über die Jahre entstand in unserer Küche eine überraschend große Zahl an wirklich originalgetreuen Südstaatengerichten. Wir dachten, sie als Comfort Food auf einer großen Platte zu versammeln sei der beste Weg, sie ins rechte Licht zu setzen. Jeder Bestandteil ist auch allein ein lohnendes Rezept, daher kann je nach Zeit oder Neigung auch nur das eine oder andere zubereitet werden. Man kann auch, wie wir es zur Mittagszeit tun, noch Reis dazureichen und das Ganze als Bowl servieren.

### FÜR 4 PORTIONEN

**Für den Süßkartoffelstampf:**

**1,8 kg gelbfleischige Süßkartoffeln, geschält und in 5 cm große Stücke geschnitten**

**1 EL natives Olivenöl extra**

**1 TL Himalayasalz**

**70 g weißes oder gelbes Miso**

**60 ml frisch gepresster Orangensaft**

**2 EL geröstetes Sesamöl**

**2 EL Melasse**

**2 EL Ahornsirup**

**1 EL frisch gepresster Zitronensaft**

**1 1/2 TL Tamari-Sauce**

**1/8 TL gemahlener Zimt**

1. Für den Süßkartoffelstampf den Backofen auf 200 °C vorheizen.

2. In einer großen Schüssel die Süßkartoffeln mit Olivenöl und Salz vermischen und nebeneinander auf einem Backblech verteilen (2 Bleche verwenden, falls erforderlich) und im Ofen 20–30 Minuten rösten, bis sie weich sind und zu karamellisieren beginnen. Die Süßkartoffeln herausnehmen, den Ofen jedoch nicht ausstellen.

3. In einem Standmixer Miso, Orangensaft, Sesamöl, Melasse, Ahornsirup, Zitronensaft, Tamari und Zimt glatt pürieren.

4. In einer großen Schüssel die warmen gerösteten Süßkartoffeln gründlich mit der Marinade vermischen. Die Süßkartoffeln wieder auf das Backblech geben und im Ofen weitere 8–10 Minuten rösten, bis sie die Marinade weitgehend aufgenommen haben.

5. In einer großen Schüssel die Süßkartoffeln zu einem stückigen Püree zerstampfen.

6. Für die Cheddar-Jalapeño-Plätzchen einen kleinen Teller etwa 1 Zentimeter hoch mit dem Macadamia-Cheddar bestreuen und mindestens 1 Stunde in das Tiefkühlgerät stellen, bis der Käse komplett gefroren ist. Den gefrorenen Käse in 1 Zentimeter große Würfel schneiden und beiseitestellen.

*Fortsetzung auf Seite 231*

Für die Cheddar-Jalapeño-Plätzchen:

100 g Macadamia-Cheddar (Seite 316)

240 g Allzweckmehl, plus mehr zum Bestäuben

2 EL Backpulver

1 EL Rohrzucker

1 TL Himalayasalz

50 g plus 1 EL vegane Butter

180 ml Mandelmilch, selbst gemacht (Seite 30) oder gekauft, plus mehr zum Bestreichen

½–1 kleine von den Samen befreite und fein gehackte Jalapeño-Chili

Für den Cajun-Gemüsekohl:

1 ½ EL natives Olivenöl extra

2 Bund Gemüsekohl, von den Strünken befreit und grob gehackt

60 ml Weißwein

½ TL Himalayasalz

½ TL Cajun-Gewürz

Zum Servieren:

400 g gegarter brauner Reis

340 g rote Bohnen aus der Dose, abgegossen und abgespült

1 EL Cajun-Gewürz

1 TL Gremolata (Seite 293)

1 Rezeptmenge schwarzer Tempeh (siehe Seite 199), in 1 cm dicke Scheiben geschnitten

2 Frühlingszwiebeln (weiße und grüne Teile), gehackt

75 g mexikanischer Krautsalat (siehe Seite 175)

Barbecue-Sauce (Seite 307) (nach Belieben)

7. In einer Küchenmaschine Mehl, Backpulver, Zucker und Salz kurz vermischen. Die vegane Butter hinzufügen und so verkneten, dass eine trockene Masse entsteht, die teils wie Streusel zusammenhält. (Das kann auch von Hand mithilfe einer Gabel oder eines Teigschneiders geschehen.)

8. Die Mehlmischung in eine große Schüssel geben und Mandelmilch, Chili und Macadamia-Cheddar-Stücke hinzufügen. Mit einer Gabel vermischen, bis sich die Masse zu einer Kugel formen lässt.

9. Den Teig auf eine bemehlte Arbeitsfläche legen. Mit leicht bemehlten Händen den Teig zu einem 25 × 15 Zentimeter großen und 2,5 Zentimeter dicken Rechteck klopfen. Den Teig zusammenfalten, dann erneut falten. Den Teig erneut zu einem 25 × 15 Zentimeter großen Rechteck klopfen. Den Teig mit einem sauberen Geschirrtuch abdecken und bei Raumtemperatur 30 Minuten ruhen lassen.

10. Den Backofen auf 220 °C vorheizen. Ein Backblech mit Backpapier auslegen und beiseitestellen.

11. Mit einem bemehlten Glas oder einen Ausstecher mit 7,5 Zentimeter Durchmesser aus dem Teig 8 Plätzchen ausstechen. Den Ausstecher oder das Glas möglichst nicht drehen, da dann die Plätzchen nicht so gut aufgehen.

12. Die Teigkreise auf das vorbereitete Backblech legen und alle mit etwas Mandelmilch bestreichen. Im Ofen 10–15 Minuten goldbraun backen. Beiseitestellen.

13. Für den Cajun-Gemüsekohl in einer großen Pfanne das Olivenöl bei mittlerer Temperatur erhitzen. So viel Kohl in die Pfanne geben, wie hineinpasst, dabei umrühren, bis er etwas zusammenfällt, und so fortfahren, bis der gesamte Kohl in der Pfanne ist. Weißwein, Salz und Cajun-Gewürz hinzufügen und weitere 3–5 Minuten unter Rühren garen, bis der Kohl komplett zusammengefallen ist.

14. Zum Servieren in einer mittelgroßen Schüssel Reis, Bohnen, Cajun-Gewürz und Gremolata gründlich vermischen. Reis und Bohnen auf eine große Platte löffeln. Dazu Tempeh, Süßkartoffelstampf, Gemüsekohl, Plätzchen und mexikanischen Krautsalat anrichten (oder Salat extra servieren). Mit den Frühlingszwiebeln bestreuen und dazu Barbecue-Sauce reichen.

# I AM BOUNTIFUL

## Pasta mit rauchiger Tempeh-Bolognese und Paranuss-Parmesan

Wenn ich eine Lektion beim Kochen in Italien gelernt habe, dann die, wie man aus einfachen Zutaten den meisten Geschmack herausholt. Eine traditionelle Bolognese ist das perfekte Beispiel für ein mit Liebe zubereitetes Gericht – ein langsamer und zeitaufwendiger Prozess, durch den eine eigentlich einfache Sauce ein intensives Aroma erhält. Weil wir in diesem Rezept Tempeh anstelle von Fleisch verwenden, musste ich zunächst herausfinden, wie man diesen Effekt übertragen kann. Ich stellte fest, dass dasselbe geschmackliche Ergebnis erzielt werden kann, indem alle Zutaten goldbraun – und ich meine eher dunkelbraun – gebraten werden. Ich empfehle eine hochwertige glutenfreie Pasta oder Bohnennudeln (wir verwenden eine Mischung aus Quinoa und braunem Reis), doch auch handwerklich gefertigte traditionelle Pasta eignet sich für dieses Rezept. Ich bevorzuge Muschelpasta, weil sie gut Sauce aufnimmt, doch auch Fettuccine passen wirklich gut dazu.

### FÜR 6 PORTIONEN

**Für die Tempeh-Bolognese:**

2 EL natives Olivenöl extra

1 EL Tomatenpaste mit Wumms (Seite 26)

1 fein gehackte Stange Sellerie

1 fein gehackte kleine Karotte

½ fein gehackte rote Zwiebel

1 Stück zerbröckelter schwarzer Tempeh (siehe Seite 199)

30 g gehackte Champignons

80 ml Weißwein

1 l Marinara-Sauce (Seite 212)

½ TL Rauchmeersalz

1. Für die Tempeh-Bolognese in einem großen Topf oder einer großen tiefen Pfanne das Olivenöl erhitzen. Die Tomatenpaste darin 1 Minute rösten, dabei mit einem Holzlöffel umrühren, bis das Öl eine rötliche Farbe annimmt.

2. Dann Sellerie, Karotte und rote Zwiebel hinzufügen und 5 Minuten anschwitzen. Den zerbröckelten Tempeh und die Pilze hinzufügen und weitere 5 Minuten garen, bis die Mischung gebräunt ist und am Boden zu haften beginnt. Den Wein unterrühren und den Bodensatz lösen. Die Marinara-Sauce, das Rauchsalz und 120 Milliliter Wasser hinzufügen und die Sauce zum Köcheln bringen. Die Temperatur herunterstellen, den Deckel teilweise auflegen und die Sauce 20 Minuten köcheln lassen.

3. Den Spinat in eine große Schüssel geben und beiseitestellen.

*Fortsetzung auf Seite 234*

**Zum Servieren:**

- 180 g Babyspinat
- 60 ml natives Olivenöl extra
- 3 gehackte Knoblauchzehen
- 1 Bund gehackte Brokkolini
- 1 TL Himalayasalz
- 60 ml Weißwein
- 450 g Pasta nach Belieben, nach Packungsanweisung gekocht
- 320 g Cashew-Mozzarella (Seite 312)
- 120 g Paranuss-Parmesan (Seite 317)
- 15 g gehacktes frisches Basilikum

4. In einer großen tiefen Pfanne das Olivenöl bei mittlerer Temperatur erhitzen. Den Knoblauch darin knapp 1 Minute anschwitzen. Die Brokkolini und das Salz hinzufügen und 5 Minuten dünsten, bis die Brokkolini zart sind. Den Weißwein hinzufügen und 2 Minuten köcheln lassen, bis der Alkohol verflogen ist.

5. Die Pasta in die Pfanne geben und mit den Brokkolini vermischen. Die Pasta etwa 2 Minuten erwärmen, dann zum Spinat in die Schüssel füllen. Das Ganze etwas durchheben, damit der Spinat zusammenfällt. Die Bolognese hinzufügen und ebenfalls vorsichtig unter die Pasta heben. Mit Cashew-Mozzarella, Paranuss-Parmesan und frischem Basilikum bestreuen. Heiß servieren.

# Pasta mit Auberginen-Caponata

## FÜR 4 PORTIONEN

**Für die Schmortomatensauce:**

- 60 ml natives Olivenöl extra
- 2 gehackte Knoblauchzehen
- 750 g halbierte Kirschtomaten (vorzugsweise eine alte Sorte, falls erhältlich)
- ¾ TL Himalayasalz

**Für die Pasta:**

- 80 g Babyrucola
- 2 EL natives Olivenöl extra
- 450 g Quinoa-Nudeln (oder eine andere Lieblingsnudelsorte), nach Packungsanleitung gekocht
- 1 Rezeptmenge Auberginen-Caponata (Seite 94)
- 60 ml Weißwein
- rote Chiliflocken (nach Belieben)
- 30 g Paranuss-Parmesan (Seite 317)
- 2 EL frische Basilikumblättchen, in Stücke gezupft oder gehackt

Das ist unsere Sommerversion von »I am bountiful« mit unserer Auberginen-Caponata, Schmortomatensauce und Rucola. Ein leichtes, angenehmes Gericht, das heiß oder kalt serviert werden kann.

1. Für die Schmortomatensauce in einer großen Pfanne das Olivenöl bei mittlerer Temperatur erhitzen. Den Knoblauch darin 1 Minute anschwitzen. Die Temperatur hochdrehen und die Tomaten und das Salz hinzufügen. Die Tomaten 5 Minuten schmoren, dabei häufig umrühren, bis sie weich sind, aber noch ihre Form behalten.

2. Den Rucola auf einer großen Platte verteilen und beiseitestellen.

3. In einer großen Pfanne oder Topf das Olivenöl bei mittlerer Temperatur erhitzen. Die Pasta hinzufügen und im Öl schwenken. Die Caponata hinzufügen und 2–3 Minuten erwärmen. Den Weißwein hinzufügen und das Ganze 3 Minuten köcheln lassen, bis der Alkohol verflogen ist. Die Schmortomatensauce und, falls verwendet, die Chiliflocken hinzufügen und 2–3 Minuten unterrühren. Die Mischung auf dem Rucola auf der Platte anrichten und mit dem Parmesan und dem Basilikum bestreuen.

# DESSERTS

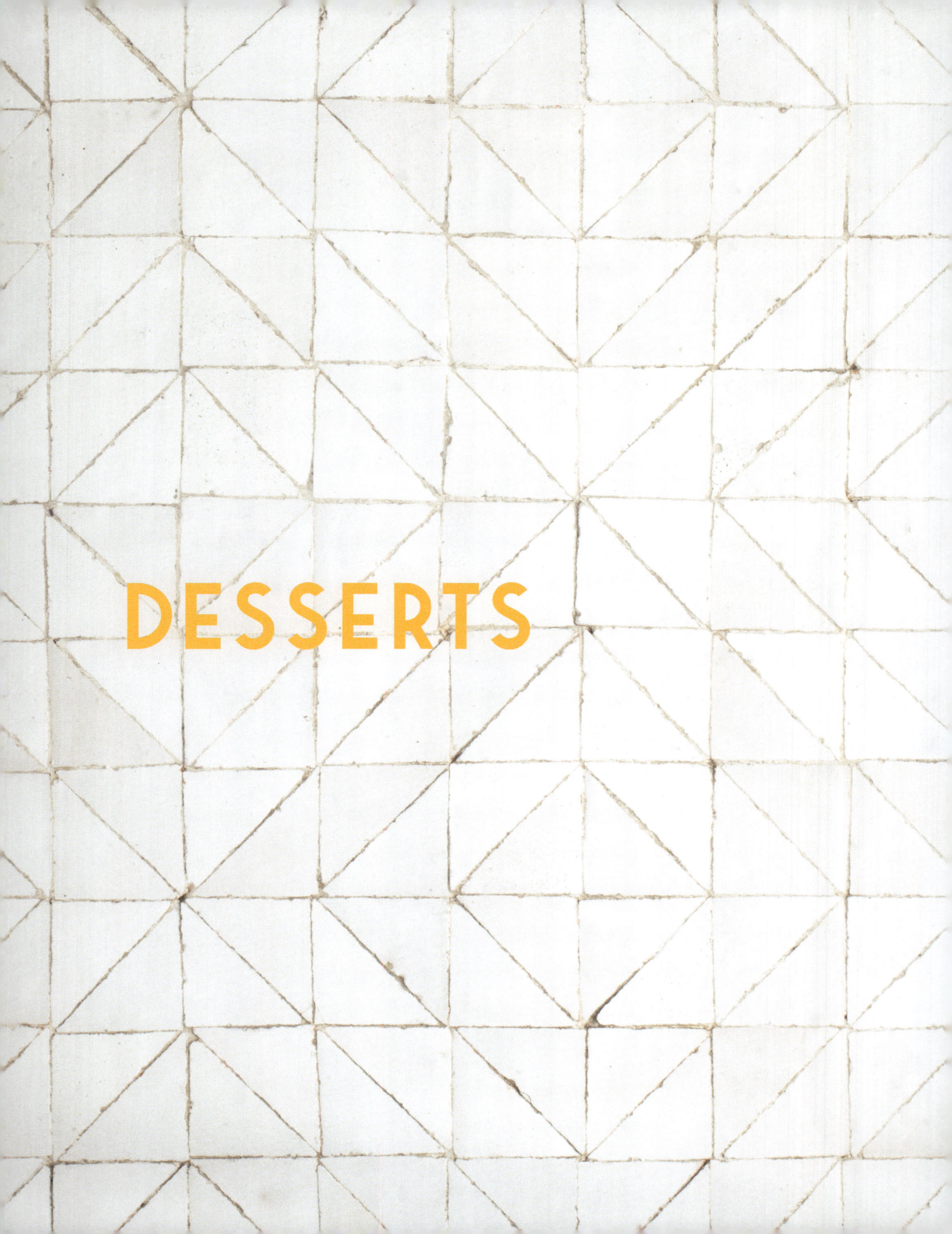

## GRATITUDE-KLASSIKER

# I AM OPEN

## Glutenfreier Zitronenkuchen mit Blaubeeren

Dieser Rührkuchen mit Streuseln eignet sich perfekt als leichtes Dessert oder zum Nachmittagskaffee. Zitrone und Blaubeeren bilden eine klassische Kombination von Zutaten, die ihre Vorzüge gegenseitig betonen – die Zitrone intensiviert den Geschmack der Blaubeeren, während die Süße der Beeren die Säure der Zitrone ausgleicht. Der Kuchen ist feucht und schwer, also keine Sorge, wenn er aus dem Ofen kommt und noch nicht ganz gar wirkt. Er sollte auf keinen Fall zu lange gebacken werden – trocken und krümelig ist nicht das Ziel.

### ERGIBT 1 KUCHEN (MIT 23 CM DURCHMESSER)

**Für die Streusel:**

90 g ungesüßte Kokosflocken

90 g glutenfreie Allzweck-Mehlmischung (Seite 34)

45 g Kokosblütenzucker

60 ml Kokosöl, erwärmt und flüssig

60 ml frisch gepresster Zitronensaft

1/8 TL Vanilleextrakt

**Für den Kuchenteig:**

120 ml Kokosöl, erwärmt, flüssig und leicht wieder abgekühlt, plus mehr für die Form

50 g gemahlene Leinsaat

240 g glutenfreie Allzweck-Mehlmischung (Seite 34)

90 g Kokosblütenzucker

1/2 TL Himalayasalz

1/2 TL Zitronenabrieb

1/4 TL gemahlener Kardamom

1. Für die Streusel in einer mittelgroßen Schüssel Kokosflocken, Mehlmischung, Kokosblütenzucker, Kokosöl, Zitronensaft und Vanille zu einer bröselige Masse vermengen. Beiseitestellen.

2. Für den Kuchenteig den Backofen auf 160 °C vorheizen. Eine Kuchenform (à 23 Zentimeter) mit Kokosöl oder Backspray einfetten und beiseitestellen.

3. In einer mittelgroßen Schüssel die gemahlene Leinsaat mit 120 Milliliter warmem Wasser aufschlagen. Die Mischung 5 Minuten zum Quellen beiseitestellen.

4. In einer großen Schüssel Mehlmischung, Kokosblütenzucker, Salz, Zitronenabrieb und Kardamom vermischen. Beiseitestellen.

5. Die gequollene Leinsaat mit Kokosjoghurt, 120 Milliliter Kokosöl, Zitronensaft und Vanille aufschlagen. Die Leinsaat-Joghurt-Mischung zu den trockenen Zutaten geben und gründlich vermischen. Ein Drittel der Blaubeeren unter den Teig rühren und etwas zerdrücken. Das gibt dem Teig etwas Farbe. Die restlichen Blaubeeren vorsichtig unterheben.

*Fortsetzung auf Seite 240*

**350 g Kokosjoghurt, selbst gemacht (Seite 33) oder gekauft**

**80 ml frisch gepresster Zitronensaft**

**¼ TL Vanilleextrakt**

**150 g frische Blaubeeren, plus mehr zum Garnieren**

**Für die Zitronenglasur:**

**60 g Puderzucker**

**1 EL frisch gepresster Zitronensaft, plus mehr, falls erforderlich**

6. Die Hälfte des Teigs in die vorbereitete Form geben und glatt streichen. Die Hälfte der Streusel darauf verteilen. Mit der zweiten Hälfte des Teigs und der Streusel fortfahren. Mit der Kuchenform mehrmals vorsichtig auf die Arbeitsfläche klopfen, damit sich der Teig setzt. Im Ofen 50 Minuten bis 1 Stunde backen, bis ein Tester sauber herauskommt. Den Kuchen im Ofen mit Alufolie abdecken, falls er zu dunkel wird. Vollständig in der Form abkühlen lassen.

7. Für die Zitronenglasur in einer kleinen Schüssel den Puderzucker und den Zitronensaft vermischen. Die Glasur ist recht dickflüssig, daher für eine flüssigere Konsistenz nach Belieben noch 1-2 Teelöffel Zitronensaft hinzufügen.

8. Den abgekühlten Kuchen aus der Form nehmen und auf eine Platte setzen. Mit der Zitronenglasur beträufeln und mit einigen frischen Blaubeeren garnieren.

**TIPP** Es gibt zwei Regeln beim veganen Backen, die ich befolge: den Teig nicht zu lange rühren und nicht zu lange ruhen lassen, bevor er in den Backofen kommt. Wird beides nicht beachtet, ist das Ergebnis ein Kuchen, der zusammenfällt und weniger locker und luftig ist als erwünscht.

# I AM PASSIONATE
## Schwarze Lavaküchlein

Es war für uns eine echte Herausforderung, diese Küchlein mit warmer Schokoladenfüllung in ein veganes Rezept umzuwandeln. Aber ich kann stolz festhalten, dass wir es geschafft haben, inklusive der Karamellsauce und der karamellisierten Mandeln. Das Rezept erfordert etwas Planung im Voraus, weil der Teig im Kühlschrank ruhen muss, aber das Ergebnis ist es wert. Die Küchlein sind dann wirklich beeindruckend.

### FÜR 6 PORTIONEN

Für die Lavaküchlein:

- 80 g gehackte Zartbitter-Blockschokolade
- 30 g rohes Kakaopulver, plus mehr zum Bestäuben
- 45 g Kokosblütenzucker
- 2 EL Kokosöl, plus mehr für die Förmchen
- ¼ TL Vanilleextrakt
- ¼ TL Himalayasalz
- 240 ml Mandelmilch, selbst gemacht (Seite 30) oder gekauft
- 40 g glutenfreie Allzweck-Mehlmischung (Seite 34)
- ½ TL Backpulver
- 120 g vegane Schoko-Drops

Für die Karamellsauce:

- 35 g Cashewkerne, über Nacht eingeweicht
- 2 EL Kokosbutter oder Kokosmanna
- ½ TL Himalayasalz
- 150 g Rohrzucker
- 45 g Kokosblütenzucker
- 70 g vegane Butter

1. Für die Lavaküchlein in einem mittelgroßen Topf 250 Milliliter Wasser bei mittlerer Temperatur zum Köcheln bringen. Die Schokolade in eine mittelgroße hitzebeständige Schüssel geben und über dem köchelnden Wasser platzieren, ohne dass der Boden mit dem Wasser in Kontakt kommt. Vorsichtig umrühren, bis die Schokolade fast komplett flüssig ist. Die Schüssel vom Topf nehmen und weiter umrühren, bis die Schokolade vollständig flüssig und glatt ist.

2. In einer Küchenmaschine die geschmolzene Schokolade mit Kakaopulver, Kokosblütenzucker, Kokosöl, Vanille und Salz glatt pürieren. Die Mandelmilch hinzufügen und vermischen. Die Mehlmischung und das Backpulver hinzufügen und mixen, bis der Teig glatt und gleichmäßig ist.

3. 6 Soufflé-Förmchen leicht mit Kokosöl einfetten und mit Kakaopulver bestäuben. Den Teig in die vorbereiteten Förmchen füllen und 1 Stunde kalt stellen.

4. In den gekühlten Teig bei allen Förmchen jeweils eine Mulde drücken, indem er an den Rand geschoben wird, und jeweils 2 Esslöffel Schoko-Drops hineindrücken. Den Teig über den Schoko-Drops wieder schließen. Die Förmchen mindestens weitere 2 Stunden in den Kühlschrank stellen.

5. Für die Karamellsauce in einem Standmixer die Cashews, Kokosbutter oder -manna, Salz und 120 Milliliter plus 2 Esslöffel Wasser zu einer glatten, sämigen Masse pürieren. Beiseitestellen.

*Fortsetzung auf Seite 242*

**Für die karamellisierten Mandeln:**

**100 g Rohrzucker**

**140 g ganze rohe Mandeln**

**2 EL vegane Butter**

**6.** In einem mittelgroßen Topf Rohrzucker, Kokosblütenzucker und 1 Esslöffel Wasser vermischen und 10 Minuten einkochen, dabei gelegentlich umrühren, bis die Mischung zu Sirup wird. Den Sirup weitere 3–5 Minuten köcheln lassen, ohne umzurühren, bis er zu einer dunkelbraunen Karamellsauce wird. Den Topf dann sofort vom Herd nehmen.

**7.** Die Cashew-Creme mit der Karamellsauce aufschlagen und den Topf wieder auf den Herd stellen. Die Mischung bei mittlerer Temperatur weitere 5–8 Minuten köcheln lassen, dabei gelegentlich umrühren, bis sie blubbert und zu einer dickflüssigen Sauce eingekocht ist. Den Topf vom Herd nehmen und die Butter unterrühren. Zum Abkühlen beiseitestellen.

**8.** Für die karamellisierten Mandeln ein Backblech mit Backpapier auslegen und beiseitestellen.

**9.** In einem mittelgroßen Topf mit schwerem Boden den Rohrzucker mit 2 Esslöffeln Wasser bei mittlerer Temperatur zum Kochen bringen. Die Mandeln hineingeben und mit einem Silikonteigspatel oder Holzlöffel etwa 5 Minuten umrühren, bis der Sirup an den Mandeln kristallisiert. Die Butter hinzufügen und weitere 3 Minuten bei mittlerer Temperatur umrühren, bis der Mandelüberzug zu goldbraunem Karamell geworden ist. Wenn der kristallisierte Zucker komplett geschmolzen ist, den Topf vom Herd nehmen und die Mandeln auf dem vorbereiteten Backblech verteilen. Beiseitestellen und vollständig abkühlen lassen, anschließend mit den Händen in Stücke brechen.

**10.** Den Backofen auf 160 °C vorheizen.

**11.** Die Küchlein im Ofen 15–20 Minuten backen, danach mindestens 2 Minuten abkühlen lassen. Mit einem schmalen Teigspatel oder einem Messer am Rand jedes Förmchens die Küchlein lockern und dann auf kleine Teller setzen. Mit der Karamellsauce beträufeln, mit den karamellisierten Mandeln belegen und den Teller nach Belieben mit Kakaopulver bestäuben. Alternativ die Küchlein in den Soufflé-Förmchen servieren.

# I AM LOVELY

## Glutenfreier Pfirsich-Beeren-Auflauf

Bei dieser Version eines klassischen Sommerdesserts kann ohne schlechtes Gewissen gesündigt werden. Die Zubereitung ist völlig unkompliziert, der glutenfreie Biskuitteig wird einfach auf die Früchte gegossen, das Ganze im Ofen goldbraun gebacken und anschließend mit vielen Löffeln serviert.

Ich habe herausgefunden, dass das Dessert am besten schmeckt, wenn das Obst 4 Stunden mariniert, denn der Zitronensaft und der Zucker machen die Früchte etwas weicher und verstärken zugleich ihren Geschmack. Aber dieser Arbeitsschritt ist nicht zwingend, sodass das Dessert auch spontan in letzter Minute gezaubert werden kann.

### FÜR 6 PORTIONEN

**Für die Obstfüllung:**

1 kg in Spalten geschnittene Pfirsiche und gemischte Beeren

3 EL Kokosblütenzucker

1 ½ EL glutenfreie Allzweck-Mehlmischung (Seite 34)

1 EL frisch gepresster Orangensaft

1 EL frisch gepresster Zitronensaft

Abrieb von 1 Zitrone oder Orange

¼ TL Himalayasalz

¼ TL Vanilleextrakt

**Für den glutenfreien Biskuitteig:**

80 g glutenfreie Allzweck-Mehlmischung (Seite 34)

2 EL Kokosblütenzucker, plus mehr zum Bestreuen

¼ TL Himalayasalz

160 ml Kokosmilch, selbst gemacht (Seite 32) oder gekauft

2 EL Kokosöl, erwärmt und flüssig, plus mehr für die Form

1. Für die Obstfüllung in einer großen Schüssel Pfirsiche und Beeren, Kokosblütenzucker, Mehlmischung, Orangensaft, Zitronensaft, Zitronen- oder Orangenabrieb, Salz und Vanilleextrakt gründlich, aber vorsichtig vermischen.

2. Die Schüssel abdecken und das Obst im Kühlschrank mindestens 1 Stunde und bis zu 4 Stunden mazerieren.

3. Für den Biskuitteig in einer mittelgroßen Schüssel die Mehlmischung, den Kokosblütenzucker und das Salz vermischen. Die Kokosmilch und 2 Esslöffel Kokosöl hinzufügen und zu einer glatten Masse aufschlagen.

4. Den Backofen auf 160 °C vorheizen. Eine Auflaufform (28 × 18 Zentimeter) mit Kokosöl oder einem anderen neutralen Pflanzenöl nach Belieben einfetten.

5. Das Obst samt Saft in die Form füllen und den Biskuitteig darauflöffeln oder -gießen. Mit dem Kokosblütenzucker bestreuen, damit der Teig beim Backen eine schöne Farbe annimmt. Im Ofen etwa 25 Minuten backen, bis das Obst blubbert und der Teig goldbraun gebacken ist.

# I AM KIND

## Quinoa-Knusperriegel

Ich werde oft gefragt, ob ich den ganzen Tag hier und dort von den Gratitude-Gerichten stibitze. Aber wie die meisten Küchenchefs bin ich mehr mit dem Kochen als mit dem Probieren beschäftigt – die einzige Ausnahme bilden diese Riegel. Wenn da gerade ein großer Schwung beim Gebäck liegt, verführt mich das regelmäßig dazu, mir beim Rausgehen einen zu schnappen. Sie sind zwar auch etwas gesünder als konventionelle Puffreis-Riegel, aber vor allem mag ich ihre subtile Süße, das Knackige der gepufften Quinoa und die dekadente Schokoglasur.

### ERGIBT 12 RIEGEL

**350 g gepuffte Quinoa oder brauner Puffreis**

**1 ½ TL Kokosblütenzucker**

**½ TL Himalayasalz**

**110 g Kakaobutter**

**70 g Kokosbutter oder Kokosmanna**

**80 g Mandelbutter**

**120 ml Kokosblütensirup**

**1 TL Vanilleextrakt**

**285 g gehackte Zartbitterschokolade**

1. In einer großen Schüssel gepuffte Quinoa oder Puffreis, Kokosblütenzucker und Salz vermischen. Beiseitestellen.

2. Eine rechteckige Backform (23 × 33 Zentimeter) mit Backpapier auslegen, dabei etwas Rand stehen lassen. (Das hilft später beim Herausnehmen der Riegel.) Beiseitestellen.

3. In einem kleinen Topf Kakaobutter und Kokosbutter oder -manna bei niedriger Temperatur 2 Minuten schmelzen, dabei vorsichtig umrühren. Den Topf vom Herd nehmen und Mandelbutter, Kokosblütensirup und Vanille hinzufügen. Umrühren, bis alles gut vermischt ist.

4. Die warme Kokos-Mandelbutter-Mischung zu den trockenen Zutaten gießen und mit einem Holzlöffel oder Teigspatel vermischen. Die Mischung in die vorbereitete Form drücken und mit einem Teigspatel glatt streichen. Im Kühlschrank 2 Stunden kalt stellen.

5. Ein Backblech mit Backpapier auslegen.

6. Die Masse aus der Form nehmen, dabei das Backpapier zu Hilfe nehmen. Die Masse auf ein Arbeitsbrett heben und in 12 Riegel schneiden. Die Riegel mit einem Abstand von jeweils 5 Zentimetern dazwischen auf das vorbereitete Backblech legen.

*Fortsetzung auf Seite 248*

**7.** In einem mittelgroßen Topf 250 Milliliter Wasser bei mittlerer Temperatur zum Kochen bringen. Die Schokolade in eine mittelgroße hitzebeständige Schüssel geben und über dem köchelnden Wasser platzieren, ohne dass der Boden mit dem Wasser in Kontakt kommt. Vorsichtig umrühren, bis die Schokolade fast komplett flüssig ist. Die Schüssel vom Topf nehmen und weiter umrühren, bis die Schokolade vollständig flüssig und glatt ist.

**8.** Mit einem Löffel oder einem Teigspatel die flüssige Schokolade auf die Riegel streichen. Vor dem Servieren die Riegel auf einem Tablett weitere 2 Stunden in den Kühlschrank stellen. Die Riegel in einem luftdicht verschließbaren Behältnis im Kühlschrank aufbewahren, damit sie nicht zu weich werden.

**FRAGE** ***des Tages***

Was ist die eine Sache, die du im Leben vollbringen möchtest?

# I AM DIVINE

## Erdbeer-Schichtdessert im Glas

Es gibt nichts Göttlicheres als kleine Gläser, die mit einer glutenfreien Keksschicht zwischen Kokos-Cashew-Sahne und Erdbeer-Chia-Konfitüre gefüllt sind. Weil sie gut zu transportieren sind, eignen sie sich gut für Picknicks und Büfetts.

Die absolut einfach herzustellende Erdbeerkonfitüre ist in 45 Minuten fertig, dank der Chiasamen! Normalerweise muss Konfitüre deutlich länger eingekocht werden, doch für diese Version müssen die Erdbeeren nur weich werden und ihren Saft abgeben, in dem die Chiasamen dann quellen und die Konfitüre fest werden lassen. Sie ist vielleicht etwas flüssiger als konventionelle Konfitüre, doch in diesem Dessert umhüllt sie so perfekt die anderen Schichten.

### FÜR 4 PORTIONEN

**Für die Shortcakes:**

3 EL Kokosöl, erwärmt und flüssig und leicht abgekühlt, plus mehr für die Backform

120 ml Mandelmilch, selbst gemacht (Seite 30) oder gekauft

½ TL Apfelessig

120 g glutenfreie Allzweck-Mehlmischung (Seite 34)

50 g Rohrzucker

½ TL Backpulver

¼ TL Backsoda

¼ TL Vanilleextrakt

**Für die Erdbeer-Chia-Konfitüre:**

300 g frische vom Stielansatz befreite Erdbeeren

2 EL Rohrzucker

1 EL frisch gepresster Zitronensaft

1 EL Chiasamen

1. Für die Shortcakes den Backofen auf 160 °C vorheizen. 4 Formen eines Muffin-Backblechs mit Kokosöl oder Backspray einfetten.

2. In einer kleinen Schüssel die Mandelmilch und den Apfelessig vermischen und einige Minuten beiseitestellen.

3. In einer großen Schüssel Mehlmischung, Zucker, Backpulver und Backsoda mit einem Teigspatel vermischen, dann die Mandelmilch-Essig-Mischung zu den trockenen Zutaten geben. Vanille und 3 Esslöffel Kokosöl hinzufügen und gründlich unterrühren.

4. Die gefetteten Mulden des Muffin-Backblechs jeweils zu drei Viertel mit dem Teig füllen, sodass der Teig gleichmäßig verteilt ist. Im Ofen 14 Minuten goldbraun backen. Die Shortcakes vollständig in der Form abkühlen lassen.

5. Für die Erdbeer-Chia-Konfitüre die Erdbeeren je nach Größe halbieren oder vierteln.

6. In einem mittelgroßen Topf Erdbeeren, Zucker und Zitronensaft vermischen und bei mittlerer Temperatur 15 Minuten kochen, dabei häufig umrühren. Die Erdbeeren sollten weich, aber nicht völlig zerfallen sein. Den Topf vom Herd nehmen und den Inhalt in eine mittelgroße Schüssel umfüllen. Die Chiasamen unterrühren und die Konfitüre im Kühlschrank 30 Minuten fest werden lassen.

*Fortsetzung auf Seite 251*

**Zum Servieren:**

120 ml Mandelmilch, selbst gemacht (Seite 30) oder gekauft

2 EL Ahornsirup

1 Prise Himalayasalz

4 Gläser

100 g Cashew-Sahne (siehe Seite 263)

halbierte oder gehackte frische Erdbeeren (nach Belieben)

7. In einer mittelgroßen Schüssel die Mandelmilch mit dem Ahornsirup und Salz vermischen.

8. Die abgekühlten Shortcakes quer halbieren. Die unteren Hälften kurz in die Mandelmilchmischung tauchen und in die Gläser legen. Jeweils 2 Esslöffel Erdbeer-Chia-Konfitüre und 2 Esslöffel Sahne daraufgeben. Die oberen Hälften der Shortcakes ebenfalls in die Mandelmilch tauchen und vorsichtig mit den Fingern in die Gläser krümeln. Eine weitere Schicht Konfitüre und Sahne hinzufügen. Konfitüre und Sahne sind cremig genug und verteilen sich von allein, doch die Gläser können auch leicht gerüttelt werden, damit sich alles in gleichmäßige Schichten verteilt.

9. Nach Belieben mit Erdbeeren garnieren. Die Shortcakes können über Nacht im Kühlschrank aufbewahrt werden.

# I AM SENSATIONAL

## Kaki-Auflauf

Dieses Dessert ist eine Art Brotpudding und, ganz ehrlich, eine Wohltat für die Menschheit. Wir verwenden Hachiya-Kakis, die im Herbst Saison haben und dem Auflauf Süße verleihen. Warm mit der Lieblingssorte veganer Eiscreme serviert, ist dies eine grandiose Nascherei.

### FÜR 4 PORTIONEN

**60 ml plus 1 TL Kokosöl, flüssig und abgekühlt**

**2 EL gemahlene Leinsaat**

**120 g glutenfreie Allzweck-Mehlmischung (Seite 34)**

**135 g Kokosblütenzucker, plus mehr zum Bestreuen**

**½ TL Backpulver**

**¼ TL Himalayasalz**

**¼ TL Backsoda**

**¼ TL gemahlener Zimt**

**1 sehr reife Hachiya-Kaki**

**180 ml Mandelmilch, selbst gemacht (Seite 30) oder gekauft**

**1 ½ TL Apfelessig**

1. Den Backofen auf 175 °C vorheizen. Vier Soufflé-Förmchen oder ofenfeste Schalen mit jeweils ¼ Teelöffel Kokosöl einfetten.

2. In einer kleinen Schüssel die gemahlene Leinsaat mit 60 Milliliter warmem Wasser verrühren und 5 Minuten quellen lassen. Die Mischung wird gelatineartig und dickflüssig und dient in diesem Rezept als Bindemittel.

3. Mehlmischung, Kokosblütenzucker, Backpulver, Salz, Backsoda und Zimt in eine mittelgroße Schüssel sieben. Mithilfe eines Löffels oder mit den Händen das Fruchtfleisch der Kaki in die Schüssel geben. Stielansatz und Schale entsorgen. Mandelmilch, Apfelessig und Leinsaatmischung in die Schüssel geben und das Ganze aufschlagen. Die restlichen 60 Milliliter Kokosöl hinzufügen und die Mischung erneut aufschlagen.

4. Die Soufflé-Förmchen jeweils zu zwei Dritteln mit der Mischung füllen und mit etwas Kokosblütenzucker bestreuen. Im Ofen 25–30 Minuten backen, bis der Auflauf auf Druck leicht nachgibt und ein in die Mitte gesteckter Zahnstocher sauber herauskommt.

5. Warm oder bei Raumtemperatur servieren, vorzugsweise mit der persönlichen veganen Lieblingseiscreme.

# I AM SUPER
## Zartbitter-Schokokugeln

Diese Süßigkeit hat die wunderbare dunkle Intensität eines Schokoladentrüffels und zugleich alle Vorzüge der Superfoods Rohkakao und Maca. Sie sind Energiekugeln und stillen den Heißhunger auf Süßes.

### ERGIBT 12 KUGELN

**120 g rohe Kakaonibs**

**25 g rohes Kakaopulver**

**1 ½ TL Maca-Pulver**

**½ TL Himalayasalz**

**80 g Mandelbutter**

**3 EL Kokosblütensirup**

**2 EL Kokosbutter oder Kokosmanna, erwärmt und flüssig**

**¼ TL Vanilleextrakt**

1. In einer sauberen Kaffeemühle oder Gewürzmühle die Kakaonibs sehr fein zermahlen. (Je nach Größe der Mühle dabei eventuell portionsweise vorgehen.)

2. In einer mittelgroßen Schüssel gemahlene Kakaonibs, Kakaopulver, Maca-Pulver und Salz vermischen. Dann Mandelbutter, Kokosblütensirup, Kokosbutter und Vanille hinzufügen und mit den Händen alles gründlich vermischen. Die Mischung ist recht klebrig, daher eignen sich die Hände besser als ein Löffel.

3. Mithilfe eines kleinen Eisportionierers oder Melonenausstechers aus der Masse 12 Kugeln formen und diese auf eine Platte oder ein Tablett setzen. Die Schokokugeln können sofort serviert oder kurz zum Festwerden kalt gestellt werden. In einem luftdicht verschließbaren Behältnis sind sie bei Raumtemperatur bis zu 3 Tage haltbar.

**TIPP** Das Maca-Pulver kann durch anderes Superfood in Pulverform (Camu Camu, Ashwagandha, Reishi) ersetzt werden. Mit ½ Teelöffel Cayennepfeffer wird aus den Kugeln eine leckere scharfe Version.

# I AM AFFECTIONATE

## Chocolate Chip Cookies mit Walnüssen

Wir haben über die Jahre schon verschiedene Versionen der ultimativen veganen Cookies kreiert, doch der Dauerbrenner ist und bleibt Chocolate Chip mit Walnüssen. Eine großartige Vollkornsüßigkeit, die himmlisch schmeckt.

### ERGIBT 12 COOKIES

**120 g glutenfreie Allzweck-Mehlmischung (Seite 34)**
**120 g vegane halbsüße Schokodrops**
**50 g gehackte rohe Walnusskerne**
**45 g kernige Haferflocken**
**100 g Rohrzucker**
**1 TL Backpulver**
**¾ TL gemahlener Zimt**
**½ TL Himalayasalz**
**¼ TL Backsoda**
**80 ml Kokosmilch, selbst gemacht (Seite 32) oder gekauft**
**110 g Ahornsirup**
**1 EL Chiasamen**
**60 ml Kokosöl, weich**
**120 g Mandelbutter**

1. Den Backofen auf 160 °C vorheizen. 2 Backbleche mit Backpapier auslegen und beiseitestellen.

2. In einer großen Schüssel Mehlmischung, Schokodrops, Walnusskerne, Haferflocken, Zucker, Backpulver, Zimt, Salz und Backsoda vorsichtig vermischen.

3. In einem Standmixer Kokosmilch, Ahornsirup und Chiasamen 1 Minute pürieren, bis sich die Chiasamen vollständig aufgelöst haben. Die Mischung zu den trockenen Zutaten geben sowie auch das Kokosöl und die Mandelbutter. Das Ganze zu einem weichen Teig verarbeiten.

4. Mithilfe eines 50-Milliliter-Messlöffels den Teig auf die vorbereiteten Backbleche setzen (oder den Teig in 12 gleich große Portionen formen und verteilen) mit einem Abstand von jeweils 12 Zentimetern und die Teigportionen etwas flach drücken. Im Ofen 20–25 Minuten backen, bis die Ränder goldbraun werden. Dann auf ein Kuchengitter legen. Die Cookies sind direkt nach dem Backen noch etwas weich, werden beim Abkühlen aber fester. Die abgekühlten Cookies halten sich in einem luftdicht verschließbaren Behältnis bei Raumtemperatur bis zu 3 Tage.

# I AM SACRED
## Shortbread Cookies

Diese Cookies erinnern ein wenig an mexikanische Hochzeitscookies und auch an traditionelle Shortbread Cookies. Sie sind ganz einfach zu machen und können je nach Vorliebe aromatisiert werden – mit Orangenabrieb, Johannisbeeren, Schokodrops ...

**ERGIBT 16 COOKIES**

- 160 g glutenfreie Allzweck-Mehlmischung (Seite 34)
- ½ TL gemahlener Muskat
- ½ TL gemahlener Zimt
- ¼ TL Himalayasalz
- ¼ TL gemahlene Nelken
- Abrieb von 1 Zitrone
- 60 ml Kokosöl
- 30 g Puderzucker, plus mehr zum Ausrollen
- 1 TL geriebener frischer Ingwer
- ¼ TL Vanilleextrakt
- 50 g gehackte rohe Pekannusskerne

1. Ein Backblech mit Backpapier auslegen und beiseitestellen.

2. In einer mittelgroßen Schüssel Mehlmischung, Muskat, Zimt, Salz, Nelken und Zitronenabrieb vorsichtig mit einem Teigspatel vermischen und beiseitestellen.

3. In einem Standmixer mit Schaufelrührer Kokosöl, Puderzucker, geriebenen Ingwer und Vanilleextrakt sowie 3 Teelöffel Wasser auf niedriger Stufe vermischen.

4. Die trockenen Zutaten in 3 Portionen hinzufügen und jeweils vor der nächsten Portion gründlich vermischen. Zwischendurch die Masse an den Wänden des Standmixers herunterschieben, damit sich alles gut vermischt. Nach den trockenen Zutaten die Pekannusskerne auf niedriger Stufe hinzufügen.

5. Den Teig in Portionen à 2 Esslöffel auf das vorbereitete Backblech setzen und auf etwa 1 Zentimeter Dicke flach drücken. Die Cookies 10 Minuten kalt stellen.

6. Den Backofen auf 175 °C vorheizen.

7. Die Cookies im Ofen 20 Minuten backen, bis sie eine hellgoldene Farbe haben. Nach der Hälfte der Zeit das Backblech drehen, damit sie gleichmäßig backen. Die Cookies auf dem Blech vollständig abkühlen lassen, dann in Puderzucker wälzen. Die Cookies halten sich in einem luftdicht verschließbaren Behältnis bei Raumtemperatur bis zu 1 Woche.

# GRATITUDE-KLASSIKER

Unser Ursprung als veganes Raw-Food-Café lässt sich nach wie vor an unserer Speisekarte ablesen, auf der wir unseren Gästen dieselben geliebten Gerichte anbieten, die einst vor 15 Jahren das Café Gratitude ausgemacht haben. Die folgenden Desserts stammen aus dem damaligen Rohkostrepertoire und werden weiterhin gerne bestellt. In diesen Rezepten wird nicht traditionell gebacken, doch die Techniken sind unkompliziert und die Ergebnisse sättigend und köstlich.

# I AM AWAKENING

## Key Lime Pie

Das Interessante an diesem Pie – und das überrascht die meisten Menschen – ist, dass die grundlegende Zutat Avocado ist. Sie hat die perfekt seidige, fettige Textur, die dieses Dessert benötigt. Die Zubereitung ist unkompliziert, doch das Dessert benötigt mehrere Stunden im Kühlschrank. Je nach Vorliebe kann noch zusätzlich Sahne zubereitet und über Nacht in den Kühlschrank gestellt werden, sodass sie dickflüssig und streichfähig ist, wenn der Pie gekühlt wird (siehe Foto Seite 260–261).

**ERGIBT 1 PIE (MIT 23 CM DURCHMESSER)**

Für den Pekannussboden:

1 TL Kokosöl

100 g rohe Pekannusskerne

2 EL Dattelpaste (Seite 35)

1 EL Himalayasalz

1/8 TL Vanilleextrakt

Für die Key-Lime-Füllung:

225 g zerdrücktes Avocadofruchtfleisch

240 ml frisch gepresster Limettensaft (von etwa 8 Limetten)

180 ml Agavendicksaft

160 ml Kokosmilch, selbst gemacht (Seite 32) oder gekauft

1/4 TL Himalayasalz

1/8 TL Vanilleextrakt

240 ml Kokosöl, erwärmt und flüssig

30 g Soja- oder Sonnenblumenlecithin-Pulver

1. Für den Pekannussboden eine Pieform (mit 23 Zentimeter Durchmesser) innen komplett mit dem Kokosöl einfetten.

2. In einer Küchenmaschine die Pekannusskerne, die Dattelpaste und das Salz zerkleinern, bis die Mischung an den Wänden der Schüssel aufsteigt. Bei laufender Maschine das Vanilleextrakt plus 1 Esslöffel Wasser hinzufügen, dabei gelegentlich stoppen, um die Zutaten von den Wänden hinunterzuschieben. So lange weiterverarbeiten, bis die Masse bei leichtem Druck zusammenhält und sauber auseinanderbricht.

3. Mit den Händen die Pekannussmischung auf den Boden und an die Seiten der Pieform drücken und so einen gleichmäßigen Boden herstellen. Beiseitestellen.

4. Für die Key-Lime-Füllung in einem Standmixer Avocado, Limettensaft, Agavendicksaft, Kokosmilch, Salz und Vanille glatt und cremig pürieren. Das Kokosöl und das Lecithin hinzufügen und erneut glatt pürieren. Dabei gelegentlich stoppen, um die Füllung von den Wänden des Mixers hinunterzuschieben.

5. Die Füllung auf den vorbereiteten Boden gießen und den Pie 1 Stunde kalt stellen, bis die Füllung fest ist.

Für die Cashew-Sahne:

**150 g rohe Cashewkerne, 4 Stunden eingeweicht und abgegossen**

**50 g Rohrzucker**

**¼ TL Himalayasalz**

**120 ml Kokosöl, erwärmt und flüssig**

Zum Servieren:

**dünne Limettenspalten oder -scheiben**

**ganze rohe Pekannusskerne**

**6.** Für die Cashew-Sahne in einem Standmixer Cashews, Zucker, Salz und 360 Milliliter Wasser glatt und cremig pürieren. Das Kokosöl hinzufügen und erneut pürieren. Die Sahne auf den gekühlten Pie gießen. Den Pie mindestens 8 Stunden oder über Nacht in den Kühlschrank stellen.

**7.** Zum Servieren den Pie aus der Form nehmen, indem man ihn an den Seiten mit einer schmalen Küchenpalette lockert und auf eine Platte hebt. Mit den Limettenspalten und den Pekannusskernen garnieren.

**FRAGE *des Tages***

Was bereitet dir Freude?

# I AM ADORING
## Tiramisu

Dafür, dass hier weder Eier noch Milch oder Mascarpone verwendet werden, ist diese vegane und industriezuckerfreie Version des bekannten italienischen Desserts eine mehr als gelungene Hommage, zugleich dekadent sahnig und ätherisch leicht. Statt einer Cookie- oder Kuchengrundlage verwenden wir als Basis unser Mandelmus, das bei der Zubereitung der hausgemachten Mandelmilch anfällt, doch es kann auch gekauftes Mandelmehl verwendet werden. Oder man ersetzt es nach Belieben durch veganen Löffelbiskuit oder Biskuitboden. Die Zubereitung sollte man für den Vortag einplanen, da das Dessert mindestens 12 Stunden Ruhezeit benötigt.

**ERGIBT 1 BACKFORM (À 23 X 23 CM)**

Für den Vanille-Espresso-Kuchen:

**80 ml plus 1 TL Kokosöl, erwärmt und flüssig**

**1 ½–2 Rezeptmengen Dattelpaste (Seite 35)**

**½ TL Himalayasalz**

**¼ TL Vanilleextrakt**

**540 g gekauftes Mandelmehl oder Mandelmus (Seite 30)**

**60 ml Mandelmilch, selbst gemacht (Seite 30) oder gekauft**

**60 ml kalt gebrauter Kaffee oder Espresso**

Für die Schokoladen-Mousse:

**15 g eingeweichter und grob gehackter Knorpeltang (siehe Seite 313)**

**320 ml Mandelmilch, selbst gemacht (Seite 30) oder gekauft**

1. Für den Kuchen eine quadratische Springform (à 23 × 23 Zentimeter) mit 1 Teelöffel Kokosöl einfetten und beiseitestellen.

2. In einem Standmixer mit Schaufelrührer die Dattelpaste, die restlichen 80 Milliliter Kokosöl, Salz und Vanille cremig und glatt pürieren, dabei auf niedriger Stufe beginnen und langsam auf mittlere Stufe hochstellen. Das dauert einige Minuten.

3. Den Mixer ausstellen und Mandelmehl oder -mus, Mandelmilch und Kaffee oder Espresso hinzufügen. Auf niedriger Stufe 5 Minuten mixen, dann stoppen und alles von den Wänden des Mixers hinunterschieben. Der Teig sollte eine weiche und luftige Konsistenz haben. Die Hälfte des Teigs in die vorbereitete Form füllen und glatt streichen. Die Form und die Schüssel mit dem restlichen Teig in den Kühlschrank stellen.

4. Für die Schokoladen-Mousse in einem Standmixer den Knorpeltang und 120 Milliliter Mandelmilch auf mittlerer Stufe pürieren, bis der Tang eine geleeartige Konsistenz erreicht. Kleine Stückchen Tang können an den Wänden oder am Deckel haften. Daher gelegentlich stoppen und alles mit einem Teigspatel wieder hinunterschieben. Die Mischung sollte glatt sein, ansonsten hat man später Tangstückchen im Tiramisu.

*Fortsetzung auf Seite 266*

60 ml Agavendicksaft

2 EL Dattelpaste (Seite 35)

25 g rohes Kakaopulver

¼ TL Vanilleextrakt

1 Prise Himalayasalz

80 ml Kokosöl, erwärmt und flüssig

2 EL Soja- oder Sonnenblumenlecithin-Pulver

1 Rezeptmenge Cashew-Sahne (siehe Seite 263), mindestens 12 Stunden kalt gestellt

**Zum Servieren:**

25 g plus 2 EL rohes Kakaopulver

ganze oder gehackte Mandeln zum Garnieren (nach Belieben)

ganze Kaffeebohnen zum Garnieren (nach Belieben)

5. Zu der Masse die restliche Mandelmilch, den Agavendicksaft, die Dattelpaste, das Kakaopulver, das Vanille-Extrakt und etwas Salz hinzufügen und glatt und cremig pürieren. Das Kokosöl und das Lecithin hinzufügen und erneut mixen.

6. Die Schokoladen-Mousse auf der Kuchenschicht in der Form verstreichen. Dann die Form für 1 Stunde in das Tiefkühlgerät stellen, damit die Mousse fest wird.

7. Auf der festen Mousse vorsichtig die zweite Kuchenteigschicht verteilen. Mithilfe eines Teigspatels die Cashew-Sahne gleichmäßig darauf verstreichen. Abgedeckt für 12 Stunden kalt stellen.

8. Zum Servieren den Rand der Springform öffnen. Das Tiramisu durch ein kleines Sieb großzügig mit dem Kakaopulver bestäuben. Nach Belieben mit den Mandeln und den Kaffeebohnen garnieren.

# I AM REMARKABLE
## Schwarzwälder Kirschtorte

Dieses zu hundert Prozent rohe Dessert ist eine gehaltvolle, dekadente Version der traditionellen Schwarzwälder Kirschtorte. Wir bieten sie in den warmen Monaten an, wenn besonders süße und aromatische frische Kirschen erhältlich sind.

### ERGIBT 1 TORTE (MIT 23 CM DURCHMESSER)

**Für die Kirschsahne:**

250 g entkernte Kirschen

110 g rohe Cashewkerne, 8 Stunden oder länger eingeweicht, abgegossen und abgespült

60 ml Agavendicksaft

2 EL frisch gepresster Zitronensaft

1 EL Rote-Bete-Saft

¼ TL Himalayasalz

⅛ TL Vanilleextrakt

120 ml Kokosöl, erwärmt und flüssig

1 ½ EL Soja- oder Sonnenblumenlecithin-Pulver

**Für die Kirschtorte:**

80 ml Kokosöl, erwärmt und flüssig, plus mehr für die Form

1 Rezeptmenge Dattelpaste (Seite 35)

¼ TL Himalayasalz

⅛ TL Vanilleextrakt

450 g gekauftes Mandelmehl oder Mandelmus (Seite 30)

1. Für die Kirschsahne in einem Standmixer Kirschen, Cashews, Agavendicksaft, Zitronensaft, Rote-Bete-Saft, Salz und Vanille plus 1 Esslöffel Wasser glatt und cremig pürieren. Das Kokosöl und das Lecithin hinzufügen und erneut glatt pürieren. Beiseitestellen.

2. Für den Schokoladenkuchen eine Springform (mit 23 Zentimeter Durchmesser) mit Kokosöl einfetten und beiseitestellen.

3. In einem Standmixer mit Schaufelrührer Kokosöl, Dattelpaste, Salz und Vanille plus 3 Esslöffel Wasser cremig und glatt pürieren, dabei auf niedriger Stufe beginnen und langsam auf mittlere Stufe hochstellen. Das dauert einige Minuten.

4. Den Mixer ausstellen und Mandelmehl oder -mus, Kakaopulver, Mandelmilch und Agavendicksaft hinzufügen. Auf niedriger Stufe 5 Minuten mixen, dann stoppen und alles von den Wänden des Mixers hinunterschieben. Nach und nach ein Drittel der Kirschen hinzufügen und auf der niedrigsten Stufe mixen oder mit einem Teigspatel unterheben.

5. Die Hälfte des Teigs in die vorbereitete Form füllen und mit einem Löffel oder einem Teigspatel glatt streichen. Ein Drittel der gehackten Kirschen auf dem Teig verteilen, anschließend die Hälfte der Kirschsahne. Damit sich die Kirschsahne gleichmäßig verteilt, vorsichtig die Form auf die Arbeitsfläche klopfen. Den Kuchen für 2 Stunden zum Festwerden in das Tiefkühlgerät stellen.

*Fortsetzung auf Seite 269*

75 g rohes Kakaopulver

60 ml Mandelmilch, selbst gemacht (Seite 30) oder gekauft

2 EL Agavendicksaft

600 g entkernte und gehackte Kirschen

Zum Servieren:

1 Rezeptmenge Cashew-Sahne (siehe Seite 263), 12–24 Stunden kalt gestellt

1 kleiner Riegel dunkle vegane Schokolade zum Garnieren

2 ganze Kirschen, mit Stiel und Kern zum Garnieren

**6.** Vorsichtig den restlichen Teig auf die Kirschsahne gießen. Das restliche Drittel der gehackten Kirschen darauf verteilen und mit der restlichen Kirschsahne abschließen. Den Kuchen für weitere 2 Stunden in den Kühlschrank (nicht ins Tiefkühlgerät) stellen.

**7.** Den Ring der Springform vorsichtig öffnen. Mithilfe einer schmalen Küchenpalette entweder die gesamte Cashew-Sahne auf der Torte oder drei Viertel auf der Oberfläche und den Rest an den Seiten der Torte verstreichen – entweder so glatt wie möglich oder auch etwas rustikaler mit Wellen.

**8.** Mithilfe eines Sparschälers etwas Schokolade von dem Riegel hobeln und eventuell seitlich an die Torte drücken. Die Sahneschicht der Torte nach Belieben mit Schokoladenspänen und den ganzen Kirschen toppen.

**FRAGE *des Tages*** / Wem kannst du heute danken?

# I AM IRRESISTIBLE
## Schokoladen-Kokos-Torte

Das Besondere an dieser Torte – neben ihrer Üppigkeit und dem ausgeprägten Kokos- und Schokoladengeschmack – ist, dass sie weder Nüsse noch raffinierten Zucker enthält. Stattdessen nutzen wir die karamellige Süße von Datteln und verwenden Kokos sowohl in der Füllung als auch im Teig.

### ERGIBT 1 TORTE (MIT 23 CM DURCHMESSER)

Für den Kokos-Schoko-Boden:

Kokosöl, für die Form

90 g ungesüßte Kokosflocken

35 g rohes Kakaopulver

2 EL Dattelpaste (Seite 35)

1 Prise Himalayasalz

1/8 TL Vanilleextrakt

Für die Kokos-Schoko-Füllung:

720 ml Kokosmilch, selbst gemacht (Seite 32) oder gekauft

100 g gehacktes junges Thai-Kokosnuss-Fruchtfleisch, tiefgekühlt und aufgetaut, oder frisch

1 Rezeptmenge Dattelpaste (Seite 35)

1/2 TL Vanilleextrakt

1/4 TL Himalayasalz

360 ml Kokosöl, erwärmt und flüssig

30 g Soja- oder Sonnenblumen-lecithin-Pulver

25 g rohes Kakaopulver

Zum Servieren:

180 g ungesüßte Kokosflocken

1. Für den Kokos-Schoko-Boden eine runde Backform (mit 23 Zentimeter Durchmesser) innen vollständig mit Kokosöl einfetten und beiseitestellen.

2. In einer Küchenmaschine Kokosflocken, Kakaopulver, Dattelpaste und Salz vermischen. Bei laufender Maschine die Vanille plus 2 Esslöffel Wasser hinzufügen, dabei gelegentlich stoppen, um die Zutaten von den Wänden hinunterzuschieben. So lange weiterverarbeiten, bis die Masse bei leichtem Druck zusammenhält und sauber auseinanderbricht.

3. Mit den Händen die Teigmischung auf den Boden der vorbereiteten Backform drücken und so einen gleichmäßigen Tortenboden herstellen. Beiseitestellen.

4. Für die Kokos-Schoko-Füllung in einem Standmixer Kokosmilch, Kokosfruchtfleisch, Dattelpaste, Vanille und Salz mit 60 Milliliter plus 3 Esslöffel Wasser zu einer glatten Creme pürieren. Das Kokosöl und das Lecithin hinzufügen und erneut glatt pürieren, dabei den Mixer zwischendurch stoppen, falls erforderlich, um die Masse an den Seiten hinunterzuschieben.

5. Zwei Drittel der Füllung auf den vorbereiteten Boden gießen und das restliche Drittel im Mixer lassen.

6. Das Kakaopulver und 3 Esslöffel Wasser zur restlichen Füllung geben und mixen. Nicht zu lange mixen, sonst wird es nachher schwieriger zu marmorieren.

7. Langsam die Schokofüllung auf die Kokosfüllung in der Form gießen, dabei die Form schwenken, sodass sie sich gleichmäßig verteilt. Jetzt kann es ans Marmorieren gehen.

8. Ein Stäbchen oder Messer gerade bis unter die Oberfläche der Füllung einstechen und es umherbewegen, dabei vermischen sich die beiden Füllungen miteinander. Möglichst so vorgehen, dass beide Farben sichtbar bleiben und ein Marmorierungseffekt entsteht. Dafür ist weniger rühren besser als zu viel! Wenn die Füllungen sich zu sehr vermischen, geht der Farbkontrast verloren. Die Torte mindestens 6 Stunden in den Kühlschrank stellen.

9. Mithilfe einer dünnen Küchenpalette die Torte aus der Form heben und auf eine Platte setzen. Die Kokosflocken leicht an den Seiten und auf der Oberfläche andrücken.

# DRESSINGS, SAUCEN & DIPS

Harissa
Geröstete Tomatillo-Sauce
Goji-Chipotle-Dressing
Matcha
Guacamole
Hollandaise
Avocadocreme
Mole Coloradito
Lucky-Vinaigrette
Adobo de Mixiote
Black Mole Abuelita
Cashew-Caesar-Dressing
Harissa
Rauchige Mandel-Romesco-Sauce
Minz-Kokos-Chutney

Koriander-Kürbiskern-Pesto
Tomatenpesto
Cashew-Nacho-Käse
Basilikum-Hanfsamen-Pesto
Roher Zucchini-Koriander-Hummus
Sesam-Wasabi-Sauce
Würziges Tomatenconfit
Chipotle-Ketchup
Cremiges Hanfsamen-Ranch-Dressing
Knoblauch-Tahini-Dressing
Salsa Verde
Mandel-Thai-Dressing

# CASHEW-CAESAR-DRESSING

Es gibt zwei Arten von Caesar-Dressings: eine auf der Basis von Öl mit viel Sardellen (oder eine vegane Version davon) und eine cremigere Variante. Dieses Rezept gehört zur letzteren Kategorie. Es enthält kein Öl, ist aber dennoch üppig und schön cremig mit einer tollen Knoblauchnote.

### ERGIBT CA. 2½ EINMACHGLÄSER (À 230 ML)

- 150 g rohe Cashewkerne, 4 Stunden oder über Nacht eingeweicht
- 2 EL Kürbiskerne, 4 Stunden oder über Nacht eingeweicht
- 80 ml frisch gepresster Zitronensaft
- 2 Knoblauchzehen
- 1 TL Himalayasalz
- ½ TL frisch gemahlener schwarzer Pfeffer

Die eingeweichten Cashews und die Kürbiskerne abgießen und abspülen. In einem Standmixer Cashews, Kürbiskerne, Zitronensaft, Knoblauch, Salz und Pfeffer mit 240 Milliliter Wasser auf mittlerer Stufe glatt und cremig pürieren. Das Dressing ist im Kühlschrank bis zu 1 Woche haltbar.

# GOJI-CHIPOTLE-DRESSING

Dies ist eines unserer originalen Raw-Food-Rezepte und zugleich eines unserer köstlichsten cremigen Dressings. Es hat eine säuerliche Zitrusnote, die einen Kontrast zum rauchigen Chipotle-Pulver bildet, ähnlich einem großartigen Thousand Island Dressing.

**ERGIBT CA. 1 EINMACHGLAS (À 230 ML)**

- 2 EL Kürbiskerne, 4 Stunden oder über Nacht eingeweicht
- 1 EL getrocknete Goji-Beeren, 4 Stunden oder über Nacht eingeweicht
- 80 ml frisch gepresster Orangensaft
- 2 EL frisch gepresster Limettensaft
- 1 entkernte Medjool-Dattel
- ¾ TL Himalayasalz
- ¼ TL Chipotle-Pulver
- 60 ml natives Olivenöl extra

1. Die Kürbiskerne und die Goji-Beeren abgießen und abspülen.

2. In einem Standmixer die eingeweichten Kürbiskerne und Goji-Beeren mit Orangensaft, Limettensaft, Dattel, Salz und Chipotle-Pulver glatt pürieren. Den Mixer auf mittlerer Stufe laufen lassen und langsam das Olivenöl hinzugießen und mixen, bis das Dressing emulgiert. Im Kühlschrank ist es bis zu 1 Woche haltbar.

**FRAGE *des Tages*** Wie kannst du dich heute nützlich machen?

# KNOBLAUCH-TAHINI-DRESSING

Dies ist eines unserer originalen Dressings aus den frühen Tagen des Café Gratitude. Wir verwenden rohes Tahini, deshalb ist das Aroma leichter und weniger ausgeprägt, als man es sonst bei einem Tahini-Dressing erwarten würde. Wir stellen es jeden Tag literweise her, weil es zu den extrem vielseitigen Zutaten gehört, die man außer für tatsächlich Mediterranes noch für viele andere Gerichte verwenden kann. Die Petersilie wird am Ende nur untergerührt, um schöne Fleckchen frischer Kräuter statt eines komplett grünen Dressings zu erhalten.

### ERGIBT CA. 1½ EINMACHGLÄSER (À 230 ML)

120 ml natives Olivenöl extra

Saft von 1 Zitrone

2 EL Sonnenblumenkerne, 2 Stunden eingeweicht, abgegossen und abgespült

2 Knoblauchzehen

1 ½ EL Sesam-Tahini, vorzugsweise roh, falls erhältlich

¼ TL Himalayasalz

15 g gehackte frische Petersilie

In einem Standmixer Olivenöl, Zitronensaft, Sonnenblumenkerne, Knoblauch, Tahini, Salz und 3 Esslöffel Wasser glatt pürieren. Das Dressing in eine mittelgroße Schüssel gießen und die Petersilie unterrühren. Es ist im Kühlschrank bis zu 3 Tage haltbar.

Goji-Chipotle-Dressing
*(Seite 278)*

Sesam-Wasabi-Sauce
*(Seite 299)*

Gomasio
*(Seite 27)*

Mandel-Thai-
Dressing
*(gegenüber)*

Avocadocreme
*(Seite 97)*

# MANDEL-THAI-DRESSING

Dies ist eines der gehaltvollen, cremigen, leicht pikanten Dressings, die zu allem Möglichen passen. Es ist genauso köstlich zu Pad-Thai-Kelpnudeln wie zu einer Reis-Bowl als Alternative zu einer Erdnusssauce. Ich mag es besonders gern zu geröstetem oder gedünstetem Gemüse, vor allem zu Blattgemüse.

**ERGIBT CA. 2 EINMACH-GLÄSER (À 230 ML)**

120 g Mandelbutter

15 g frisches Koriandergrün

30 g frische Basilikumblättchen

60 ml frisch gepresster Zitronensaft

¼ von den Samen befreite Jalapeño-Chili

2 EL frisch gepresster Ingwersaft oder 2 TL gemahlener Ingwer, mit 2 EL Wasser verrührt

1 EL Tamari-Sauce

2 TL Agavendicksaft

1 TL Himalayasalz

In einem Standmixer Mandelbutter, Koriander, Basilikum, Zitronensaft, Chili, Ingwersaft, Tamari, Agavendicksaft, Salz und 180 Milliliter Wasser glatt pürieren. Das Dressing ist im Kühlschrank bis zu 3 Tage haltbar.

# FEIGEN-BALSAMICO-DRESSING

Obwohl wir getrocknete Feigen als Dickungsmittel verwenden, ist dieses Dressing nicht so süß, wie man annehmen könnte. Seine italienische Note macht es ausgesprochen vielseitig, und es hebt den Geschmack von Gemüse (beispielsweise den von Auberginen in unserem Auberginen-Sandwich mit Parmesan, Seite 161) genauso, wie es als Dressing zu einem einfachen Salat passt. Ich verwende es bevorzugt zusammen mit anderen mediterranen Zutaten und Aromen.

### ERGIBT CA. 2 EINMACHGLÄSER (À 230 ML)

4 getrocknete Feigen

240 ml natives Olivenöl extra

120 ml Balsamico-Essig

1 TL Himalayasalz

½ TL getrocknete italienische Kräutermischung

1. In einer kleinen Schüssel die getrockneten Feigen 15 Minuten in warmem Wasser einweichen, bis sie sich vollgesogen haben. Abgießen und das Einweichwasser auffangen.

2. In einem Standmixer Olivenöl, Balsamico-Essig, Salz, Kräuter, eingeweichte Feigen und 60 Milliliter des Einweichwassers glatt pürieren. Das Dressing ist im Kühlschrank bis zu 5 Tage haltbar.

# CREMIGES HANFSAMEN-RANCH-DRESSING

Unser Ranch-Dressing basiert selbstverständlich auf dem Original!

### ERGIBT CA. 2 EINMACH-GLÄSER (À 230 ML)

- 300 ml natives Olivenöl extra
- 125 g Hanfsamen
- 60 ml frisch gepresster Zitronensaft
- 4 Knoblauchzehen
- 1 EL ganze schwarze Pfefferkörner
- 1 TL Himalayasalz
- 2 EL grob gehacktes Koriandergrün
- 2 EL grob gehackte frische Petersilie

In einem Standmixer Olivenöl, Hanfsamen, Zitronensaft, Knoblauch, Pfefferkörner, Salz und 60 Milliliter Wasser glatt pürieren. Den Koriander und die Petersilie hinzufügen und erneut kurz pürieren. Das Dressing ist im Kühlschrank bis zu 3 Tage haltbar.

Adobo de Mixiote
*(Seite 291)*
Black Mole
Abuelita
*(gegenüber)*
Mole Coloradito
*(Seite 287)*

# BLACK MOLE ABUELITA

Dieses Rezept stammt von Epifanio Ruiz, einem unserer Köche, der aus Oaxaca in Mexiko stammt – der Hauptstadt mexikanischer Aromen und Geburtsort der reichen Mole-Tradition. Das Rezept stammt von seiner Abuelita (Großmutter) und hat einen Ehrenplatz in unserem Angebot. Ja, eine ganze Reihe von Arbeitsschritten ist notwendig, aber es sieht nach mehr Aufwand aus, als es tatsächlich ist. Und keine Sorge beim Rösten bis zu schwarz verbrannten Stellen! Der intensive Geschmack der Sauce hängt davon ab, wie verkohlt die Zutaten werden. Außerdem benötigt die Sauce etwas Zeit, weil einige Zutaten eingeweicht werden müssen.

## ERGIBT CA. 5 EINMACHGLÄSER (À 230 ML)

- 6 getrocknete ganze Ancho-Chilis
- 35 g rohe Mandeln
- 30 g Kürbiskerne
- 40 g Rosinen
- 6 ganze rohe Walnusskerne
- 5 Roma-Tomaten
- 1 Maistortilla
- 1 quadratisches Stück Brot (à 7,5 cm)
- 1 EL Sesamsamen
- ¾ TL Kreuzkümmelsamen
- 60 ml natives Olivenöl extra
- 60 ml Kokosöl
- 60 g in Ringe geschnittene Zwiebel
- 1 EL fein gehackter Knoblauch
- 2 ½ TL frische Thymianblättchen

1. In einer kleinen Schüssel 2 Ancho-Chilis mit warmem Wasser bedecken und 2 Stunden einweichen. Abgießen, Stielansätze und Samen entfernen und die Chilis beiseitestellen. In einer weiteren kleinen Schüssel Mandeln, Kürbiskerne, Rosinen und Walnusskerne mit 500 Milliliter warmem Wasser bedecken und 2 Stunden einweichen. Die Mischung über einer kleinen Schüssel abgießen, um das Einweichwasser aufzufangen. Beiseitestellen.

2. Den Backofen auf 200 °C vorheizen.

3. Auf einem Backblech Tomaten, die restlichen 4 Ancho-Chilis, die Tortilla und das Brot verteilen. Im Ofen rösten, bis die Tomaten beginnen, Blasen zu werfen, und die Chilis, die Tortilla und das Brot trocken und knusprig sind. Alle Zutaten haben unterschiedlich lange Röstzeiten (7-15 Minuten). Wenn eine Zutat schön dunkel ist, jeweils mit einer Küchenzange herausnehmen. Stielansätze und Samen der Chilis entfernen, die Tomaten grob hacken und die Tortilla und das Brot in Stücke zupfen. Die Tomaten beiseitestellen.

4. In einem Standmixer oder einer Küchenmaschine geröstete Chilis, Brot und Tortilla sowie das Einweichwasser der Nüsse cremig pürieren und beiseitestellen.

*Fortsetzung auf Seite 286*

2 TL getrockneter Thymian

2 TL frische Oreganoblättchen

2 TL Himalayasalz

1/8 TL gemahlener Zimt

1/8 TL ganze schwarze Pfefferkörner

1/8 TL gemahlene Nelken

135 g Kokosblütenzucker

80 g gehackte ungesüßte dunkle Schokolade

**5.** Den Sesam und die Kreuzkümmelsamen in eine kleine, noch nicht erhitzte Pfanne geben. Die Pfanne auf mittlerer Stufe erwärmen und die Samen 1 Minute rösten, bis sie duften. Sie verbrennen schnell, daher sofort auf einen kleinen Teller geben und zum Abkühlen beiseitestellen.

**6.** In einem großen tiefen Topf das Olivenöl und das Kokosöl zusammen bei mittlerer Temperatur erhitzen, bis sie heiß sind, aber noch nicht rauchen. Die Zwiebel und den Knoblauch darin 2 Minuten glasig anschwitzen. Die eingeweichten und abgegossenen Chilis und die Nussmischung hinzufügen und 2 Minuten umrühren, dann den frischen und getrockneten Thymian, Oregano, Salz, Zimt, Pfefferkörner und Nelken sowie den gerösteten Kreuzkümmel und die Sesamsamen hinzufügen. Umrühren, die Temperatur herunterstellen und die Mischung 10 Minuten karamellisieren lassen, dabei gelegentlich umrühren.

**7.** Die gerösteten Tomaten zur Zwiebelmischung hinzufügen und 5 Minuten köcheln lassen. Den Kokosblütenzucker und die dunkle Schokolade unterrühren und weitere 5 Minuten köcheln lassen.

**8.** Die pürierte Chilimischung hinzufügen und 2 Minuten umrühren. Die Mischung vorsichtig und portionsweise in einen Standmixer oder eine Küchenmaschine umfüllen und glatt pürieren. Mit einem guten Stabmixer lässt sich die Sauce auch direkt im Topf pürieren. Die Mischung gegebenenfalls zurück in den Topf füllen, den Deckel teilweise auflegen und weitere 5 Minuten köcheln lassen, bis die Mole dickflüssig und glänzend ist. Sie ist im Kühlschrank bis zu 5 Tage haltbar.

# MOLE COLORADITO

Meine Lieblingsmole aus unserem Angebot ist dank Zutaten wie Zwiebeln, Sesamsamen und gerösteten Chilis im Geschmack sehr komplex und herzhaft. Die reifen Kochbananen und Rosinen verbinden das Ganze, mildern die Schärfe der Chilis und runden den Geschmack auf elegante Weise ab.

**ERGIBT CA. 2 EINMACHGLÄSER (À 230 ML)**

- 1 EL Rosinen
- 1 kleine getrocknete Ancho-Chili
- 1 kleine getrocknete Guajillo-Chili
- 1 kleine getrocknete Chipotle- oder Morita-Chili
- 2 Kirschtomaten
- 1 Knoblauchzehe
- 60 ml Kokosöl
- ½ in Ringe geschnittene kleine Zwiebel
- ¼ TL Sesamsamen
- ½ sehr reife zerdrückte Kochbanane oder Banane
- ½ TL Himalayasalz
- ¼ TL gemahlener Zimt
- ¼ TL getrockneter Oregano
- ¼ TL ganze schwarze Pfefferkörner
- ⅛ TL gemahlener Kreuzkümmel
- 120 ml Gemüsebrühe

1. In einer kleinen Schüssel die Rosinen mit warmem Wasser bedecken und 15 Minuten beiseitestellen.

2. In einer großen Sautierpfanne oder einer gusseisernen Pfanne Chilis, Tomaten und Knoblauch bei mittlerer Temperatur 5 Minuten rösten, bis sie leicht angekokelt sind. Die Tomaten können etwas spritzen und aufplatzen und die Chilis etwas schwarz werden. Die Chilimischung auf einen Teller geben und beiseitestellen.

3. In derselben Pfanne das Kokosöl bei mittlerer Temperatur 1 Minute erhitzen. Die Zwiebel und die Sesamsamen hinzufügen und 5–7 Minuten rösten, bis die Zwiebel zu karamellisieren beginnt. Gelegentlich umrühren, damit die Zwiebel nicht festklebt oder verbrennt, aber nicht zu viel rühren, denn je weniger sie gestört wird, desto schöner wird ihre Farbe.

4. Die Rosinen abgießen und mit der zerdrückten Kochbanane oder Banane zu der Zwiebel geben. Weitere 3 Minuten garen, um die Mischung zu erwärmen.

5. Die geröstete Chilimischung, Salz, Zimt, Oregano, Pfefferkörner und Kreuzkümmel hinzufügen und 2 Minuten umrühren.

6. Die Mischung in eine Küchenmaschine oder einen Standmixer geben und glatt pürieren.

7. Die Mole zurück in die Pfanne füllen und bei niedriger Temperatur die Gemüsebrühe unterrühren. Die Temperatur noch weiter herunterstellen, den Deckel teilweise auflegen und die Mole dann 10–15 Minuten einkochen, dabei gelegentlich umrühren. In einem luftdicht verschließbaren Behältnis ist sie im Kühlschrank bis zu 1 Woche haltbar.

# ROHKAKAO-MOLE

Dieses einfache Mixerrezept stammt aus unserer Zeit als Raw-Food-Restaurant. Die Zutaten sind alle leicht erhältlich, und die Mischung entwickelt einen überraschend komplexen Geschmack, der es mit jeder tagelang geköchelten Mole aufnehmen kann.

**ERGIBT CA. 2 ½ EINMACHGLÄSER (À 230 ML)**

- 50 g getrocknete Tomaten
- 120 ml frisch gepresster Orangensaft
- 40 g Rosinen
- 2 ½ EL rohe Kakaonibs
- 2 EL Mandelbutter
- 1 ½ EL frischer Limettensaft
- 1 Knoblauchzehe
- 1 EL gehackte rote Zwiebel
- 1 ¼ TL Chipotle-Pulver
- ¾ TL Himalayasalz
- ½ TL gemahlener Kreuzkümmel

1. In einer mittelgroßen Schüssel die getrockneten Tomaten mit warmem Wasser bedecken und 15 Minuten einweichen. Dann abgießen, dabei das Einweichwasser auffangen, und abspülen.

2. In einem Standmixer eingeweichte Tomaten, Orangensaft, Rosinen, Kakaonibs, Mandelbutter, Limettensaft, Knoblauch, Zwiebel, Chipotle-Pulver, Salz und Kreuzkümmel mit 120 Milliliter des Einweichwassers und 120 Milliliter frischem Wasser glatt pürieren. Die Mole ist im Kühlschrank bis zu 3 Tage haltbar.

# GUACAMOLE

Das Geheimnis unserer Guacamole besteht darin, den Geschmack der Avocados nicht zu übertönen. Wir bereiten sie frisch und einfach zu, mit nur einem Hauch Zwiebel und Knoblauch und einer angenehm stückigen Textur. Also nicht zu lange zerdrücken, sonst wird das Ganze zum Püree.

**ERGIBT CA. 500 G**

**3 Avocados, Fruchtfleisch in 2,5 cm große Würfel geschnitten**

**3 EL gehacktes Koriandergrün**

**1 ½ EL frisch gepresster Zitronensaft**

**1 ½ EL fein gehackte rote Zwiebel**

**1 durchgepresste kleine Knoblauchzehe**

**1 TL von den Samen befreite und fein gehackte Jalapeño-Chili**

**½ TL Himalayasalz**

In einer mittelgroßen Schüssel alle Zutaten vermischen. Die Masse vorsichtig mit einem Kartoffelstampfer zerdrücken, die Konsistenz sollte noch stückig sein.

# ADOBO DE MIXIOTE

Diese Sauce und Marinade verdanken wir den unzähligen mexikanischen Köchen, die ihr Kochrepertoire mit dem Café Gratitude geteilt haben. Weil ich sie nicht in Bio-Qualität bekam, entschied ich, dass wir unsere eigene Adobo-Sauce machen würden. Ich fragte herum nach einem guten Rezept, und so kamen wir zu dieser Sauce, die eine unserer wichtigsten Marinaden in der Küche ist. Auf ihr basieren unsere Pilz-Carnitas, und sie verleiht allen möglichen Gerichten eine unwiderstehlich rauchige Note.

### ERGIBT CA. 1 EINMACHGLAS (À 230 ML)

2 ganze getrocknete Ancho- oder Guajillo-Chilis

1 grob gehackte Roma-Tomate

1 rote Paprikaschote, vom Stielansatz und den Samen befreit, grob gehackt

50 g gehackte Zwiebel

2 Knoblauchzehen

2 getrocknete Lorbeer- oder Avocadoblätter (siehe Seite 47)

1 Nelke

½ TL ganze schwarze Pfefferkörner

½ TL getrockneter Oregano

½ TL Himalayasalz

1. In einer kleinen Schüssel die getrockneten Chilis mit heißem Wasser bedecken und 15 Minuten einweichen, dann abgießen.

2. In einem Standmixer oder einer Küchenmaschine eingeweichte Chilis, Tomate, Paprikaschote, Zwiebel, Knoblauch, Lorbeerblätter, Nelke, Pfefferkörner, Oregano und Salz glatt pürieren. Die Sauce ist im Kühlschrank bis zu 5 Tage haltbar.

# RAUCHIGE MANDEL-ROMESCO-SAUCE

Hierbei handelt es sich um eine klassische spanische Romesco-Sauce mit roten Paprikaschoten, Knoblauch und Paprikapulver. Die Sauce ist wirklich elegant und wirkt eher wie ein Rezept aus einem Feinschmeckerrestaurant als aus einem Café. Ich nutze sie für eine ganze Reihe unserer Gerichte, vor allem weil sie eine rauchige, leicht fettige und absolut leckere Geschmacksnote beisteuert. Besonders gut harmoniert sie mit Tomatenpesto und einem Salat aus geröstetem Gemüse.

**ERGIBT CA. 1½ EINMACHGLÄSER (À 230 ML)**

- 2 mittelgroße rote Paprikaschoten
- 35 g rohe Mandeln
- 2 EL natives Olivenöl extra
- 1 TL gehackter Knoblauch
- 1 TL Paprikapulver
- ½ TL Rauchmeersalz
- ¼ TL frisch gemahlener schwarzer Pfeffer
- ⅛ TL Cayennepfeffer

1. Über einer Gasflamme oder auf einem Backblech unter dem Backofengrill die Paprikas rösten, bis sie auf allen Seiten schwarz sind. Da mit hohen Temperaturen gearbeitet wird, die Paprikas nicht aus den Augen lassen und häufig wenden, damit sie gleichmäßig rösten. Sie sollen schnell schwarz werden, aber nicht garen, sodass dieser Vorgang nur wenige Minuten dauern dürfte.

2. Die Paprikas in Backpapier wickeln und in eine mittelgroße Schüssel legen. Die Schüssel mit Frischhaltefolie oder einem sauberen Geschirrtuch abdecken und die Paprikas so weit abkühlen lassen, dass man sie anfassen kann. Die verbrannte Haut abziehen und entsorgen, Stielansätze und Samen entfernen. Austretende Flüssigkeit auffangen und für die Sauce beiseitestellen.

3. Den Backofen auf 200 °C vorheizen.

4. Die Mandeln auf ein Backblech legen und im Ofen 5 Minuten rösten, dabei das Blech ab und zu rütteln, damit die Mandeln gleichmäßig rösten. Sie sollten angenehm nussig duften und eine hellgoldene Farbe annehmen.

5. In einem Standmixer die gerösteten Paprikas, den aufgefangenen Saft, die gerösteten Mandeln, Olivenöl, Knoblauch, Paprikapulver, Salz, schwarzen Pfeffer und Cayennepfeffer glatt pürieren. Die Sauce sollte dickflüssig und cremig sein. Ihre Konsistenz hängt von den Paprikaschoten ab, daher 2 Esslöffel Wasser hinzufügen, falls erforderlich. Sie ist in einem geschlossenen Behältnis im Kühlschrank bis zu 5 Tage haltbar.

# GREMOLATA

Mit dem Knoblauch, der frischen Petersilie und der säuerlichen Zitronenschale ist die Gremolata mein Lieblingsfinish für eine ganze Reihe von Café-Gratitude-Gerichten. Obwohl es eigentlich ein italienisches Rezept ist, kommt Gremolata bei uns auch bei mexikanischen oder sogar indischen Gerichten zum Einsatz. Sie unterstreicht bei fast allem, auf das man sie streut, noch den Geschmack.

### ERGIBT CA. 1 EINMACHGLAS (À 230 ML)

**1 Bund frische glatte Petersilie, Blättchen abgezupft und Stängel entsorgt**

**1 Stück Zitronenschale (à 5 cm)**

**1 Knoblauchzehe**

**1/8 TL Himalayasalz**

Auf einem Schneidebrett Petersilie, Zitronenschale, Knoblauch und Salz fein hacken, bis die Textur fein und streufähig ist. Die Gremolata ist im Kühlschrank bis zu 2 Tage haltbar.

**TIPP** Es ist wichtig, die Zutaten zusammen zu hacken (also nicht getrennt und dann mischen). Man darf aber auch nicht zu lange hacken! Das Ergebnis sollte eine aromatische Kräutermischung sein, die sich leicht streuen lässt.

Guacamole
(Seite 289)
Mole Coloradito
(Seite 287)
Geröstete
Tomatillo-Sauce
(gegenüber)
Goji-Chipotle-Dressing
(Seite 278)

# GERÖSTETE TOMATILLO-SAUCE

Diese Sauce stellen wir im Hochsommer her, wenn Tomatillos Saison haben. Wir verwenden sie, wenn wir einem Gericht etwas Säure und eine rauchige Note geben wollen, sodass es eine mexikanische Note bekommt. Die Sauce kann sehr cremig püriert werden, doch wir bevorzugen es, ihr etwas Textur zu lassen, sodass die Tomatillo-Samen noch zu sehen sind.

### ERGIBT CA. 3 EINMACH-GLÄSER (À 230 ML)

**900 g Tomatillos, von den Blättern befreit**

**1 Roma-Tomate**

**2 Knoblauchzehen**

**1 ganze getrocknete Chipotle-Chili**

**1 1/2 TL Himalayasalz**

1. Den Backofen auf 230 °C vorheizen.

2. Auf einem Backblech Tomatillos, Tomate und Knoblauch verteilen und im Ofen 15 Minuten rösten, bis die Haut der Tomatillos anfängt zu verkohlen und die Tomate aufgeplatzt ist und ihren Saft abgibt. Zum Abkühlen beiseitestellen.

3. In einem Standmixer die abgekühlte Mischung mit der getrockneten Chipotle-Chili und Salz kurz glatt pürieren, sodass die Chilisamen noch intakt bleiben. Die Sauce sollte dickflüssig und viskos sein. Die Konsistenz ist von den Tomatillos abhängig, sodass gegebenenfalls noch etwas Wasser (bis zu 60 Milliliter) für die erwünschte Konsistenz hinzugefügt werden muss. Die Sauce ist im Kühlschrank bis zu 5 Tage haltbar.

# ADOBO-BUFFALO-SAUCE

Unsere Variante hat den scharfen, pfeffrigen Geschmack der klassischen Sauce, wird jedoch frisch hergestellt und mit veganer Butter zubereitet. Ich verwende Miyoko's European Style Cultured Vegan Butter, da sie nur Vollwertzutaten enthält und großartig schmeckt. Doch auch andere vegane Butter eignet sich für dieses Rezept.

**ERGIBT CA. 3 EINMACH-GLÄSER (À 230 ML)**

- 3 ganze getrocknete Ancho- oder Guajillo-Chilis
- 2 grob gehackte kleine Roma-Tomaten
- 1 rote Paprikaschote, vom Stielansatz und den Samen befreit, gehackt
- 80 g gehackte Zwiebel
- 3 Knoblauchzehen
- ½ TL Himalayasalz
- ½ TL ganze schwarze Pfefferkörner
- ½ TL getrockneter Oregano
- ¼ TL Cayennepfeffer
- 3 getrocknete Avocadoblätter (siehe Seite 47) oder Lorbeerblätter
- 1 Nelke
- 100 g vegane Butter
- 120 ml Apfelessig

1. In einer mittelgroßen Schüssel die getrockneten Chilis in warmem Wasser 1 Stunde einweichen.

2. Die Chilis abgießen, Stielansatz und Samen entfernen und die Chilis im Standmixer mit Tomaten, Paprikaschote, Zwiebel, Knoblauch, Salz, Pfefferkörnern, Oregano, Cayennepfeffer, Avocadoblättern und Nelke glatt pürieren.

3. In einer mittelgroßen Pfanne die Butter bei mittlerer Temperatur zerlassen. Den Apfelessig hinzufügen und erwärmen, danach die Saucenmischung hinzufügen und zum Köcheln bringen. Die Sauce 5–7 Minuten um ein Drittel einkochen, bis sie etwas dickflüssiger ist. Abgedeckt ist sie im Kühlschrank bis zu 3 Tage haltbar.

# SALSA VERDE

Diese klassische mexikanische Sauce kommt bei einer ganzen Reihe unserer Gerichte zum Einsatz – so wird sie etwa über Chilaquiles geträufelt, in einen Burrito gegeben und fungiert als Dip zu Chips. Wir kombinieren sie häufig mit der gerösteten Tomatillo-Sauce (Seite 295) und Cashew-Sahne (Seite 311), um die charakteristische mexikanische Rot-Weiß-Grün-Kombination zu erhalten.

### ERGIBT CA. 2 EINMACHGLÄSER (À 230 ML)

- Fruchtfleisch von 1 Avocado
- 1 von den Samen befreite und grob gehackte große Jalapeño-Chili
- 1 Bund frisches Koriandergrün, Blättchen abgezupft
- 3 gehackte Frühlingszwiebeln (weiße und grüne Teile)
- 60 ml frisch gepresster Zitronensaft
- 1 gehackte große Knoblauchzehe
- ½ TL Himalayasalz
- ¼ TL frisch gemahlener schwarzer Pfeffer

In einem Standmixer Avocado, Chili, Koriander, Frühlingszwiebeln, Zitronensaft, Knoblauch, Salz, Pfeffer und 240 Milliliter Wasser glatt pürieren. Die Salsa ist im Kühlschrank bis zu 3 Tage haltbar.

# ROHER ZUCCHINI-KORIANDER-HUMMUS

Wir lieben dieses Rezept, nicht nur wegen des intensiven Geschmacks von Zucchini und frischem Koriander, sondern auch weil es ohne den Aufwand auskommt, Kichererbsen zu kochen. Der Hummus ist leicht und komplett roh. Wir lassen ihn etwas stückig, da so die Textur der Zutaten kenntlich bleibt, doch er ist auch sehr gut, wenn er zu der traditionellen cremigeren Konsistenz püriert wird.

### ERGIBT CA. 2 EINMACHGLÄSER (À 230 ML)

**150 g grob gehackte Zucchini**

**130 g Sonnenblumenkerne, 2 Stunden eingeweicht, abgegossen und abgespült**

**2 EL grob gehacktes Koriandergrün (Blättchen und Stängel)**

**2 ½ EL frisch gepresster Zitronensaft**

**2 TL Tahini**

**1 TL gehackter Knoblauch**

**½ TL gemahlener Kreuzkümmel**

**½ TL Himalayasalz**

**¼ TL frisch gemahlener schwarzer Pfeffer**

**¼ TL Cayennepfeffer**

**80 ml natives Olivenöl extra**

1. In einer Küchenmaschine Zucchini, Sonnenblumenkerne, Koriander, Zitronensaft, Tahini, Knoblauch, Kreuzkümmel, Salz, schwarzen Pfeffer und Cayennepfeffer zu einer glatten Masse pürieren. Die Küchenmaschine laufen lassen, das Olivenöl langsam hinzufügen und glatt pürieren. Der Hummus ist im Kühlschrank bis zu 3 Tage haltbar.

# SESAM-WASABI-SAUCE

Diese japanische Vinaigrette verwenden wir für asiatisch inspirierte Bowls und Salate. Wasabi gibt ihr eine leichte, aber nicht zu dominante Schärfe, und das geröstete Sesamöl rundet den Geschmack perfekt ab. Die Sauce passt besonders gut zu Salaten, die auch Algen enthalten.

**ERGIBT CA. 2 EINMACHGLÄSER (À 230 ML)**

- 120 ml plus 2 EL frisch gepresster Orangensaft
- 120 ml brauner Reisessig
- 60 ml Tamari-Sauce
- ¼ von den Samen befreite Jalapeño-Chili
- 1 EL Tahini
- 1 EL geröstetes Sesamöl
- 2 TL frischer Ingwersaft oder ein 2,5 cm großes Stück frischer Ingwer
- 1 ½ TL Wasabipulver
- 1 ½ TL Himalayasalz
- 120 ml natives Olivenöl extra

In einem Standmixer Orangensaft, Essig, Tamari, Chili, Tahini, Sesamöl, Ingwer, Wasabi und Salz auf hoher Stufe glatt pürieren. Auf die mittlere Stufe herunterstellen und in einem dünnen Strahl das Olivenöl zugießen, bis das Dressing emulgiert. Die Sauce ist im Kühlschrank bis zu 5 Tage haltbar.

**FRAGE *des Tages***

Welche menschlichen Eigenschaften bewunderst du am meisten?

Tomatenpesto
(Seite 303)
Koriander-
Kürbiskern-Pesto
(gegenüber)
Basilikum-
Hanfsamen-Pesto
(Seite 302)

# KORIANDER-KÜRBISKERN-PESTO

Das ist unsere spezielle Abwandlung des bekannten Basilikumpestos. Die ölhaltigen Kürbiskerne betonen die Kräuteraromen des Korianders, sodass das Pesto hervorragend zu mexikanisch oder spanisch inspirierten Gerichten passt. Besonders gut ist die Kombination mit der rauchigen Mandel-Romesco-Sauce (Seite 292), vor allem zu geröstetem Blumenkohl oder frittierten Zucchiniblüten.

**ERGIBT CA. 2 EINMACHGLÄSER (À 230 ML)**

**65 g gehacktes Koriandergrün**

**90 g rohe Kürbiskerne**

**1 von den Samen befreite und gehackte kleine Jalapeño- oder Serrano-Chili**

**1 gehackte Knoblauchzehe**

**1 EL plus 2 TL frisch gepresster Limettensaft**

**¾ TL Himalayasalz**

**120 ml natives Olivenöl extra**

In einer Küchenmaschine Koriander, Kürbiskerne, Jalapeño- oder Serrano-Chili, Knoblauch, Limettensaft und Salz zerkleinern, bis die Zutaten gehackt sind, aber noch etwas Textur haben. Die Küchenmaschine laufen lassen und in einem dünnen Strahl das Olivenöl zugießen, bis das Pesto emulgiert. Es ist im Kühlschrank bis zu 1 Woche haltbar.

# BASILIKUM-HANFSAMEN-PESTO

Unser ewiger Sommerfavorit. Diese Variante enthält keine Nüsse und verwendet stattdessen Hanfsamen als nussigen, ölhaltigen Bestandteil. Ansonsten ist es recht traditionell und kann alles Mögliche begleiten, von Salaten über Getreide-Bowls bis zu Sandwiches und Pasta.

**ERGIBT CA. 1 EINMACHGLAS (À 230 ML)**

**120 g frische Basilikumblättchen**

**120 ml natives Olivenöl extra, plus mehr, falls erforderlich**

**85 g Hanfsamen**

**1 TL gehackter Knoblauch**

**½ TL Himalayasalz**

In einer Küchenmaschine Basilikum, Olivenöl, Hanfsamen, Knoblauch und Salz glatt pürieren. Wenn es nicht sofort verwendet wird, das Pesto mit einer dünnen Schicht Olivenöl bedecken, damit es nicht seine Farbe verliert, und in einem luftdicht verschließbaren Behältnis im Kühlschrank 3-5 Tage aufbewahren.

**FRAGE** ***des Tages***

Was würdest du jetzt gern tun?

# TOMATENPESTO

Dies ist unsere Winterversion des vielseitig einsetzbaren Basilikum-Hanfsamen-Pestos. Die Pistazien geben ihm das intensive Aroma, ergänzt von den Tomaten und noch betont durch etwas Salzzitrone.

**ERGIBT CA. 2 EINMACHGLÄSER (À 230 ML)**

50 g getrocknete Tomaten

85 g Hanfsamen

30 g rohe Pistazien

1 1/2 EL gehackte Salzzitrone oder frischer Zitronenabrieb

1 1/2 EL gehackte frische Kräuter wie Rosmarin, Thymian, Petersilie oder Majoran (gemischt nach Belieben)

2 TL Basilikum-Hanfsamen-Pesto (Seite 302)

2 TL gehackter Knoblauch

1 TL Rauchsalz

natives Olivenöl extra, falls erforderlich

1. In einer mittelgroßen Schüssel die getrockneten Tomaten mit heißem Wasser bedecken und 15 Minuten einweichen. Abgießen und das Einweichwasser auffangen.

2. In einer Küchenmaschine eingeweichte getrocknete Tomaten, Hanfsamen, Pistazien, Zitrone, Kräuter, Basilikum-Hanfsamen-Pesto, Knoblauch, Salz und 2 Esslöffel Einweichwasser glatt pürieren, dabei zum Verdünnen weitere 1 oder 2 Esslöffel Einweichwasser hinzufügen, falls erforderlich. Wenn es nicht sofort verwendet wird, das Pesto mit einer dünnen Schicht Olivenöl bedecken, damit es nicht seine Farbe verliert, und in einem luftdicht verschließbaren Behältnis im Kühlschrank 3-5 Tage aufbewahren.

# WÜRZIGES TOMATENCONFIT

Eine weitere unserer wandlungsfähigen Saucen: Das Tomatenconfit ist als Chutney zu einem indischen Gericht genauso gut aufgehoben wie auf einer Antipasti-Platte mit Nusskäse oder einer orientalischen oder mediterranen Platte mit Falafel.

### ERGIBT CA. 4 EINMACHGLÄSER (À 230 ML)

1 EL Kreuzkümmelsamen

50 g fein gehackter frischer Ingwer

120 ml Apfelessig

50 g gehackte ganze Zitronen

1,8 kg gewürfelte Roma-Tomaten

300 g Rohrzucker

270 g Kokosblütenzucker

1 EL gemahlener Zimt

1 TL gemahlene Nelken

1 TL Himalayasalz

1 TL Cayennepfeffer

1. In einer kleinen Pfanne die Kreuzkümmelsamen bei mittlerer Temperatur 3 Minuten rösten, bis sie duften, dabei ab und zu die Pfanne schwenken.

2. In einem Standmixer geröstete Kreuzkümmelsamen, Ingwer, Apfelessig und Zitrone klein hacken. Beiseitestellen.

3. In einem großen Topf mit schwerem Boden Tomaten, Rohrzucker, Kokosblütenzucker, Zimt, Nelken, Salz und Cayennepfeffer bei mittlerer Temperatur erhitzen. Die Ingwer-Zitronen-Mischung unterrühren und das Ganze zum Kochen bringen.

4. Einen kleinen Teller in das Tiefkühlgerät stellen für den Geliertest des Confits.

5. Die Mischung 25 Minuten kochen, bis die Tomaten zu einer marmeladenartigen Konsistenz eingekocht sind und der Zucker karamellisiert. Während des Einkochens stetig umrühren, damit das Confit nicht anbrennt.

6. Zum Testen den Teller aus dem Tiefkühlgerät nehmen und 1 Esslöffel Confit daraufgeben. Den Teller 1 Minute in das Tiefkühlgerät stellen. Das Confit ist fertig, wenn es fest ist und nur wenig fließt, wenn der Teller seitlich geneigt wird. Wenn es noch zu flüssig ist, die Kochzeit etwas verlängern.

7. Das Tomatenconfit vor dem Servieren abkühlen lassen. Das Confit hält sich in einem großen oder mehreren kleinen Vorratsgläsern im Kühlschrank bis zu 2 Wochen.

# MINZ-KOKOS-CHUTNEY

Hier kommt eine großartige Alternative ohne Milchprodukte zu Joghurt-Chutneys. Wir verwenden Kokosfruchtfleisch, das dem Chutney gehaltvolle Cremigkeit gibt und im Kontrast zur Frische der Minze steht. Es schmeckt wunderbar zu indischen Gerichten.

### ERGIBT CA. 3 ½ EINMACHGLÄSER (À 230 ML)

- 80 g grob gehackte weiße Zwiebel
- 40 g ungesüßte Kokosflocken
- 40 g junges Thai-Kokosnuss-Fruchtfleisch, frisch (siehe Seite 33) oder tiefgekühlt und aufgetaut
- 60 ml frisch gepresster Zitronensaft
- ½ bis 1 kleine von den Samen befreite Jalapeño-Chili
- 1 ½ TL Himalayasalz
- 1 TL gehackter frischer Ingwer
- 30 g gehacktes Koriandergrün
- 15 g gehackte frische Minzblättchen

In einem Standmixer Zwiebel, Kokosflocken, Kokosfruchtfleisch, Zitronensaft, Chili, Salz und Ingwer mit 240 Milliliter Wasser auf hoher Stufe cremig und glatt pürieren. Den gehackten Koriander und die Minze hinzufügen und die Mischung auf niedriger Stufe erneut kurz pürieren, bis die Kräuter etwas zerkleinert, aber nicht komplett püriert sind. Das Minz-Kokos-Chutney ist im Kühlschrank bis zu 5 Tage haltbar.

# SCHARFE COCKTAILSAUCE/ CHIPOTLE-KETCHUP

Diese Mischung ist fantastisch vielseitig sowohl als Cocktailsauce wie auch als Ketchup einsetzbar. Sie wird außerdem zu einer schönen Chipotle-Aioli, wenn man sie mit dem Cashew-Nacho-Käse (Seite 314) verrührt. Wenn die Sauce als Ketchup verwendet werden soll, muss sie länger als angegeben eingekocht werden, bis sie die gewünschte dickflüssige Konsistenz erreicht hat.

**ERGIBT CA. 2 EINMACHGLÄSER (À 230 ML)**

- 2 EL natives Olivenöl extra
- 80 g gewürfelte rote Zwiebel
- 30 g gewürfelter Fenchel
- ½ Stange grob gehackter Sellerie
- 1 Stück frischer Ingwer (à 3,5 cm)
- ½ TL Chipotle-Pulver
- 1 Knoblauchzehe
- 1 ½ TL Koriandersamen
- ½ TL Himalayasalz
- ½ TL frisch gemahlener schwarzer Pfeffer
- ⅛ TL gemahlene Nelken
- 800 g gehackte Tomaten
- 30 g grob gehacktes Basilikum (Stängel und Blättchen)
- 80 ml Apfelessig
- 2 ½ EL Kokosblütenzucker

**1.** In einer großen Pfanne das Olivenöl bei mittlerer Temperatur erhitzen. Zwiebel, Fenchel, Sellerie, Ingwer, Chipotle-Pulver, Knoblauch, Koriandersamen, Salz, Pfeffer und gemahlene Nelken hineingeben und 10 Minuten anschwitzen, bis das Gemüse weich ist. Die Tomaten und 500 Milliliter Wasser hinzufügen und 20 Minuten auf die Hälfte einkochen.

**2.** Die Mischung in einen Standmixer füllen, das Basilikum hinzufügen und glatt pürieren. Die Mischung zurück in die Pfanne geben und den Apfelessig und den Kokosblütenzucker unterrühren. Bei mittlerer Temperatur 20–25 Minuten köcheln lassen, bis die Sauce sämig und dickflüssig ist. Als Cocktailsauce benötigt die Mischung etwas weniger Kochzeit. Wenn daraus ein glattes Ketchup werden soll, die Sauce durch ein feines Sieb passieren. Die Sauce abkühlen lassen. Sie ist im Kühlschrank bis zu 1 Woche haltbar.

# BARBECUE-SAUCE

Die klassische BBQ-Sauce besteht zwar aus vielen einzelnen Zutaten, ist dafür aber ganz einfach zuzubereiten.

### ERGIBT CA. 3 EINMACHGLÄSER (À 230 ML)

- 225 g in große Stücke geschnittene Roma-Tomaten
- 100 g Pfirsiche, frisch oder tiefgekühlt, gewürfelt
- 1 ganze getrocknete Chipotle-Chili
- 60 ml Apfelessig
- 2 ½ EL grob gehackte weiße Zwiebel
- 2 ½ EL getrocknete Tomaten, 10 Minuten in heißem Wasser eingeweicht, abgegossen und gehackt
- 2 ½ EL Kokosblütenzucker
- 2 EL Weißwein
- 1 EL Tamarindenpaste oder 1 entkernte Medjool-Dattel
- 1 EL Melasse
- 2 TL Rauchmeersalz
- 1 ½ TL eingelegte Kapern, abgetropft
- 1 Knoblauchzehe
- ½ TL Flüssigrauch
- 3 ganze schwarze Pfefferkörner
- ⅛ TL gelbe Senfsamen
- ⅛ TL Paprikapulver

1. In einem großen Topf mit schwerem Boden alle Zutaten bei mittlerer Temperatur 10–12 Minuten köcheln lassen, bis die Tomaten zerfallen, dabei häufig umrühren, damit die Sauce nicht am Topfboden haftet. Den Deckel teilweise auflegen, die Temperatur herunterstellen und die Mischung weitere 15–20 Minuten köcheln lassen. Wenn sie anzudicken beginnt, den Topf vom Herd nehmen. Den Deckel abnehmen und die Sauce 5 Minuten abkühlen lassen.

2. Vorsichtig die Sauce portionsweise in einem Standmixer oder einer Küchenmaschine glatt pürieren.

3. Die Sauce zurück in den gesäuberten Topf füllen. Wenn die Sauce so superfein werden soll, wie ich sie mag, muss sie zuvor durch ein feines Sieb passiert werden. Darf sie etwas rustikaler sein, kann das übersprungen werden.

4. Die Sauce bei niedriger Temperatur 10 Minuten köcheln lassen, dabei häufig umrühren, bis sie dick und glänzend ist. Die Sauce blubbert und spritzt beim Einkochen. Deshalb zwischen dem Umrühren den Deckel teilweise auflegen und zum Schutz vor den Spritzern einen Löffel mit langem Stiel verwenden. Die Sauce ist abgedeckt im Kühlschrank mindestens 10 Tage haltbar.

# KÄSE & EINGELEGTES

Cashew-Ricotta
(gegenüber)
Cashew-Mozzarella-Kugeln
(Seite 312)
Cashew-Mozzarella
(Seite 312)
Paranuss-Parmesan
(Seite 317)

# CASHEW-SAHNE/-RICOTTA

Dies ist eine großartige Sauce für die vegane Vorratshaltung, da sie als säuerlicher Sahneersatz auf fast alles geträufelt werden kann. Wir geben sie auf unsere Pizzas für den Mozzarella-Look, rühren sie in Sauce, um diese gehaltvoller und leicht zitronig zu machen, und verfeinern Pasta damit wie mit geschmolzenem Käse. Je nachdem, wie wir sie verwenden, nennen wir die Cashew-Creme »Sahne« oder »Ricotta«.

### ERGIBT CA. 1 EINMACHGLAS (À 230 ML)

**75 g rohe Cashewkerne, mindestens 2 bis zu 8 Stunden eingeweicht**

**2 EL frisch gepresster Zitronensaft**

**¼ TL Himalayasalz**

Die Cashews abgießen und abspülen. Im Standmixer die Cashews mit Zitronensaft, Salz und 120 Milliliter Wasser glatt und cremig pürieren. Die Creme ist in einem luftdicht verschließbaren Behältnis im Kühlschrank bis zu 5 Tage haltbar.

# CASHEW-MOZZARELLA

Dieser Nusskäse ist sehr einfach herzustellen, erfordert aber etwas Vorausplanung, da Knorpeltang und Cashews mindestens 8 Stunden eingeweicht werden müssen und der Käse 4 Stunden Kühlzeit braucht, um fest zu werden. Außerdem wird ein Hochleistungsmixer benötigt, um Tang und Cashews glatt zu pürieren. Für eine feta-artige Konsistenz den Käse vor dem Servieren 10 bis 15 Minuten in das Tiefkühlgerät stellen. Ansonsten ist der Käse cremiger und weicher. Beides ist toll!

**ERGIBT CA. 1 EINMACH-GLAS (À 230 ML)**

20 g Irish Moss (Knorpeltang, siehe Tipp)

3/4 TL Himalayasalz

75 g rohe Cashewkerne, 8 Stunden eingeweicht, abgegossen und abgespült

60 ml Kokosöl, erwärmt und flüssig

1. Den Tang gründlich waschen, er kann sehr sandig sein. In einer großen Schüssel den Tang mit reichlich kaltem Wasser bedecken und mindestens 8 Stunden im Kühlschrank einweichen. (Der Tang braucht ausreichend Platz in der Schüssel, da er beim Einweichen sein Volumen vergrößert.) Nach dem Einweichen den Tang nicht abspülen. Der eingeweichte Tang hält sich im Kühlschrank bis zu 1 Monat; er sollte dann jedoch nicht abgegossen und das Wasser nicht erneuert werden.

2. Den Tang abtropfen lassen und auf einer digitalen Waage exakt 28 Gramm abwiegen. Den Tang grob hacken.

3. In einem Standmixer den Tang, das Salz und 60 Milliliter Wasser auf mittlerer Stufe pürieren, bis die Mischung eine gelee-artige Konsistenz erreicht. Kleine Stückchen Tang können an den Wänden oder am Deckel haften, daher gelegentlich stoppen und alles mit einem Teigspatel wieder hinunterschieben. Falls die Mischung schwer zu pürieren ist, noch etwas Wasser hinzufügen. Die Mischung sollte vollständig glatt püriert sein, ansonsten hat man später Tangstückchen im Käse.

4. Die Cashews und das Kokosöl hinzufügen und auf mittlerer bis hoher Stufe pürieren. Die Mischung muss für ein wirklich glattes und cremiges Ergebnis kräftig bearbeitet werden. Ich will niemandem etwas vormachen, der Käse erfordert etwas Einsatz. Wenn er zu fest wird, noch weiteres Wasser hinzufügen, aber nicht aufgeben, bevor der Käse glatt und geschmeidig ist. Es lohnt sich!

5. Den Cashew-Mozzarella in ein kleines Einmachglas oder ein anderes Behältnis mit Deckel gießen, verschließen und mindestens 4 Stunden im Kühlschrank kalt stellen. Der Mozzarella hält sich im Kühlschrank bis zu 5 Tage.

**TIPP** Irish Moss (Knorpeltang) wird als vegane Gelatine oder Bindemittel in Rezepten verwendet und soll auch gesundheitsfördernde Eigenschaften besitzen. Wir verwenden ihn schon seit der Gründung im Café Gratitude, vor allem für unsere rohen Kuchen, Cremes und Käsesorten, weil er vielseitig ist und nicht erhitzt werden muss, um zu gelieren. Es dürfte schwierig sein, Knorpeltang im lokalen Supermarkt zu bekommen, doch im Onlinehandel ist er zu finden. Für dieses Rezept wird der ganze Tang benötigt, keine Flocken.

**VARIATION** Wenn der Cashew-Mozzarella fertig ist, kann er als cremiger Frischkäse serviert werden oder in anderen Formen, beispielsweise zu kleinen Bocconcini geformt und in zerstoßenen schwarzen Pfefferkörnern gewälzt (siehe Foto auf Seite 310). Alternativ kann der Mozzarella in Backpapier zu einer Rolle geformt und in gehackten Pistazien oder frisch gehackten Kräutern gewälzt werden (Fotos auf Seite 92 und 95).

# CASHEW-NACHO-KÄSE

Seit wir diesen cremigen Käse erfunden haben, ist unser Vorrat um ein außerordentlich vielseitiges Grundrezept reicher, das in fast jedem Gericht zum Einsatz kommen kann, das eine cremig-würzige Note bekommen soll. Wir verwenden ihn als Nacho-Sauce in unseren mexikanischen Getreide-Bowls, als würzige Aioli für unsere mediterrane Kichererbsen-Frittata und als Dip zum Buffalo-Blumenkohl (siehe Seite 113) – er macht sich überall gut.

### ERGIBT CA. 3 EINMACHGLÄSER (À 230 ML)

**150 g rohe Cashewkerne, 4 Stunden eingeweicht**

**2 EL gemahlene rohe Kürbiskerne**

**½–1 von den Samen befreite Jalapeño-Chili**

**2 EL frisch gepresster Zitronensaft**

**1 kleine Knoblauchzehe**

**1 ½ TL Himalayasalz**

**1 ½ TL Chipotle-Pulver**

Die Cashews abgießen und unter fließendem kalten Wasser abspülen, bis das Wasser klar bleibt. In einem Standmixer Cashews, Kürbiskerne, Chili, Zitronensaft, Knoblauch, Salz, Chipotle-Pulver und 300 Milliliter Wasser glatt und und cremig pürieren. Der Käse ist abgedeckt im Kühlschrank bis zu 4 Tage haltbar.

# CASHEW-CRÈME-FRAÎCHE

Diese fermentierte Crème sollte möglichst 2 bis 3 Tage vor ihrer Verwendung hergestellt werden. Im Kühlschrank hält sie sich mindestens 1 Woche. Je länger der Kokoskefir fermentiert, desto säuerlicher wird die Crème.

### ERGIBT CA. 1 EINMACHGLAS (À 230 ML)

**110 g rohe Cashewkerne, mindestens 2 und bis zu 8 Stunden eingeweicht**

**115 g plus 2 EL Kokoskefir**

**2 EL frisch gepresster Zitronensaft**

**1 TL Himalayasalz**

Die Cashews abgießen und unter fließendem kalten Wasser abspülen, bis das Wasser klar bleibt. In einem Standmixer die Cashews mit Kokoskefir, Zitronensaft und Salz glatt pürieren. Die Cashew-Crème-fraîche ist abgedeckt im Kühlschrank bis zu 1 Woche haltbar.

**FRAGE *des Tages***

Womit kannst du heute Mut beweisen?

# MACADAMIA-CHEDDAR

Dieser einfache Nusskäse macht sich glänzend auf einem Cheeseburger. Oder einfach den Käse mit frisch gekochter Lieblingspasta vermischen, ein wenig Nudelkochwasser hinzufügen, und los geht's!

**ERGIBT CA. 2 EINMACH-GLÄSER (À 230 ML)**

**2 kleine rote Paprikaschoten, vom Stielansatz und den Samen befreit, grob gehackt**

**2 EL frisch gepresster Zitronensaft**

**1 TL Himalayasalz**

**225 g rohe Macadamia-Nüsse**

In einem Standmixer Paprikas, Zitronensaft und Salz glatt pürieren. Die Nüsse hinzufügen und zu einer glatten, homogenen Masse pürieren. Falls erforderlich, den Mixer stoppen und mit einem Teigspatel die Masse an den Wänden hinunterschieben. Die Konsistenz des Käses hängt davon ab, wie viel Saft die Paprikaschoten enthalten. Gegebenenfalls noch 1–2 Esslöffel Wasser hinzufügen, aber nicht zu lange mixen. Der Käse ist im Kühlschrank abgedeckt bis zu 5 Tage haltbar.

# PARANUSS-PARMESAN

Dieser bröselige Käse mit viel Selen und Knoblauchnote ist überall dort das perfekte Topping, wo man sonst einen traditionellen Parmesan verwenden würde. Er passt aber auch prima zu einem herzhaften Frühstücksporridge.

**ERGIBT CA. 2 EINMACH-GLÄSER (À 230 ML)**

**260 g ganze Paranüsse**
**2 TL fein gehackter Knoblauch**
**½ TL Himalayasalz**

In einer Küchenmaschine Nüsse, Knoblauch und Salz zu Bröseln zerkleinern. Nicht zu lange zerkleinern, sonst macht das Öl der Paranüsse daraus schnell eine Paste. Der Parmesan ist im Kühlschrank abgedeckt bis zu 1 Woche haltbar.

**FRAGE** *des Tages*

Wem könntest du heute die Hand reichen und Teilhabe ermöglichen?

# ESCABECHE

Ganz ehrlich halte ich unsere Escabeche – leicht gegartes Gemüse, eingelegt in einem Essigsud – für eine der besten, die ich kenne. Sie ist etwas komplexer als das, was in einer Taqueria zu finden ist, sehr aromatisch und köstlich. Wichtig ist, das Gemüse nicht zu lange zu garen; es sollte noch knackig, aber nicht mehr roh sein, und selbst festere, robuste Gemüsesorten werden nur blanchiert. Die zarteren »garen« ohnehin im Einlegesud. Auf rote Zwiebel oder Bete sollte verzichtet werden, da sie den Sud pink färben.

### ERGIBT CA. 1 VORRATS-GLAS (À 1 L)

- 2 TL natives Olivenöl extra
- 1 getrocknetes Lorbeerblatt
- 1 kleine Stange Zimt
- 1 Sternanis
- ½ TL Kreuzkümmelsamen
- ½ TL ganze schwarze Pfefferkörner
- ½ TL getrockneter Thymian
- ½ TL getrockneter Oregano
- ½ TL rote Chiliflocken
- 50 g in 1 cm dicke Scheiben geschnittene Zwiebel
- 1 zerdrückte Knoblauchzehe
- 480 ml Apfelessig
- 1 ½ TL Himalayasalz, plus mehr zum Blanchieren des Gemüses
- 1 ½ TL Kokosblütenzucker
- 250 g gemischtes, in mundgerechte Stücke geschnittenes Gemüse, beispielsweise kleine Zucchini, Babykarotten, Paprikaschoten, Sellerie, Brokkoli oder Blumenkohl
- ¼–½ von den Samen befreite und in 0,5 cm dicke Ringe geschnittene Jalapeño-Chili

1. In einem mittelgroßen Topf das Olivenöl bei mittlerer Temperatur erhitzen. Lorbeerblatt, Zimtstange, Sternanis, Kreuzkümmelsamen, Pfefferkörner, Thymian, Oregano und Chiliflocken hinzufügen und im Öl etwa 2 Minuten rösten, bis die Gewürze erwärmt sind und duften.

2. Die Zwiebel und den Knoblauch hinzufügen und 3 Minuten anschwitzen. Den Apfelessig und 500 Milliliter Wasser hinzufügen und die Mischung zum Kochen bringen. Das Salz und den Kokosblütenzucker unterrühren. Den Topf vom Herd nehmen und die Mischung 5 Minuten abkühlen lassen.

3. Falls Brokkoli und/oder Blumenkohl verwendet werden, einen großen Topf mit gesalzenem Wasser füllen und zum Kochen bringen. Das Gemüse darin 3 Minuten kochen, bis es etwas weicher ist, aber noch Biss hat. Das Gemüse abgießen.

4. Alles Gemüse und die Jalapeño-Chili in ein großes Vorratsglas oder ein anderes Behältnis mit Deckel füllen. Die Essig-Zwiebel-Mischung über das Gemüse gießen und weiteres Wasser hinzufügen, falls erforderlich, damit das Gemüse komplett bedeckt ist. Fest verschließen und in den Kühlschrank stellen. Das Gemüse muss vor dem Servieren über Nacht ziehen und ist im Kühlschrank bis zu 2 Wochen haltbar.

# ROTKOHL-KIMCHI

Das Kimchi im Café Gratitude wird nicht im traditionellen koreanischen Stil hergestellt, wie es viele Menschen kennen, sondern ist eine Art wunderbar würziges Sauerkraut aus Rotkohl und Daikon-Rettich. Es macht Spaß, eigenes Kimchi oder Sauerkraut herzustellen, zumal es sich im Kühlschrank bis zu 3 Monate hält und für alles Mögliche verwendet werden kann, von Salaten bis zu warmen Gemüsegerichten. Wer eigens einen Keramiksauerkrauttopf besitzt, ist im Vorteil, doch Kimchi kann auch in einem Edelstahlgefäß mit großartigem Ergebnis zubereitet werden. Außer einem großen Gefäß für das Kimchi wird ein Teller benötigt, der hineinpasst und das Kimchi während des Fermentierens beschwert und so in die Lake drückt. Stattdessen kann aber auch ein großes Vorratsglas mit Deckel mit Wasser gefüllt werden und zum Beschweren dienen. Man muss das Ganze nicht zu kompliziert machen; schließlich ist das ein bäuerliches Essen!

### ERGIBT CA. 1 VORRATSGLAS (À 2 L)

**1 großer Kopf Rotkohl, vom Strunk befreit und gehobelt (siehe Tipp)**

**225 g gehobelter Daikon-Rettich (siehe Tipp)**

**2 EL grobes Meersalz, plus mehr zum Abschmecken**

**45 g von den Samen befreite und grob gehackte Jalapeño-Chilis**

**2 EL gehackter Knoblauch**

1. In einer großen Schüssel Rotkohl, Daikon-Rettich und 2 Esslöffel Salz mit den Händen gründlich durchkneten. Das Kneten zerstört die Zellwände von Kohl und Daikon, und sie beginnen, ihren Saft abzugeben. Wenn die Mischung schön feucht ist, bei Raumtemperatur 15 Minuten ruhen lassen, dann probieren, wie salzig das Gemüse ist. Es sollte salzig schmecken, aber nicht zu sehr. Durch das Salz bleibt das Gemüse knackig. Wenn also zu wenig verwendet wird, besteht das Risiko, dass das Gemüse beim Fermentieren weich wird. Wenn es bereits zu salzig schmeckt, eine Portion Gemüse herausnehmen und in einem Durchschlag das Salz abspülen. Gut abtropfen lassen, bevor das Gemüse zurück in die Schüssel gegeben wird.

2. Die Chilis und den Knoblauch hinzufügen und vermischen. Dann das Gemüse mithilfe der eigenen Faust oder eines Stampfers fest in das vorgesehene Gefäß stopfen. Je mehr Druck dabei ausgeübt wird, umso mehr Saft gibt das Gemüse ab, also los! Die Flüssigkeit aus der Schüssel zum Gemüse gießen, einen Teller auf das Gemüse stellen und diesen mit einem mit Wasser gefüllten Vorratsglas beschweren. Die Wände von Kohl und Daikon befreien, es sollten sich keine Gemüsestücke außerhalb der Flüssigkeit befinden. Nach ein paar Stunden erneut prüfen, ob das Gemüse komplett bedeckt ist. Falls nicht, etwas Wasser zum Kochen bringen, abkühlen lassen und in das Gefäß gießen, sodass die Kohlmischung bedeckt ist.

3. Das Fermentiergefäß mit einem großen Geschirrtuch abdecken und dieses mit Küchengarn oder einem Gummi fest verschnüren, damit während des Fermentierens keine Insekten hineingelangen. Das Kimchi an einen kühlen, dunklen Ort stellen und 3–10 Tage fermentieren lassen. Fermentation ist ein Prozess, der weitgehend von den äußeren Rahmenbedingungen abhängt. Wärme beschleunigt ihn, Kälte verlangsamt ihn. Nach 3 Tagen das Kimchi täglich probieren. Dabei weißlichen Schaum von der Oberfläche entfernen. Das ist normal und beeinträchtigt den Kohl nicht. Wenn das Kimchi die gewünschte Textur erreicht hat, wird es in ein sauberes Vorratsglas umgefüllt und hält sich im Kühlschrank bis zu 3 Monate.

**TIPP** Kohl und Daikon können mit einer Mandoline, in einer Küchenmaschine mit Schneidscheibe oder von Hand gehobelt werden, was ich am einfachsten finde und geradezu genieße, wenn ich das Rezept zu Hause zubereite.

# ROTE-BETE-PICKLES

Als wir unser Gratitude-Spezial gerade entwickelten, erinnerte ich mich an die Ferienabendessen meiner Kindheit. Rote-Bete-Pickles waren immer dabei. Dies ist ein klassisches Oma-Rezept. Wichtig ist, dass die Roten Beten nicht zu lange gekocht werden, sonst werden sie matschig.

## ERGIBT CA. 1 VORRATSGLAS (À 1 L)

**4 mittelgroße Rote Beten, abgebürstet**

**240 ml Apfelessig**

**100 g Rohrzucker**

**1 ½ TL Nelken**

**1 ½ TL ganze Pimentkörner**

**½ TL Himalayasalz**

1. In einem großen Topf die Roten Beten mit Wasser bedecken und bei hoher Temperatur zum Kochen bringen. Die Temperatur herunterstellen und die Beten 20–30 Minuten sanft köcheln lassen, bis sie mit einem schmalen scharfen Messer eingestochen werden können. Die Garzeit hängt von der Größe der Beten ab.

2. Die Beten abgießen und zum Abkühlen beiseitestellen. Die abgekühlten Beten schälen, in Spalten schneiden und in ein großes Vorratsglas oder eine Schüssel geben.

3. In einem mittelgroßen Topf Apfelessig, Zucker, Nelken, Piment und Salz bei mittlerer Temperatur zum Kochen bringen und 5 Minuten kochen lassen. Diesen Sud über die Beten gießen. Vor dem Servieren mindestens 2 Stunden marinieren. Die Pickles sind abgedeckt im Kühlschrank bis zu 2 Wochen haltbar.

# KAROTTEN-PICKLES

Für das Rezept eignen sich marktfrische Babykarotten am besten, die einen Durchmesser von 1 Zentimeter haben und kürzer als 12 Zentimeter sind. Ansonsten beim Verwenden größerer Karotten diese in Stücke schneiden.

**ERGIBT CA. 1 VORRATSGLAS (À 1 L)**

**900 g Babykarotten**
**500 ml Apfelessig**
**2 Knoblauchzehen**
**2 TL Himalayasalz**
**2 TL Koriandersamen**
**1 TL ganze schwarze Pfefferkörner**
**1 TL Kümmelsamen**
**1 getrocknetes Lorbeerblatt**

**1.** Die Karotten gründlich waschen und von Erde befreien. Die Karotten am Ansatz beschneiden, aber nicht schälen. Beiseitestellen und den Sud zubereiten.

**2.** In einem großen Topf Apfelessig, Knoblauch, Salz, Koriandersamen, Pfefferkörner, Kümmelsamen und Lorbeerblatt zusammen mit 500 Milliliter Wasser bei mittlerer Temperatur zum Kochen bringen. Die Mischung 3 Minuten kochen lassen, dann die Karotten hinzufügen und weitere 2 Minuten kochen lassen. Den Topf vom Herd nehmen und den Sud bei Raumtemperatur vollständig abkühlen lassen. Die Karotten sind abgedeckt in ihrem Sud im Kühlschrank bis zu 1 Monat haltbar. Sie können schon nach ein paar Stunden serviert werden, schmecken aber besser, wenn sie über Nacht ziehen durften.

# DANK

## VON Dreux Ellis

Wir sind alle miteinander verbunden, und so sind auch dieses Kochbuch und was ich im Café Gratitude geschaffen habe, das Ergebnis der Zusammenarbeit mit so vielen Menschen, denen ich gerne aus tiefstem Herzen meinen Dank aussprechen möchte: Matthew und Terces Engelhart, Euch zu treffen war ein Wendepunkt in meinem Leben. Ihr seid Pioniere im Erwecken von Liebe, und Euer Engagement für die grundlegenden Prinzipien im Café Gratitude - in guten und in schlechten Zeiten - hat mich zutiefst beeindruckt.

Cary Moiser und Ryland Engelhart, ich danke Euch für die Fortsetzung des Weges, den Eure Eltern so mutig eingeschlagen haben und dem Ihr mit derselben Hingabe und Ehrlichkeit folgt.

Lisa Bonbright, vielen Dank für Deine Ausdauer beim Verfolgen der gemeinsamen Vision. Deine Energie und Dein Einsatz für Spitzenleistungen bilden die Grundlage unseres Erfolgs. Danke für Deine Partnerschaft und die unbegrenzte Bühne, die Du meiner Arbeit bietest.

Ein Dankeschön gilt der Stadt Venedig und meiner italienischen Familie und den Freunden dort, die mich herzlich aufnahmen und meinen aufkeimenden Wunsch unterstützten, Koch zu werden. Per Angelo Carbone, per sempre, e per la mia grande maestra Maddalena Salzone. Per Susanna Morasco e Martina Trois, la mia famiglia italiana, grazie per tutto quello che mi avete insegnato e l'amore e la fiducia che mi avete dato. Ringrazio anche Doriana Presotto per avermi dato il mio primo lavoro come Chef e per la sua amicizia.

Danke an Chandra Gilbert und Alice Liu, liebe Freundinnen und Kolleginnen, deren Liebe und Freundschaft mir auf meinem Weg mit dem Café Gratitude Kraft gaben, und an die unglaublich engagierten und hart schuftenden »Herz des Hauses«-Teams, die unsere Gäste über die Jahre mit vielen Tausenden von Mahlzeiten versorgt haben. Ein besonderer Dank auch an Beto Roque, Jaime Salinas und Hugo Alquicira für ihre Unterstützung beim Testen der Rezepte und beim Foodstyling für dieses Kochbuch.

Besonders bedanken möchte ich mich auch bei Tiziana Alipo Tamborra und Matthew Rogers für ihre nach wie vor bestehenden Rezepte für die rohen Dessertklassiker im Café Gratitude und bei Isamar Curiel Santos und Sergio Mendez, die sie weiterentwickelt haben.

Danke, Isamar und Sergio, für begeisternde neue Desserts und für alle Inspiration und Hingabe, die Ihr in dieses Kochbuch eingebracht habt.

Lisa Romerein, Rebecca Farr und Robin Turk, für die wunderbaren Fotografien, die unser Essen auf den Buchseiten so appetitlich aussehen lassen, danke ich Euch. Es war eine große Freude, mit Euch allen zu arbeiten.

Vielen Dank an Nicole Tourtelot und Lucia Watson, die an dieses Buch geglaubt haben und uns die Möglichkeit gaben, unsere Rezepte und unsere Vorstellung von einem dankbaren Leben mit der Welt außerhalb Südkaliforniens zu teilen. Dank Euch war es bereichernd und hat Spaß gemacht, ein Kochbuch zu schreiben.

Rachel Holtzman, für Deine warme und großzügige Unterstützung, Dein intuitives Verständnis und Deine fest verankerte Authentizität möchte ich Dir danken.

Ein großes Dankeschön gilt meinen Eltern, Sharon und Aberhard Jaeck, für ihre stete Ermunterung und Förderung. Was ich hier tue, spiegelt nur, wie gut Ihr Euren Job gemacht habt.

Meiner Zen-Lehrerin, Furyu Nancy Schroeder, der Äbtissin der Green Gulch Farm, die mir weisen Rat erteilte und in den letzten Jahren häufig mit mir lachte, während sie mich sanft in die Gegenwart stieß, gilt ein besonderer Dank.

Und zuletzt Dank an meinen Kurichan, Chris Perez, der mich täglich inspiriert, mich in Übung bleiben lässt und mich vom Kopf bis zum Herz heilt.

## **VON** Lisa Bonbright

Ich kann mich den Worten von Dreux nur anschließen und noch folgenden aufrichtigen Dank von meiner Seite ergänzen:

an Matthew und Terces Engelhart, die der Welt das Café Gratitude geschenkt haben und mir ermöglichen, an diesem Geschenk teilzuhaben;

an TableArt in Los Angeles, die uns halfen, dieses Buch so besonders und so schön werden zu lassen, wie ich mir das immer gewünscht habe;

an Mark Lehman für Deine grenzenlose Unterstützung und Beratung;

an Paris und Eden, die mich täglich motivieren, meine Träume zu verwirklichen und mir treu zu bleiben. Ohne Euer »Daumen hoch« bei unserem ersten Besuch im Café Gratitude wären wir heute nicht da, wo wir sind,

und an Chris Bonbright. Danke, dass Du mir hilfst, meinem Herzen zu folgen. Deinetwegen gibt es mehr Liebe in der Welt.

Wir möchten TableArt, einem einzigartigen Geschäft in Los Angeles, und seinem Inhaber Walter Lowry unseren Dank aussprechen. TableArt hat uns viele Stücke für dieses Buch geliehen, darunter auch Geschirr kleiner, schwer ausfindig zu machender Hersteller wie Christiane Perrochon, Potomak Studio, DBO Home, Jan Burtz und Haand – um nur einige zu nennen. Wir sind sehr dankbar für ihre Unterstützung bei diesem Projekt und ermutigen alle, die vielen Künstler unter www.tableartonline.com aufzuspüren und zu unterstützen.

# REGISTER

*Anmerkung: Kursive Seitenzahlen beziehen sich auf Fotos.*

## Affirmationen



## Rezepte

### A

# T

## V



## W



## Z